新时代孙冶方经济理论研究

浦徐进 黄胜平 主编

上海社会科学院出版社

编委会

顾　问：张卓元　李剑阁　李　昭　薛小和
主　任：吴正国
副主任：刘长青　浦徐进　黄胜平
委　员：王　磊　刘　勇　汤可可　杨建新　李　扬　李伟刚
　　　　李明新　李耀尧　辛望旦　沈开艳　张光生　郑立平
　　　　姜念涛　顾永成　钱志新　钱吴永　程　松　瞿立新
主　编：浦徐进　黄胜平
编　务：沈丽珍　汤卫卫　徐　昉　严九媛　王彦芳

序 一

2021年，无锡市成立的孙冶方经济科学研究院是全国唯一一所以老一辈革命家、著名经济学家孙冶方名字命名的地方经济研究机构。近日，由浦徐进、黄胜平主编的《新时代孙冶方经济理论研究》一书，即将由上海社会科学院出版社出版。这是孙冶方经济科学研究院的第一本研究孙冶方经济理论的学术成果，特此表示热烈祝贺！

孙冶方经济理论是中华人民共和国成立后我国政治经济学发展史上的一座理论丰碑。作为我国经济体制改革的先驱，孙冶方虽然离开我们40多年了，但他对传统社会主义经济体制的批判、对改革中国经济体制的主张，以及提出的一系列经济观点，至今仍有重要意义和时代价值。比如，他提出的经济工作必须尊重客观经济规律，尤其是价值规律的主张，得到了越来越多人的认同，并为实践所证明。《新时代孙冶方经济理论研究》一书中，《孙冶方关于构建中国特色社会主义政治经济学的探索及启示》（沈开艳）、《基于孙冶方价值理论的新质生产力发展策略研究》（瞿立新、张子威）、《孙冶方"最小-最大"理论、协同理念在发展新质生产力中的运用》（李桂花）、《从孙冶方"最小-最大"理论视角探寻高质量发展密码》（黄胜平、姜念涛）、《20世纪无锡籍经济学家对中国经济体制改革的推进——以孙冶方、薛暮桥为例》（王粤海、薛中卿、孙鹭羽）、《孙冶方先生生平事迹和对中国经济学理论的贡献》（浦徐进）、《孙冶方企业技术改造理论及启示》（方书生）、《孙冶方的货币金融思想研究》（丁骋骋、余柯蓉）、《孙冶方经济思想与苏南模式的形成、发展及启示》（黄胜平、王彦芳）、《孙冶方改革开放思想与中国开发区模式创新》（李耀尧）等文章，紧密联系我国经济改革和发展的实践，包括产业、科技、金融、统计等领域的改革发展实践，对孙冶方的价值规律理论、经济效益理论、企业技改理论、企业扩权理论、统计改革理论和金融思想等一系列相关理论观点，进行了比较系统、深入的阐述和分析，充分表达了当下年轻一代经济学人对孙冶方经济理论遗产的挖掘、研究和理解，极具时代感和实践性。

孙冶方经济理论主要是孙冶方从20世纪五六十年代起提出的一系列经济改革的思想和主张,为我国经济体制改革和发展提供了许多经实践证明的正确的理论指导。经过40多年的改革和发展,随着我国经济与世界经济的深度融合,中国经济学不但面临着解构经济学"西方中心论"的任务,还要对西方主流经济学的相关概念进行"术语革命"。中国学者要善于从丰富的实践中汲取和升华经济理论的中国元素,进而用具有中国特色、中国风格的术语"创造性"重构经济学的基本理论和逻辑体系,不断提高在经济理论领域的国际话语权,丰富和发展经济科学宝库。

中华人民共和国成立后,特别是改革开放以来,中国用几十年的时间走完了一些国家上百年,甚至几百年走过的发展历程,经济发展历程澎湃壮观、成就世界公认,其中蕴藏着理论创造的巨大动力、活力、潜力。孙冶方的家乡——无锡市、苏南,以及长三角地区的经济社会发展,不仅走在了全国前列,而且已经接近甚至超过了某些发达经济体。这是我们进行中国政治经济学研究、探索和创新的肥沃土壤。《新时代孙冶方经济理论研究》一书最大的特点和亮点是坚持问题导向,回答时代之问。本书紧扣高质量发展这一党的二十大报告强调的中国特色社会主义现代化建设的首要任务,紧密联系无锡市、苏南和长三角地区的经济发展实际,在马克思主义的指导下,对孙冶方经济理论体系中的若干观点,进行了有益探索,给出不少有价值的思路和对策。

中国经济学不仅强调资源优化配置,而且坚持问题导向,强调经济学是经世济民之学,注重回答中国之问、人民之问、时代之问,这是中国经济学的科学性、人民性、实践性所在。《新时代孙冶方经济理论研究》一书对新时代高质量发展过程中的体制机制改革问题、新质生产力发展问题、国资和国企改革问题、民营经济发展问题、科技创新及人工智能发展等问题进行了研究,并尽可能给出实事求是的理性回答和实践解读。比如,《从孙冶方"最小-最大"理论视角探寻高质量发展密码》一文中,作者依据孙冶方提出的社会主义经济效益观,强调新时代高质量发展必须处理好经济和政治的关系,算好经济和政治两本账;处理好发展成果与发展成本的关系,做到发展成果大于发展成本;处理好有效成本与无效成本的关系,堵住无效成本的漏洞;处理好有形成本和无形成本的关系,杜绝无形成本的浪费。又如《孙冶方"最小-最大"理论及其对高质量发展的指导与借鉴作用》(荀华凤、黄子)一文中,作者较为系统地阐述了孙冶方"最小-最大"理论,特别是重视经济核算、讲究成本控制的理论。文中指出经济成本理论是孙冶方"最小-最大"理论中的一个重要内容,结合新时代的高质量发展实践,针对一些地方存在的问题,必须强化行政成本意识,优化政府建设模式的选择;强化政治成本意识,了解人民群众对政府行为的认可度;强化环境成本意识,不能以牺牲环境为代价求增长;强化抗灾成本意识,不要动辄提出"不惜一切代价";强化长期成本意识,杜绝一切短期行政行为。这些文章有较强的理论性和应用性,有助于人们发现更多孙冶方原创性、本真性的理论观点和思想元素,及其顽强的生命力和学术价值。

孙冶方作为我党中华人民共和国成立后政治经济学研究和创新的学术大家,他的经济理论对构建具有自主知识体系的中国经济学具有深远意义。孙冶方经济理论为我党在经济领域的探索提供了重要的理论观点。它主张从实际出发,结合中国的经济实际,发展社会主义经济理论,这就为构建中国经济学自主知识体系提供了理论元素。孙冶方倡导独立思考,敢于突破传统观念和束缚,有助于我们在构建中国经济学自主知识体系过程中,形成具有中国特色、中国风格和中国气派的经济学说。孙冶方经济理论重视经济体制改革,主张以最小的劳动消耗取得最大的经济效果,是符合经济发展规律的。

孙冶方经济科学研究院是一块浸润着我党革命文化、红色文化和学术文化的一块金字招牌,也是广泛联系我国经济学界的高端学术平台。我由衷地希望孙冶方经济科学研究院的经济学家们,在取得现有成绩的基础上,进一步努力奋斗,以习近平新时代中国特色社会主义经济思想为指导,为繁荣和发展我国经济科学事业,构建中国特色社会主义政治经济学做出更大的贡献!

中国社会科学院学部委员、经济所原所长
孙冶方经济科学基金会荣誉理事长
孙冶方经济科学研究院荣誉理事长

张卓元

2024年7月于北京

序 二

前不久,当收到黄胜平同志的邀请为《新时代孙冶方经济理论研究》一书作序时,我感到十分意外和荣幸,也将我的记忆拉回到在无锡工作的日子。

十二年前,我到无锡市政府履职时,就知道无锡有一位著名的经济学家——孙冶方。孙冶方先生是我国当代著名的马克思主义经济学家,他率先立足中国国情,提出了以价值规律为核心的经济改革思想,被称为"中国经济改革思想的先驱""中国价值规律学说之父",在党史、改革开放史和经济史上都具有举足轻重的影响。孙冶方先生在学术研究上十分注重创新,坚持用实事求是的态度来解决中国革命和经济的实际问题,其求真务实的工作作风和虚怀若谷的文人风骨,永远值得我们尊敬和学习。

三年前,我还在无锡市委书记任上,时任无锡市经济学会会长、无锡国家高新区发展研究院院长黄胜平向市委建议,将第19届孙冶方经济科学奖颁奖典礼放在无锡举办,并将无锡作为其永久颁奖地。同时,他还建议在江南大学设立孙冶方经济科学研究院。当时我觉得这是个好主意,孙冶方先生是无锡人的骄傲,用他的名字搭建交流学术平台,不仅有助于吸引全国的优秀经济学者,而且能够扩大无锡的对外影响力。但是我没有立即作出批示。我对他说:"这是个好事情,但我在无锡的任职即将结束,将这些好事情多留一些给后面的同志办吧!"后来,在孙冶方经济科学基金会和中共无锡市委、市政府的支持指导下,江南大学孙冶方经济科学研究院成立并开始运转,如今也取得了累累硕果。

经济工作是党和国家的中心工作。习近平总书记指出,我们必须始终坚持社会主义市场经济改革方向,继续在社会主义基本制度与市场经济的结合上下功夫。回望无锡的发展历史,正是一代又一代无锡人民和领导干部坚持改革创新、尊重市场规律、遵循经济科学,才使得无锡取得了今天的经济社会发展成就。这些成绩的取得证明了孙冶方先生的经济理论成果是经得起历史检验的!

《新时代孙冶方经济理论研究》兼收并蓄,汇百家之言,在深刻阐述孙冶方经济学理论及其历史贡献的同时,深入挖掘孙冶方经济思想的重要启示与现实意义,对推进新时代经济高质量发展、完善中国特色社会主义政治经济学理论具有积极作用。期盼由浦徐进教授、黄胜平会长领衔的孙冶方经济科学研究院研究团队,为提升孙冶方经济思想的现实解释力与实践引领力做出新的贡献。祝愿无锡越来越好!祝愿无锡人民幸福安康!

  谨以为序。

江苏省人民政府参事
中共无锡市委原书记
2024 年 7 月 8 日

目 录

001　序一　/　张卓元

001　序二　/　黄　钦

001　孙冶方关于构建中国特色社会主义政治经济学的探索及启示
　　　　/　沈开艳

015　基于孙冶方价值理论的新质生产力发展策略研究
　　　　/　瞿立新　张子威

028　孙冶方先生生平事迹和对中国经济学理论的贡献　/　浦徐进

033　中国农村派对建构中国经济学自主知识体系的启示
　　　　/　刘　伟　刘守英

050　构建中国特色社会主义政治经济学：孙冶方马克思主义经济学
　　　中国化的探索考察　/　张　申　赵家杰

067　孙冶方"最小-最大"理论、协同理念在发展新质生产力中的运用
　　　　/　李桂花

078　新经济政策的苏联与孙冶方早期思想　/　肖思怡　谢华育

086　孙冶方的货币金融思想研究　/　丁骋骋　余柯蓉

100　从孙冶方"最小-最大"理论视角探寻高质量发展密码
　　　　/　黄胜平　姜念涛

108	1958年无锡农村调查的史料价值和认识意义	
	——兼论孙冶方对社会主义经济理论的探索 /	汤可可
127	孙冶方对西方经济学理论的认识与发展	
	——读《经济工作者必须认真学习〈资本论〉》 /	周及真　陈　甲
132	孙冶方改革开放思想与中国开发区模式创新 /	李耀尧
143	孙冶方为马克思主义经济学中国化所作的艰苦探索与理论贡献	
	/	那张军
150	缅怀价值规律的大学校长孙冶方	
	——孙冶方价值规律再认识 /	高云澄
158	对孙冶方先生价值理论的一点认识 /	孙子思
162	孙冶方成本理论对企业高质量发展的现实意义	
	/	无锡国家高新区发展研究院课题组
170	孙冶方"最小-最大"理论及其对高质量发展的指导与借鉴作用	
	/	荀华凤　黄　子
179	孙冶方价值理论对社会主义市场经济的启发	
	——以中国工商银行发展为例 /	王　安
189	20世纪无锡籍经济学家对中国经济体制改革的推进	
	——以孙冶方、薛暮桥为例 /	王粤海　薛中卿　孙鹭羽
198	对孙冶方"最小-最大"理论的理解及其现实思考	
	/	张鸣年　姚云云
204	孙冶方企业技术改造理论及启示 /	方书生
212	孙冶方企业技术改造理论对人工智能时代科技创新的影响 /	吴　曦
223	孙冶方统计思想及其当代启示 /	杨晋超

231	孙冶方经济思想与苏南模式的形成、发展及启示	/ 黄胜平　王彦芳
242	孙冶方经济思想在无锡现代化实践中的现实意义	/ 曹建标
246	孙冶方价值学说对深化新时代国资国企改革的启示	
	/ 侯慧艳　刘连才	
254	最大限度地发挥我国民营经济的积极性、创造性	/ 张晓平　张步东
260	房地产市场回归市场配置恰当其时　/　顾伟南	
265	略论孙冶方经济理论在无锡高质量发展中的作用	
	/ 马正红　王　起　徐兢辉	
272	孙冶方"利润理论"的内涵与企业实践　/　楚健健	
282	后记　/　浦徐进　黄胜平	

孙冶方关于构建中国特色社会主义政治经济学的探索及启示

沈开艳[①]

党的十八大以来,习近平总书记多次强调要着力构建中国特色社会主义政治经济学,不断推进充分体现中国特色、中国风格、中国气派的经济学科建设。中国特色社会主义政治经济学研究成为中国广大经济理论工作者的重要使命,在这方面以孙冶方为代表的老一辈马克思主义经济学家为我们留下了宝贵的学术遗产和精神财富。孙冶方自 20 世纪 30 年代起从事经济理论研究,对社会主义经济建设中的重大理论与实践问题提出了一系列独创见解,推动了政治经济学理论研究的深入发展。在新时代的关键时期,通过梳理孙冶方关于中国特色社会主义政治经济学构建的宝贵探索,在继承弘扬中汲取营养,将有利于激发思想解放与理论创新,从而为全面建成社会主义现代化强国提供理论遵循。

一、孙冶方政治经济学研究的现实依据与理论基础

(一)现实依据:中国社会主义经济建设的探索与实践

孙冶方,1908 年 10 月 24 日出身于江苏省无锡市的一个小职员家庭,时值国家积贫积弱、百姓困顿疾苦之际,中国有志之士不断探索强国富民之道。孙冶方年少求学时接受进步思想熏陶,16 岁便加入了中国共产党,随后在组织安排下赴莫斯科中山大学进行马克思主义学习,毕业后留俄在高校担任政治经济学讲课翻译,自此与政治经济学结下不解之缘。

20 世纪 30 年代孙冶方回国后,土地革命正在广泛开展,如何从理论上对其进

[①] 沈开艳,上海社会科学院经济研究所所长、上海市政协常委、孙冶方经济科学研究院指导委员会委员。

行深入阐述是一项相当艰巨的任务。依托于对马克思主义理论和党的土地革命路线的理解,孙冶方与陈翰笙、薛暮桥、钱俊瑞等人发起成立中国农村经济研究会,在大量调查研究基础上对我国当时农村社会经济结构进行剖析,从体系和方法论上为我国马克思主义经济理论建设做出贡献。20世纪40年代孙冶方又赴革命根据地负责干部的马克思主义理论教育工作,推动马克思主义的传播普及。

20世纪50年代中期之后,基于社会主义经济建设中出现的现实问题,孙冶方关于政治经济学理论的研究不断深化。1956年之前,孙冶方先后担任华东军政委员会工业部副部长、国家统计局副局长、中国科学院经济研究所所长,在经济领导工作中对社会主义经济运行中的实际问题有了充分了解。1956年在苏联中央统计局邀请下,孙冶方到苏联展开访问。此时,苏联、东欧以及我国的社会主义经济建设都取得了显著成就,但也遇到了经济效果差、产品质量低、浪费严重等许多待解决的问题,需要重新反思社会主义经济的一些重大理论问题,如社会主义制度下的商品生产与价值规律问题。围绕这些问题,孙冶方和苏联中央统计局国民经济平衡司司长索波里进行了理论上的探讨,对于孙冶方政治经济学研究启发颇大。回国后孙冶方还曾邀请索波里来中国讲课并交换看法,推动了他探寻适合本土国情的社会主义经济模式的思考。

1958年,孙冶方看到了无视客观经济规律给国民经济带来的严重破坏,多次倡议理论界深入研究价值规律问题,并就社会主义生产问题、经济核算问题提出财经体制改革的主张和建议。1959年底到1960年初,为推动对社会主义建设理论和规律的思考及探索,全党开展读书学习运动,其中包括苏联的《政治经济学教科书》。孙冶方加入读书班,承担了编写中国自己的社会主义政治经济学论著的任务。借此机会,孙冶方开始以价值论为基础开展社会主义政治经济学研究,使得自己的理论研究更为深刻和系统化。

20世纪60年代中期之后,孙冶方在身陷囹圄的七年中,始终没有停止理论思索。尽管当时他的理论受到了很多人的批评和建议,但他仍然坚持自己的思想观点,反复思索自己的《社会主义经济论》篇章,出狱后完成了《社会主义经济论》大纲,从研究对象、研究方法、研究体系等方面入手对中国特色社会主义政治经济学研究进行探索与完善,并为推动中国政治经济体制改革做出了重大贡献。在孙冶方从事理论工作的生涯中,从社会主义经济建设的实践情况出发,理论联系实际,始终坚守真理,成为我国经济学界经济体制改革的最早倡导者,以及构建中国特色社会主义政治经济学体系的积极探索者。

(二)理论基础:马克思主义政治经济学中国化的发展与创新

孙冶方作为我党在经济理论战线上的重要代表之一,他的理论研究工作突出表现为结合我国社会主义经济实践对马克思主义政治经济学进行发挥与应用。他在从事经济理论研究时的贡献,是马克思主义政治经济学中国化发展与创新的重要组成部分。孙冶方自20世纪30年代起在论证中国社会性质和革命性质时,就旗帜鲜明地运用马克思主义政治经济学的基本观点和立场,对资本主义社会制度的弊端进行抨击,论证中国社会性质为半殖民地半封建,中国革命性质是民族解放和农民解放,要推翻帝国主义财政资本统治和前资本主义封建残余。[1]这些理论研究反映出孙冶方早期对我国马克思主义政治经济学理论建设的宝贵探索。

20世纪50年代,孙冶方在索波里的启发下,结合中国经济实践对马克思主义政治经济学展开进一步本土化变通。当时传统的社会主义经济理论认为价值规律将随着社会主义经济的有计划发展而不断受到限制。孙冶方和索波里围绕社会主义制度下商品生产和价值规律问题展开理论探讨,两人都突破性地提出在社会主义与共产主义社会中,商品关系虽然消亡了,但价值范畴与价值规律依旧存在。进一步地,孙冶方基于中国社会主义经济建设实践又展开独立的理论创造,以价值理论为基础去构建一套完整的、逻辑严密的社会主义经济理论和社会主义政治经济学体系。他立足产品使用价值和价值两重性,提出应该按照《资本论》的程序对社会主义经济进行研究和分析,按照生产过程、流通过程和生产总过程的顺序展开分析,从抽象到具体,将价值概念和价值规律运动贯穿于社会主义政治经济学的每一个章节。[2]

随后,孙冶方将自己的思考付诸实践,组织开展《社会主义经济论》编写工作。这本书突破了苏联政治经济学教科书罗列规律和汇编政策的体系,并通过"用最

---

[1] 孙冶方:《财政资本的统治与前资本主义生产关系》,《中国农村》1935年第1卷第12期;《"资本主义万岁"和"打倒资本主义"》,《中国农村》1936年第2卷第11期。
[2] 孙冶方:《论价值——并试论"价值"在社会主义以至于共产主义政治经济学体系中的地位》,《经济研究》1959年第9期。

小的劳动消耗取得最大的经济效果"主张画定了社会主义政治经济学体系的理论红线。孙冶方的"最小-最大"理论是以他的价值论为基础,根据马克思提出的适应于社会需要节约劳动和有计划按比例分配劳动的规律所提出的。[1]这条红线反映出孙冶方将研究经济效果视为社会主义价值规律问题的核心内容,相应地,追求经济效果也应摆在社会主义经济建设的首要地位,孙冶方据此也提出一系列经济体制改革主张。

尽管《社会主义经济论》最终没有完成,但孙冶方结合中国经济实践对马克思主义政治经济学进行创造性的发挥和运用,是中国特色社会主义政治经济学发展史上一次具有重要价值的尝试和创举。他站在价值论角度来剖析社会主义经济全局,相应提出政治经济学体系框架,其中包括很多令人深思的经济学观点和独创性的研究方法,时至今日仍然具有强大生命力。

二、孙冶方关于构建中国特色社会主义政治经济学的思想基石和理论红线探究

(一) 思想基石:价值规律

孙冶方的价值规律理论是他研究中国特色社会主义政治经济学理论体系的思想基石,这也是孙冶方理论主张与传统社会主义经济理论体系的不同之处。传统社会主义经济理论以苏联20世纪20年代以来数十年的经济学论著为代表,将价值规律归为商品经济的范畴,认为价值规律与社会主义的计划经济是相互排斥的,随着计划管理的范围不断扩大和深入,进入单一全面所有制共产主义社会后,价值规律会完全丧失作用。尽管1952年斯大林在《苏联社会主义经济问题》一书中对等价交换原则有所重视,但他仍然否认价值规律对于生产的调节作用,主张对价值规律进行限制。这种看法长期以来在我国经济理论学界也占据着主流地位,如关梦觉曾指出价值规律是同资本主义制度相联系的,尽管它在社会主义制度下"改土归流",但毕竟"野性难除",必须给它戴上"笼头",严加控制,否则就会产生消极作用甚至泛滥成灾。[2]

---

[1] 孙冶方:《对〈社会主义经济论〉初稿的总的意见》,《经济研究》1983年第6期。
[2] 关梦觉:《关于当前的商品生产和价值规律的若干问题》,《经济研究》1959年第2期。

面对这些被时人奉为经典的观点,孙冶方以巨大的理论勇气,提出并坚持价值规律是推动社会前进的基本规律的论断。①孙冶方认为价值不仅仅是商品经济的范畴,价值规律是任何社会化大生产都存在的自然规律,是价值实体及社会必要劳动存在和运动的全部过程的规律。②从苏联移植而来的高度集中的经济体制,理论依据是"自然经济论"和"唯意志论",主张国家的计划管理就像自然经济的原始部落的酋长,凭自己的意志指挥部落内部的生产和分配。孙冶方对此进行强烈批判,认为社会主义经济也建立于社会化大生产基础上,理应遵循价值规律办事。

孙冶方还引用了马克思和恩格斯著作中的一些重要论述作为自己的理论依据。如马克思指出,"在资本主义生产方式消灭以后,但社会生产仍然存在的情况下,价值决定仍会在下述意义上起支配作用:劳动时间的调节和社会劳动在各类不同生产之间的分配,最后,与此有关的簿计,将比以前任何时候都更重要"。③恩格斯也指出,"价值是生产费用对效用的关系,价值首先是用来解决某种物品是否应该生产的问题,即这种物品的效用是否能抵偿生产费用的问题。只有在这个问题解决之后,才谈得上运用价值来进行交换的问题",进一步地,在私有制消灭之后,"价值这个概念实际上就会愈来愈只用于解决生产的问题,而这也是它真正的活动范围"。④孙冶方认为这些论述都反映出马克思和恩格斯对于价值规律在社会主义经济中作用的肯定,具体作用表现为社会必要劳动时间决定价值,由此就起着节省劳动时间和按比例分配劳动时间的作用,⑤并以此强烈呼吁国内理论界在社会主义经济研究事业中尊重价值规律。

孙冶方依据自己对价值理论的理解,对于新的社会主义政治经济学理论体系进行了探索。他突破了苏联教科书从所有制开始,分别阐述社会主义基本经济规律、有计划按比例发展规律、劳动生产率不断提高规律、按劳分配规律、劳动变换规律等的"规律排列法"的体系设置,将价值规律作为整个社会主义政治经济学理

---

① 孙冶方:《论价值——并试论"价值"在社会主义以至于共产主义政治经济学体系中的地位》,《经济研究》1959年第9期。
② 孙冶方:《价值规律的内因论和外因论——兼论政治经济学的方法》,《中国社会科学》1980年第4期。
③ 《马克思恩格斯全集》(第25卷),人民出版社1975年版,第963页。
④ 《马克思恩格斯全集》(第1卷),人民出版社1956年版,第605页。
⑤ 孙冶方:《把计划和统计放在价值规律的基础上》,《经济研究》1956年第6期。

论体系的思想基石,提出"千规律,万规律,价值规律第一条"①,借鉴《资本论》分析社会化大生产规律运动过程的"过程法",将价值规律贯穿于生产过程、流通过程、社会生产的总过程进行分析。通过对社会主义经济的全面剖析来表述和体现价值规律,大大提高了"价值"这个范畴在社会主义政治经济学体系中的地位。②

(二)理论红线:"最小-最大"理论

孙冶方从价值规律理论出发提出:用最小的劳动消耗取得最大的经济效果,即"最小-最大"理论,是中国特色社会主义政治经济学的理论红线。在孙冶方组织编写《社会主义经济论》工作开始之前,对于本书的若干指导思想展开了讨论,有人主张要在马列主义、毛泽东思想的指导下,研究我国社会主义革命和社会主义建设的丰富经验,研究其他社会主义国家的经验,阐述社会主义经济发展的规律性;有人提出既要有革命性又要有科学性;有人认为应从理论上说明党的纲领和政策的经济科学基础;还有人主张应以生产力与生产关系、经济基础和上层建筑的矛盾为研究主线。③孙冶方认为这些说法固然是正确的,但是社会主义政治经济学研究需要遵循的理论红线并没有被明确体现。

孙冶方提出社会主义政治经济学是一门对社会经济运动和经济问题进行分析的学科,不能与政治学、哲学学科混同。社会主义政治经济学不能成为专门研究阶级斗争的政治教科书,而是要通过反映上层建筑与经济基础、生产关系和生产力的基本矛盾,指出社会主义社会中上层建筑和生产关系还要不断调整以适应生产力发展的需要。同时,社会主义政治经济学也不能成为一本历史唯物主义教科书,只停留在对于上层建筑与经济基础、生产关系和生产力的矛盾等一般哲学原理的分析层面。社会主义政治经济学应该"证明社会主义生产关系比资本主义生产关系更经济、更能推进生产的发展。总而言之,政治经济学教科书要讲经济。而什么是经济呢,就是以最小的耗费,取得最大的效果"④。这体现了社会主义社会

---

① 孙冶方:《千规律,万规律,价值规律第一条》,《光明日报》1978年10月28日。
② 孙冶方:《论价值——并试论"价值"在社会主义以至于共产主义政治经济学体系中的地位》,《经济研究》1959年第9期。
③ 孙冶方:《对〈社会主义经济论〉初稿的总的意见》,《经济研究》1983年第6期。
④ 孙冶方:《讲经济就是要以最小的耗费取得最大的效果——孙冶方同志1981年3月在经济效果理论问题讨论会上的录音讲话》,《计划经济研究》1981年第15期。

生产的目的,也契合了马克思所说的"节省时间以及在各个生产部门中有计划地分配劳动时间,就成了以集体生产为基础的首要的经济规律"①。

"最小-最大"理论的提出切中了当时中国经济建设问题的要害。20世纪60年代,在经济工作中存在滥用及浪费现象,甚至是以最大的耗费取得最小的效果。孙冶方认为这是"否定'价值这个概念',否定生产物的两重性(使用价值和价值)的必然结果"②。在传统理论中,社会主义经济被视为自然经济,不存在价值概念,也没有产品两重性观念。社会主义生产单纯以获取使用价值为目的,追求实物量及使用价值的增长,不考虑费用及效用的比较,也不注重产品是否能在流通过程中实现,是否为社会或者消费者所需要。因此在自然经济思想影响下,我国社会主义经济存在产品种类少、质量差、消耗高、效率低、浪费严重、产需脱节等弊端。孙冶方指出要改变这种状况,就必须将讲究经济效果纳入社会主义政治经济学理论体系之内,这也是将价值规律理论运用到经济建设过程中的必然要求。

三、孙冶方关于构建中国特色社会主义政治经济学的理论框架设计

(一) 研究对象:生产关系,但要联系上层建筑和生产力来研究

在传统政治经济学理论中,恩格斯和斯大林对于政治经济学的研究对象有着不同的介绍。恩格斯在《反杜林论》中提出政治经济学是"一门研究人类各种社会进行生产和交换并相应地进行产品分配的条件和形式的科学"③。斯大林在《苏联社会主义经济问题》一书中则认为"政治经济学的对象是人们的生产关系,即经济关系。这里包括:(1)生产资料的所有制形式;(2)由此产生的各种社会集团在生产中的地位以及它们的相互关系,或如马克思所说的'互相交换其活动';(3)完全以它们为转移的产品分配形式。这一切共同构成政治经济学的对象"④。

孙冶方通过比较认为恩格斯讲的生产关系包括生产、交换、分配三个方面,但

---

① 马克思:《政治经济学批判大纲(草稿)》(第一分册),人民出版社1975年版,第112页。
② 孙冶方:《论价值——并试论"价值"在社会主义以至于共产主义政治经济学体系中的地位》,《经济研究》1959年第9期。
③ 《马克思恩格斯选集》(第3卷),人民出版社1972年版,第189页。
④ 《斯大林选集》(下卷),人民出版社1979年版,第594页。

斯大林的定义中没有交换，多了一个所有制。①斯大林将交换关系作为直接生产过程中人与人之间关系的一个项目，将生产和流通过程混为一谈，在这种社会主义"无流通论"影响下，调拨或配给制代替了流通，造成产、供、销脱节。同时，将所有制独立出来进行研究，同生产和分配关系并列，也意味着脱离生产关系去研究所有制问题，忽视对生产力水平和生产关系的考虑，单纯集中于对所有制的法律关系进行升级，成了为改变所有制而搞所有制。

基于上述分析，孙冶方提出了自己的见解，即社会主义政治经济学是"研究生产关系的，但要密切联系着上层建筑和生产力来研究"②。孙冶方认为政治对经济占首要位置，反对政治经济学不讲政治，不讲上层建筑对经济基础的重要作用，将经济体制管理归为生产力组织学问题或者国家法制问题的范畴，并被排除于政治经济学学科之外。但是，他也不主张将政治孤立起来，忽视对于经济因素的综合分析，将政治经济学编写成政治工作纲要或是政策汇编，罗列种种"经济规律"，但并未从生产关系角度对其进行论证。同时，"政治经济学是党性最强的科学之一，它有鲜明的政治目的性"③，必须通过对经济规律的分析以实现政治目的，归根结底是为了发展社会生产力，促进社会主义向共产主义迈进，因此需要联系生产力来研究生产关系。发展生产力也契合了孙冶方所强调的用最小的劳动消耗来获取最大的经济效果的主张，进一步批判了传统计划管理体系，有力促进了传统社会主义政治经济学向有中国特色的社会主义经济理论的转化。

(二) 研究方法：辩证法对客观经济运动及其规律性进行研究和表述的运用

研究方法正确与否对于社会主义政治经济学理论体系是否具有科学性及其科学性程度有着重要影响。研究方法正确，才能够使经济理论观点准确地反映出社会主义经济的本质。孙冶方认为在当时的政治经济学社会主义篇教科书中，社会主义政治经济学的体系尚未完全形成，客观上是由于社会主义国家经济建设经验并不充足，主观上则是因为政治经济学者受到了唯心论和形而上学的影响。孙冶方认为，唯心论观点"就是否认或者轻视客观经济规律的观点，就是把政治同经

---

① 孙冶方：《社会主义经济论稿》，人民出版社1985年版，第388页。
② 孙冶方：《社会主义经济论稿》，人民出版社1985年版，第336页。
③ 孙冶方：《社会主义经济论稿》，人民出版社1985年版，第6页。

济对立起来的那种观点;就是不用客观的经济规律来说明经济现象和经济问题,而是相反,用政治和思想意识上的原因来代替客观经济规律"。这就会造成人们不把社会主义经济的运动看作自然历史过程,根本不去揭示它本身固有的客观规律,而是用群众路线与政治挂帅来代替客观经济规律,用政治上的说明来替代经济上的说明,严重影响了社会主义政治经济学理论体系的科学性。而形而上学观点主要是"表现在把未来的共产主义社会的经济(以及社会主义社会中的全面所有制经济的内部关系)看作像原始共产主义社会一样的实物经济,即没有抽象活动、价格和货币等概念的自然经济"①。这些概念被视作资本主义商品经济专有物,于是商品市场交换、交换价值、资本、危机等概念也被一同从社会主义政治经济学范畴中清除出去。

针对以上方法的误区,孙冶方提出社会主义政治经济学的研究方法是"辩证法对客观经济运动及其规律性进行研究和表述的运用"②。社会主义政治经济学理论研究工作者的任务在于从实际出发,从社会主义经济的客观运动过程出发,在占有大量资料的基础上,对经济现象加以分析、研究和概括,找出社会主义的客观经济规律并且掌握这个规律,使它为实践服务。正如毛泽东所说的"不凭主观想象,不凭一时的热情,不凭死的书本,而凭客观存在的事实,详细地占有材料,在马克思列宁主义一般原理的指导下,从这些材料中引出正确的结论"③。通过人们对客观事物反复的思索,就可以对其内在本质和运动规律有所掌握,从而获取科学概念和规律性的认识。

明确了研究方法,如果表述方法不符合科学要求,同样会影响科学概念和规律的正确表达和分析。孙冶方认为在对研究成果进行说明和表述时,必须在形式上从研究结果所形成的相对单纯的概念和相对简单的规定开始,逐步具体化,再回到整体,即从抽象到具体、简单到复杂、局部到整体。"研究的过程是抓本质,采取'脱衣法',表述的过程即历史的发展,采取'穿衣法'"④。这也是孙冶方主张从全民所有制出发研究价值规律和社会主义其他经济规律的原因,因为全民所有制是

---

① 孙冶方:《要懂得经济学必须学点哲学——再读毛泽东同志〈关于正确处理人民内部矛盾的问题〉的几点体会》,载《社会主义经济的若干理论问题》,人民出版社1979年版,第42—69页。
② 孙冶方:《价值规律的内因论和外因论——兼论政治经济学的方法》,《中国社会科学》1980年第4期。
③ 毛泽东:《改造我们的学习》,载《毛泽东选集》(第3卷),人民出版社1966年版,第759页。
④ 孙冶方:《价值规律的内因论和外因论——兼论政治经济学的方法》,《中国社会科学》1980年第4期。

社会主义生产关系的本质,决定着现实中各个生产关系发展的方向。研究清楚了全民所有制生产关系这一主要的、本质的问题,有利于我们更加深刻地认识多种复杂的所有制社会主义生产关系,为解决现实问题提供参考。

(三) 研究体系:社会主义生产过程、流通过程、全社会生产总过程

随着社会主义经济理论的积累,孙冶方开始探索如何建立中国特色社会主义政治经济学的理论体系。虽然生产关系是社会主义政治经济学的研究对象,但生产关系只是社会生产的一个侧面,对社会主义生产运动的分析,需要结合社会经济过程,否则只会陷入将规律排队表述或者方针政策汇编的传统政治经济学教科书的套路,并不能真正运用辩证法对经济运动进行分析从而揭示经济规律。孙冶方主张按照马克思写《资本论》的程序加以研究,"按照马克思分析资本主义经济的程序来分析社会主义经济,就是说,先分析生产过程,再分析流通过程,最后分析社会主义社会的整个生产过程"。尽管《资本论》的直接研究对象是资本主义社会,但是它在分析资本主义经济特殊规律的同时,也分析了社会生产的一般规律,而这些一般规律,就是"恩格斯所说,去掉了资本主义的特殊性'余留下来的全部东西',就是我们今天应该从《资本论》中去好好学习的"。①

1961年,孙冶方的这种观点得以付诸实践,他组织中国社会科学院经济研究所的研究人员完成了长达110万字的《社会主义经济论》初稿。初稿的结构根据社会主义经济产生的特点以及社会主义经济是计划经济,人们对经济运动过程由"必然王国"进入"自由王国"的特点,以及社会主义经济是高度社会化经济而绝不是自然经济的特点,安排为社会主义经济的产生、生产过程、流通过程、再生产总过程和共产主义必将在全世界胜利五个篇章和一个附录。随后,为使书稿更符合对社会主义经济运动进行科学分析的要求,孙冶方及编写小组对其进行了反复审查和讨论,思索完善改进之法。即使在1968—1975年入狱期间,孙冶方也从未停下理论思考。1980年,在吴敬琏、张卓元、冒天启等人的记录整理下,孙冶方完成了《社会主义经济论》大纲的15万字共二十五章的内容,提纲列举如下:

1. 导言(包括政治经济学的研究对象、政治经济学与其他学科的关系等)

---

① 孙冶方:《论价值——并试论"价值"在社会主义以至于共产主义政治经济学体系中的地位》,《经济研究》1959年第9期。

第一编　生产过程

2. 产品和商品

3. 价值和价值规律

4. 货币与劳动券

5. 价格和价格政策

6. 劳动和劳动调配

7. 劳动报酬

8. 企业和企业管理

9. 生产价格

第二编　流通过程

10. 流通概论

11. 企业"资金"的循环

12. 企业"资金"的周转

13. 全面所有制企业相互间的交换

14. 集体所有制各经济单位之间的商品流通

15. 全民（集体）所有制对居民的交换

16. 集市贸易

17. 银行

第三编　社会再生产总过程

18. 地区布局

19. 国民经济各部门之间的关系

20. 对外贸易

21. 财政、物资、信贷、外汇和它们之间的综合平衡

第四编　消费

22. 消费——个人消费、集体消费和社会公共消费

23. 经济管理体制改革

24. 结束语

25. 附录——社会主义政治经济学的历史

尽管由于孙冶方本人的身体原因,该书在一定程度上存在前紧后松、残缺不

全的问题,①但孙冶方采用分析经济过程的逻辑构建中国社会主义政治经济学理论体系的尝试仍是十分重要的科学财富。这一新体系的建立源于孙冶方对马克思主义的深入钻研并使之同社会主义经济实践相结合,包含了开拓性的理论观点和方法论。这一理论体系所阐述的是一个不同于传统社会主义经济模式的新的经济模式,是我国社会主义经济体制改革的理论先导,可以说,孙冶方的政治经济学理论体系的历史价值不仅在于理论本身,更在于打开当时中国各界的思想牢笼,对改革理论及实践产生了重要的推动作用。

四、孙冶方关于构建中国特色社会主义政治经济学的启示

孙冶方关于中国特色社会主义政治经济学理论体系的探索,无疑是极具开拓性、创新性和理论价值的。他遵循马克思主义的立场、观点、方法,立足中国社会主义经济建设实践,阐明社会主义经济中价值和价值规律的作用,并将其作为整个中国特色社会主义政治学理论体系的思想基石,进而从价值论出发,将用最小的劳动消耗取得最大的经济效果作为中国特色社会主义政治经济学体系的理论红线。在此基础上,孙冶方对中国特色社会主义政治经济学的研究对象、研究方法、研究体系进行了明确,对于该学科体系的构建发挥了重要的先行作用,突破了传统政治经济学理论体系的思想范式。当然,我们也要看到,由于孙冶方对于中国特色社会主义政治经济学理论体系仍处于探索构建阶段,有一些理论仍有待更充分深入地推敲和论证。如孙冶方批判传统的计划管理体制,但仍然坚持计划经济,认为有计划按比例是价值规律所派生的,符合"最小-最大"法则,这将价值同商品及交换价值脱钩。于是在孙冶方的理论体系中,就出现了矛盾:一方面反对自然经济论,这就需要承认商品经济;一方面反对商品经济,这就需要承认自然经济。②这也使得孙冶方的思想理论带上了时代和历史的烙印。尽管如此,我们认为,在当前中国特色社会主义政治经济学理论体系的构建中,仍需要学习孙冶方

---

① 刘国光、张卓元、林青松、冒天启、旷建伟:《继承科学遗产 继续探索创新——评介孙冶方〈社会主义经济论〉大纲》,载《孙冶方经济观点评述》,山西经济出版社1998年版,第155—183页。
② 吴敬琏:《孙冶方理论体系的矛盾及其由来》,载《社会主义政治经济学理论体系集锦》,浙江人民出版社1986年版,第255—256页。

的科学态度和治学精神,将其经济理论推向新的高度,发展和丰富其合理内核。

(一)传承和发展:强化马克思主义政治经济学的理论指导作用

中国特色社会主义政治经济学作为中国化、时代化的马克思主义政治经济学,应在马克思主义政治经济学的基本理论与方法的传承和应用中,不断深化对我国经济发展规律的认识,开辟马克思主义政治经济学的新境界。孙冶方在理论研究工作中,深知当时中国革命与建设的理论准备并不充分,因此花费了大量时间精力对苏联的马克思主义政治经济学理论展开研究,力求准确完整地用马克思主义的立场、观点和方法去判断各种经济理论的是非,用以阐释价值规律对于社会主义经济运行的基础性作用。正是马克思主义政治经济学赋予孙冶方的理论底气,使他能够敢于摆脱陈腐的形式和教条的束缚,剔出传统社会主义经济理论中不符合中国国情的"条条框框",在批判和独立思考中形成自己的中国特色社会主义政治经济学理论体系。在今天,马克思主义政治经济学仍然是观察和解决我国乃至世界经济问题最锐利的思想武器,面对中国特色社会主义经济发展中的一系列重大现实问题,我们要学会从马克思主义政治经济学中找立场、找观点、找方法并加以科学运用,准确分析当今的经济事实,形成能够指导当代实践的中国特色社会主义政治经济学理论体系。

(二)创新和本土化:紧密结合中国国情和发展阶段打造"中国特色"

中国特色社会主义政治经济学作为我国社会主义经济建设实践的重要理论成果,既需要继承马克思主义政治经济学基本原理,还应注重在本土国情实践中打造鲜明的"中国特色"。孙冶方不仅重视理论,也重视实践,将理论与实践紧密地结合在一起。他既不脱离实际问题去研究空洞的概念,也不就事论事,回避对概念的科学研究。凭借着丰富的实际工作经验,孙冶方经常深入基层开展调研,获取掌握了大量的经济事实,能够帮助他把经济现象实事求是地提高到理论的高度加以分析,并用理论来寻求解决问题的方案、改进实际工作。孙冶方较早就意识到我国社会主义经济建设实践中国民经济体制的弊端以及某些经济政策上的失误,依据和运用他的经济理论,特别是价值理论,对我国原有经济体制中存在的问题做了许多中肯而又深刻的剖析,提出用最小的劳动消耗去取得最大的经济效果就是发展社会主义经济建设的关键,国民经济体制改革实质就是调整和改善社会主义生产关系,适应生产力发展的要求。因此,中国特色社会主义政治经济学的构建应该在实践研究深入的基础上为形成系统理论做足准备,在研究对象、研究方法以及体系框架等方面形成具有可行性的方案,以便更好地用来分析、解释和解决中国社会主义经济建设实践中的现实问题。①

---

① 沈开艳:《建设中国特色社会主义政治经济学理论体系的构想》,《毛泽东邓小平理论研究》2017年第1期。

基于孙冶方价值理论的新质生产力发展策略研究

瞿立新　张子威[①]

孙冶方是我国社会主义经济理论体系探索的先驱,他立足实践,为马克思主义经济学中国化做出了重要贡献。价值理论是孙冶方经济理论体系的核心,它强调了价值形成和价值实现的过程,以及价值规律在经济发展中的重要作用。1978年,孙冶方在《光明日报》发表《千规律,万规律,价值规律第一条》。40多年的社会主义市场经济改革有效验证了这一理论。时至今日,我们仍可从孙冶方的价值理论中,获得发展新质生产力的诸多启示。

一、孙冶方价值理论内涵

(一) 价值形成与决定

孙冶方价值理论的核心在于对价值形成与决定的深入剖析。在经济学中,价值通常指的是商品或服务的交换价值,它的形成与决定受到多种因素的影响。孙冶方认为,价值的形成是一个复杂的过程,它涉及劳动、资源、技术等多个方面。

第一,劳动是价值形成的基础。孙冶方在《把计划和统计放在价值贵的基础上》中强调,"在商品经济中任何商品的价值是劳动创造的,因而商品的价值量是生产这商品所耗费的劳动量决定的,即由劳动时间决定"[②]。这意味着,商品的价值取决于生产该商品所需的劳动时间和劳动强度。劳动时间的增加和劳动强度的提高,都会增加商品的价值。因此,优化劳动力资源配置,提高劳动生产率,对

[①] 瞿立新,无锡城市职业技术学院教授、正高级经济师,孙冶方经济科学研究院指导委员会委员;张子威,无锡城市职业技术学院讲师。
[②] 孙冶方:《把计划和统计放在价值规律的基础上》,《经济研究》1956年第6期,第30—38页。

于提升商品价值具有重要意义。

第二,资源是价值形成的重要因素。资源包括自然资源和社会资源两大类。自然资源如土地、矿产、水源等,是生产活动的基础。社会资源如资本、技术、信息等,是生产活动的重要支撑。孙冶方认为,资源的稀缺性和有用性决定了资源的价值。因此,合理利用和保护资源,提高资源利用效率,对于提升商品价值同样具有重要意义。①

第三,技术是价值形成的关键因素。随着科技的不断进步,新技术、新工艺、新设备的出现,使得生产活动更加高效、精准、智能。孙冶方认为,技术进步是推动价值形成的重要力量。他在《社会主义经济论稿》中提到"技术进步是生产力发展的基础,生产力发展是社会进步的基础"②。因此,加快科技创新,提升技术水平,对于提升商品价值具有决定性作用。

(二) 价值实现与分配

在孙冶方的经济理论体系中,价值实现与分配是密不可分的环节。价值的实现是指商品或服务在市场上通过交换得到实现的过程。孙冶方认为,价值的实现受到市场供求关系、价格机制、竞争机制等多种因素的影响。

第一,市场供求关系是影响价值实现的重要因素。当市场需求大于供给时,商品价格上涨,价值得以实现;当市场供给大于需求时,商品价格下跌,价值实现受阻。因此,合理调节市场供求关系,保持市场供需平衡,对于实现商品价值具有重要意义。

第二,价格机制是实现价值的重要手段。价格是商品价值的货币表现,它反映了商品供求关系的变化。孙冶方认为,所谓自觉地按价值规律办事,就是尽可能精确地核算劳动耗费,做到以最少的劳动消耗在最短的时期内生产出最多的产品,而这一切只有在价格与价值相符的情况下才有可能。③因此,完善价格机制,发挥价格杠杆作用,对于实现商品价值具有重要作用。

第三,竞争机制是实现价值的必要条件。竞争是市场经济的本质特征,它能

---

① 孙冶方:《社会主义经济论稿》,中国大百科全书出版社 2009 年版。
② 孙冶方:《价格和价格政策》,《财贸经济》1984 年第 10 期,第 18—25、5 页。
③ 莫秀蓉:《孙冶方产业结构思想与新型工业化》,《现代管理科学》2009 年第 10 期,第 73—75 页。

够促进企业不断创新、提高生产效率、降低成本。孙冶方认为,竞争机制能够推动价值实现的过程。在竞争激烈的市场环境下,企业为了获得更多利润,必须不断提高产品质量、服务水平、降低成本等,从而实现商品价值。

在价值实现的基础上,孙冶方进一步探讨了价值的分配问题。他认为,价值的分配应当遵循公平、公正的原则,确保劳动者能够根据其贡献获得相应的报酬。他强调了劳动在价值创造中的决定性作用,并主张根据劳动的质和量来分配价值。

(三) 长期价值与经济效果

孙冶方的价值理论不仅仅关注短期内价值的形成与实现,更着眼于对长期价值和经济效果的追求。他认为,经济发展的真正动力来自对长期价值的追求和对经济效果的持续改进。这涉及对经济发展的战略规划、对资源配置的优化以及对社会经济发展的长期影响的考虑。

对于长期价值,孙冶方针对20世纪50年代末的技术设备管理制度,曾提出提高折旧率、固定资产更新权归还企业的对策。[1]他强调,企业在追求利润的同时,更应关注其产品或服务对社会、环境、消费者等各方面的长期影响。这种长期价值不仅仅体现在经济利润上,更体现在企业品牌、社会声誉、生态环境等非物质资产上。因此,企业应当注重可持续发展,通过技术创新、管理创新等方式,不断提升产品和服务的品质,实现长期价值的最大化。

对于经济效果,孙冶方经济理论指出,用最小的劳动消耗取得最大的有用效果。[2]经济发展的最终目的是提高人民的生活水平和社会福祉。因此,经济效果的评价不能仅仅局限于经济增长的速度和规模,更应当关注经济增长的质量和效益。这包括经济增长对资源环境的可持续性、对社会公平的贡献以及对人民生活水平的提升等方面。因此,政府和企业应当注重经济发展的综合效益,通过优化资源配置、提高生产效率、促进创新等方式,实现经济效果的持续改进和提升。

---

[1] 孙冶方:《社会主义经济论稿》,中国大百科全书出版社2009年版。
[2] 《牢牢把握东北的重要使命奋力谱写东北全面振兴新篇章》,《人民日报》2023年9月10日第1版。

二、新质生产力的内涵

（一）新质生产力的定义

2023年9月，习近平总书记在黑龙江考察调研期间首次提出新质生产力（New Quality Productivity），强调整合科技创新资源，引领发展战略性新兴产业和未来产业，加快形成新质生产力。①2023年11月9日，《人民日报》发文，新质生产力是代表新技术、创造新价值、适应新产业、重塑新动能的新型生产力。2024年国务院《政府工作报告》提出"大力推进现代化产业体系建设，加快发展新质生产力"。新质生产力有别于传统生产力，涉及领域新、技术含量高、依靠创新驱动是其中关键，新质生产力代表一种生产力的跃迁，是科技创新发挥主导作用的生产力。

新质生产力是由技术革命性突破、生产要素创新性配置、产业深度转型升级而催生的当代先进生产力，它以劳动者、劳动资料、劳动对象及其优化组合的质变为基本内涵，以全要素生产率提升为核心标志。新质生产力的提出，不仅意味着以科技创新推动产业创新，更体现了以产业升级构筑新竞争优势、赢得发展的主动权。

加快形成新质生产力是塑造发展新动能、新优势的必然要求。新质生产力的"新"主要包括四个维度：新劳动者、新劳动对象、新劳动工具、新型基础设施。新质生产力是对原有生产力的继承，在继承原有的高技术劳动者、一定的劳动资料、可变化的劳动对象等基础上实现生产力的"能级转型"；是对落后产能的淘汰，摆脱对传统经济增长路径的依赖，从而创造出符合数字经济时代的新产能；是对科技企业的创新，通过融入生态、数据等新型生产要素，使劳动资料、劳动对象、劳动者高新科技化。②

（二）新质生产力的特点和表现

新质生产力是以创新为主导作用，摆脱传统经济增长方式、生产力发展路径，

---

① 王华华：《地方政府加快形成新质生产力的产业政策新思考——基于生产要素集聚与未来产业链"双螺旋"耦合的路径》，《行政与法》2024年第4期，第29—42页。
② 冒天启：《价值规律内因论与商品生产外因论——〈孙冶方文集〉》，《经济研究》2017年第52卷第9期，第4—10、203页。

具有高科技、高效能、高质量特征,符合新发展理念的先进生产力质态。它的核心标志是全要素生产率大幅提升。具体表现在技术创新与进步、高效的生产流程与管理、可持续性与环保性三个方面。

1. 技术创新与进步

技术创新与进步是新质生产力的核心驱动力。随着科技的飞速发展,越来越多的企业开始注重技术创新,通过引入新技术、新工艺和新设备,提高生产效率和产品质量。例如,在制造业领域,人工智能、大数据等新技术的应用,使得生产流程更智能化、自动化,大大提高了效率和产品质量。这种技术创新不仅推动了制造业的转型升级,也为其他行业提供了更多的技术支持和创新思路。

技术创新与进步对于新质生产力的推动作用不仅体现在生产效率和产品质量的提升上,更体现在对经济社会发展的深远影响中。通过技术创新,企业可以开发出更符合市场需求的产品和服务,满足消费者的多样化需求,推动经济增长方式的转变。同时,技术创新也可以促进产业链与供应链的协同创新,使企业间更注重合作与共赢,形成更紧密的产业生态,提升国家整体竞争力。

然而,技术创新与进步也面临着一些挑战和问题。随着技术更新换代的速度不断加快,企业需要不断投入资金和人力资源进行技术研发和创新,以保持竞争优势。同时,劳动力市场的适应性问题也不容忽视,新技术的引入可能会对传统的就业结构产生冲击,需要政府和企业共同努力开展针对性培训,促进就业结构转型。

2. 高效的生产流程与管理

高效的生产流程与管理是新质生产力的核心部分,它对于提升企业的竞争力和经济效益具有至关重要的作用。在现代企业中,高效的生产流程不仅意味着产品质量的提升,更代表着成本的降低和市场的快速响应。通过优化生产流程,企业可以更加精准地控制生产环节,提高资源利用效率。

以汽车制造业为例,通过引入先进的生产管理系统,如精益生产(Lean Production)和六西格玛(Six Sigma),企业可以显著减少生产过程中的浪费和缺陷率。这些管理系统强调对生产流程的持续优化和改进,通过消除无效劳动和浪费,实现生产效率和产品质量的双重提升。此外,高效的生产流程还需要与先进的信息技术相结合,企业可以实时监控生产过程中的各项数据,及时发现潜在问题并进行调整。这种智能化的管理方式不仅可以提高生产过程的透明度和可控性,还能帮助企业实现更加精准的市场预测和决策分析。

3. 可持续性与环保性

新质生产力的核心在于推动经济社会的可持续发展。随着全球环境问题的日益严重,可持续性与环保性已成为新质生产力不可或缺的特征。在生产过程中,新质生产力强调采用环保材料和技术,减少对环境的影响。例如,制造业通过引入循环经济理念,实现废弃物的减量化、资源化和无害化,有效降低生产活动对环境的压力。此外,新质生产力还注重提高能源利用效率,推动清洁能源的发展,减少碳排放,为应对气候变化做出积极贡献。

以数字技术在水域治理方面的应用为例,借助科技智慧系统可以为水域生态环境保护和经济社会高质量发展提供有效支撑。一是构建一体化的感知网络。不同于原有的重点部位监测,数字技术的发展可以实现地表水系的全覆盖,全面掌握一个地区的水质、水文数据,为水环境整体改善提供充足的数据信息。这样不但能以点带面科学研判推理整体污染负荷,而且通过技术融合可使生物多样性监测、水质检测等领域提高效率、降低成本。二是搭建大数据资源中心。数字技术能够实现水利局、自然资源和规划局、市政园林局、气象局、生态环境局、农业农村局等多个单位的网络融合,打造优质的数据资源环境,为科学决策提供智能支撑。三是组建全域全要素智慧应用平台。以数字化推动治理改革创新,可以形成水环境、水生态、水资源、水安全和水文化保护与传承的"五水统筹",提升部门协同效力,形成区域联防联治的合力。

三、孙冶方价值理论与新质生产力的内在联系

孙冶方价值理论对社会主义经济发展与改革有着重要贡献,其中关于价值形成、价值实现、长期价值的论述,与新质生产力的内涵和特点不谋而合。从政治经济学的角度来看,新质生产力的提出是社会主义经济理论体系建构的重要一步,它与孙冶方的价值理论同为马克思主义政治经济学中国化的探索实践,在很大程度上具有一脉相承的联系。

(一) 价值形成与技术创新

孙冶方价值理论认为,价值的形成离不开生产过程中的劳动消耗和物质消耗。在阐述最具有代表性的"最小-最大"理论时,他指出:在社会主义条件下,商品的内在矛盾即商品二重性和生产商品劳动二重性仍然存在,经济学要以"最小-最大"理论为红线,研究解决这些矛盾的途径,提高劳动生产率,发展社会主义经济。① 因而,在价值的形成中最小的劳动和物质消耗便是生产的重要目标追求。孙冶方强调了生产力"三要素"的缺一不可。在培育新质生产力的背景下,新劳动者、新劳动对象、新劳动工具、新型基础设施的"四新"维度与价值形成中的劳动、资源、技术要素联系紧密。新劳动者将适应数字时代生产力发展需求而具有掌握新质生产资料的素质;新劳动对象将因为超算、人工智能等高新技术的发展不再局限于传统的自然或社会资源领域;新劳动工具和新型基础设施随着技术的变迁、升级成为推动价值形成的关键因素。因而实现"最小-最大"理论与撬动新质生产力发展的核心都离不开技术创新,通过不断引入新技术、新工艺和新设备,企业能够提高生产效率,降低生产成本,从而实现价值的增值。同时,技术创新还能够推动产业升级和转型,带动全要素的能级提升,为价值形成提供新的动力和空间。

(二) 价值实现与高质量生产

孙冶方认为,在社会主义市场经济的条件下,价值实现需要充分尊重价值规律,即商品的价值应由市场供求关系决定,并通过价格机制反映出来。他主张国家定价应以价值和价值转化形态——生产价格为基础,这样才能正确评价经济活动的效果和企业的真实业绩。新质生产力以新供给与新需求高水平动态平衡为落脚点,供需有效匹配是社会大生产良性循环的重要标志。当前,我国大部分领域"好不好"的问题日益凸显,客观上要求形成需求牵引供给、供给创造需求的新平衡。一方面,新需求对供给升级提出更高要求,牵引和激发新供给,撬动生产力跃升;另一方面,基于新质生产力形成的新供给,能够提供更多高品质、高性能、高可靠性、高安全性、高环保性的产品和服务,更好满足和创造有效需求。

---

① 孙冶方:《社会主义经济论稿》,中国大百科全书出版社 2009 年版。

孙冶方以市场供求为基底,以等价交换为根本原则的价值理念,照应了新质生产力所要求的供求平衡问题。孙冶方关于市场竞争的思想,对于今天来说,可以激发企业的创新活力,促进新质生产力的高效供给;价格竞争机制是配置资源的重要手段,引导资源向着更高效、更有需求的领域流动同样符合新质生产力供需平衡的要求。同时,新质生产力的发展是高质量发展的要求,更是实现国民经济良性循环、更好发挥超大规模市场优势、促进更高效价值实现的必由途径。

(三)长期价值与环保可持续

孙冶方认为:"在自然经济中不可能有真正的价值观念,不可能形成社会必要劳动时间。只有在商品经济和产品经济中才有价值观念,才能形成社会必要劳动时间。"[1]他强调"价值实体本身的规律"在生产领域发挥重要作用,这种价值实体可以理解为生产费用与效用之间的关系,其最终意义在于说明生产过程中应兼顾生产费用和效用大小,重视经济核算。这一观点恰恰吻合国家"双碳"战略与"双碳"目标,与新质生产力作为绿色生产力的特点具有一致性。新质生产力强调可持续性与环保性,在追求经济增长和价值创造的同时,新质生产力注重生态平衡、资源节约和环境保护,以实现经济、社会和环境的协调发展。

孙冶方的价值实体论述所表达出的"注重长期价值"观点实际上为新质生产力的发展提供了理论支撑。在孙冶方看来,价值实体是超历史的,这意味着无论生产力如何发展变化,价值实体作为生产费用与效用之间的关系始终是存在的。因此,新质生产力的发展应当遵循价值实体的规律,即在追求高效率和创新的同时,也要注重经济核算和效用最大化。此外,孙冶方预见性地认为未来社会将抛弃交换价值这一价值形式,而保留价值实体。这预示着未来社会将更加注重实质性的经济价值和社会效益,而非仅仅追求交换和利润。这种预见与新质生产力的发展方向相契合,因为新质生产力往往更加注重可持续发展和社会责任,而非短期的经济利益。绿色发展是高质量发展的底色,新质生产力并不是对传统发展方式的摒弃,而是能级的提升,可持续的绿色发展。

---

[1] 孙冶方:《社会主义经济的若干理论问题(续集修订本)》,人民出版社1982年版。

四、基于孙冶方价值理论的新质生产力发展策略

(一) 优化资源配置,提高生产效率

优化资源配置,提高生产效率,是孙冶方价值理论在新质生产力发展中的重要体现。在当前的经济发展中,资源的有限性使得如何高效利用资源,提高生产效率成为关键。例如,引入制造业自动化生产线,可以减少人工操作,提高生产速度和产品质量,同时降低生产成本。这种资源配置的优化,不仅提高了生产效率,还为企业创造了更大的价值。

此外,优化资源配置还需要注重市场需求的变化。随着消费者需求的多样化,企业需要灵活调整生产策略,以满足市场需求。例如,通过大数据分析,企业可以了解消费者的购买习惯和偏好,从而调整产品设计和生产计划,提高产品的市场竞争力。这种以市场需求为导向的资源配置方式,不仅可以提高生产效率,还可以增强企业的市场适应能力。

同时,优化资源配置还需要加强企业间的合作与协同。在全球化的背景下,企业间的竞争已经转变为供应链之间的竞争。通过加强供应链上下游企业之间的合作与协同,可以实现资源共享、优势互补,提高整个供应链的效率和竞争力。例如,通过建立供应链协同平台,可以实现订单、库存、物流等信息的实时共享和协同管理,提高供应链的响应速度和灵活性。

(二) 加强科技创新,推动产业升级

在孙冶方价值理论的指导下,加强科技创新是推动新质生产力发展的核心动力。科技创新不仅能够提升生产效率,还能引领产业升级,实现经济的高质量发展。以我国的新能源汽车产业为例,通过持续的科技创新,我国在电池技术、电机技术、电控技术等方面取得了重大突破,推动了新能源汽车产业的快速发展。据统计,我国新能源汽车的销量和产量连续多年位居全球首位,这不仅彰显了我国科技创新的实力,也为全球新能源汽车产业的发展提供了有力支撑。

科技创新对产业升级的推动作用不仅体现在产品技术的创新上,更体现在产业模式的创新上。以互联网为例,通过科技创新,互联网产业实现了从传统的信息

传输向云计算、大数据、人工智能等方向的转型升级。这种产业模式的创新,不仅提高了互联网产业的生产效率,也为其他产业的发展提供了强大的技术支持和服务。

(三)完善制度体系,激发市场活力

在探索基于孙冶方价值理论的新质生产力发展路径时,完善制度体系并激发市场活力显得尤为重要。一个健全的制度体系不仅能够为市场提供公平竞争的环境,还能有效激发市场主体的创新活力,推动新质生产力的快速发展。

第一,政府应深化"放管服"改革,减少对企业的干预,让企业真正成为市场的主体。同时,加强市场监管,确保市场的公平竞争,防止市场失灵和垄断行为的发生。这样,企业才能在市场竞争中充分发挥自身的创新能力和竞争优势,推动新质生产力的发展。

第二,可加大对科技创新的支持力度,通过提供财政补贴、税收优惠等政策,鼓励企业加大研发投入,推动技术创新。同时,建立健全知识产权保护制度,保护企业的创新成果,激发企业的创新热情。这样,科技创新才能成为推动新质生产力发展的强大动力。此外,政府应积极推动产业政策的调整和优化,引导企业向绿色、低碳、循环等方向发展。通过制定产业规划、实施产业扶持政策等措施,推动产业结构的优化升级,实现经济的高质量发展。这样,新质生产力才能在经济发展中发挥更大的作用,为社会的可持续发展做出更大的贡献。

第三,政府应加强与企业的沟通和合作,建立有效的信息反馈机制,及时了解企业的需求和困难,为企业提供更好的服务和支持。同时,加强社会监督,确保政府政策的公正性和透明度,增强企业的信任感和归属感。这样,政府和企业才能形成合力,共同推动新质生产力的发展。

五、无锡新质生产力培育发展的对策

2024年3月5日,习近平总书记在参加江苏代表团审议时强调,要牢牢把握高质量发展这个首要任务,因地制宜发展新质生产力。同时指出,江苏发展新质生产力具备良好的条件和能力,要突出构建以先进制造业为骨干的现代化产业体系这个重点,打造发展新质生产力的重要阵地。无锡面向新质生产力培育的布局中,"465"现代产业集群堪称"四梁八柱"。从"465"的内涵入手,未来无锡产业发展的路径和方法愈发清晰:物联网、集成电路、生物医药、软件与信息技术服务4个产业,规模优势较为突出、产业链条较为完整、产业生态较为完备,要建成"高而强"的地标产业;高端装备、高端纺织服装、节能环保、新材料、新能源、汽车及零部件(含新能源汽车)等6个产业,产业基础较好,在国内有一定竞争优势,是"大而强"的优势产业;人工智能和元宇宙、量子科技、第三代半导体、氢能和储能、深海装备等5个具有广阔发展前景、增长后劲足、资源集聚度高且在本地具有一定基础的产业,定位为"新而强"的未来产业。基于孙冶方的价值理论、结合"465"现代产业集群,无锡可以从优化资源配置、加强科技创新、完善制度体系等多维度发力,以达到生产力全要素提升这一核心目标。

(一)优化资源配置,聚集产业要素

新质生产力的形成是新技术持续涌现、数据等要素进入生产函数并不断优化配置、较为顺畅的"科技—产业—金融"循环、强大国内市场、高素质人才等多方面因素共同作用的结果。无锡具备形成新质生产力的优质土壤和良好基础条件,应在优化资源配置、聚集产业要素等方面精准发力,形成产业协同发展的良好局面。

一是根据无锡市各板块产业发展布局及特点,不断构建完善的全市未来产业创新生态体系。物联网、集成电路、生物医药、软件与信息技术服务等产业在无锡的发展已经具有突出优势,各区需要结合优势资源布局产业链,培育特色优势产业园区。对已初步形成规模的产业园区,优先进行项目导入,尽快形成产业集群,将同心圆画大。

二是进一步延链、补链、强链,以园聚链、以链集群,以园区专业化推动产业集群化,打造包括硬件、软件和服务的完整产业链。在用地、人才、金融及政策等要素保障方面,优先支撑优势园区,加快构建园区支撑、链式布局的未来产业发展生态。支持壮大一批本地优质骨干企业,迅速集聚一批行业头部和创新型企业。要围绕在行业细分领域具有国际影响力的专精特新"小巨人"、瞪羚、独角兽等企业进行常态化精准挖掘,形成名片效应。

三是推进特色产业与高校、科研机构合作,建设优势产业、未来产业研究院,加快促进大院、大所相关技术转化。通过项目实施,打磨产品、形成合力,推进产业高端化发展,逐渐形成具有无锡特色的产业模式。

（二）加强科技创新,推动产业升级

科技创新是推动无锡新质生产力发展的核心动力。无锡应加大对科技创新的投入,鼓励企业加强研发投入,推动技术创新和成果转化。同时,要引进和培养高层次人才,营造良好的创新创业环境,为产业的发展升级提供有力支撑。

一是要持之以恒加强科创平台建设。要围绕国家核心关键技术中的无锡优势强项,创建高水平的科研平台。结合无锡目前"465"现代产业集群的需求和前沿科研的瓶颈设置科研专项,可通过揭榜挂帅或竞争择优等方式汇集国内外的优势科研力量,持之以恒开展研究。同时要加强科研成果转化的引导,完善支持全链条创新的未来产业培育体系,建设一批未来产业孵化器和加速器,以企业为主体布局未来产业中试基地,不断推进前沿科技应用加速迭代。

二是要强化高素质人才的引培。推动形成新质生产力的关键要素是人。颠覆性技术创新和新科技的发展不仅需要一大批战略科学家、一流科技领军人才和创新团队、卓越工程师、大国工匠和高技能人才,也需要一大批具有前瞻眼光、把握未来需求、熟悉技术变革趋势、洞悉商业机会并且能够将相关产业要素进行整合,推动产品和服务商业化的企业家和投资人才。要在重点领域建立中外人才库,与国际和国内一流高校建立合作关系,扩大朋友圈吸引海内外优秀人才。用好科创飞地和创新项目,通过无锡宜居宜业优势吸引人才落户。

三是要积极构建青年创新创业体系,推进重点项目、人才、资源一体化和高效化配置,更好激发青年创业活力。要加强青年创新创业教育,开展覆盖青年的创业培育活动,积极挖掘、培育优秀创业项目。要搭建完善的创新创业平台,在制度、政策方面做好配套服务,真正降低青年创业门槛,培育出适应新质生产力发展的高素质人才。

（三）完善制度体系,激发创新活力

完善制度体系是激发市场活力、推动新质生产力发展的重要保障。无锡应进一步深化"放管服"改革,简化审批流程,降低企业成本,为企业创造更良好的营商环境。目前,浙江省出台的《关于加快培育发展未来产业的若干意见》提出,要打造市场化、法治化、国际化的营商环境;北京市出台的《关于加快培育发展未来产业的意见》提出,要建设具有全球影响力的未来产业高地,将重点布局在人工智能、量子科技、集成电路、生物医药等未来产业。无锡需要加快步伐,不断完善制度体系,为经济转型升级和高质量发展提供强劲动力。

一是要完善社会信用激励约束机制和市场化重整机制,持续优化稳定、公平、透明、可预期的发展环境。构建市场环境、政务环境、法治环境、社会环境"全优"的宜商环境体系,积极引导资金优先投向先进制造业、战略性新兴产业和未来产业。同时要保护好企业的合法权益,激发民营企业的创新活力。

二是要不断加大对科技创新企业的支持力度,推进精准化"一站式"服务,为企业发展解开束缚、排忧解难。强化政策激励,将"465"现代产业集群的配套设施建设纳入高质量发展考核指标。鼓励行业骨干企业与境内外高水平院校共同成立产业创新联合体。以顶层设计推动实施未来产业跨界融合示范工程,强化未来科技场景式创新。要加强专利的运用和保护,推进高价值专利培育,发挥政府在知识产权保护和新技术保护等方面的辅助作用。

三是要深化改革攻坚,打造制度创新的长期战略。研究出台针对现代化产业发展领域的行动方案,开展前瞻性政策研究,不断完善法律法规。围绕"465"相关产业建设完善的基础制度,高效配置人才、技术、数据等关键要素资源。打造"无锡制造""无锡贸易"等品牌,努力开拓国内外市场。

六、结语

基于孙冶方价值理论,在发展新质生产力的过程中,要全面考虑社会经济关系的影响,注重利用现代管理工具和方法,重视劳动价值,关注市场供求关系变化,从而更有效地推动新质生产力的发展。无锡需要积极应对挑战,贯彻落实好习近平总书记"因地制宜发展新质生产力"的指示,从孙冶方先生当年的"天才的闪耀"中汲取高质量发展的力量,抓住新质生产力的发展机遇,坚定实施产业强市主导战略和创新驱动核心战略,充分认识新质生产力发展的复杂性和长期性,保持战略定力,通过优化资源配置、加强科技创新、完善制度体系等多方面的努力,持之以恒地推动经济转型升级,形成新质生产力的优质土壤和良好基础条件,打造发展新质生产力的无锡样本。

孙冶方先生生平事迹和对中国经济学理论的贡献

浦徐进[①]

吴文化是开创江南古文明的源头,是汉文明的重要组成部分,无锡是吴文化的发源地与核心区域。近现代的无锡先后走出了包括陈翰笙、薛暮桥、孙冶方在内的众多经济学家,他们根植于苏南地区经济发展的深厚土壤,为中华民族的振兴热切呼唤、奋力搏击。

孙冶方先生 1908 年出生于无锡玉祁镇,原名薛萼果,是我国著名的经济学家、模范共产党员、老一辈无产阶级革命家。1924 年加入中国共产党,任无锡党支部第一任书记。1925 年从事学生运动和工人运动,同年 11 月受党组织派遣,进入莫斯科中山大学学习经济学。1927 年毕业后,留校担任政治经济学课程翻译。[②] 1930 年回国后,任上海人力车夫罢工委员会主席,并从事工人运动和左翼文化运动,编辑《中国农村》杂志。不久进入中央研究院社会科学研究所,与陈翰笙等同志发起成立中国农村经济研究会。1935 年任《中国农村》月刊编辑。[③]

1937 年抗日战争爆发后,孙冶方任中共江苏省委文化工作委员会书记,开始长期从事马克思主义理论教育和经济部门的领导工作。1940 年 8 月,孙冶方接到党中央调他到延安工作的通知,便与夫人洪克平绕道香港、桂林、贵阳等地,于次年初到达重庆。1941 年 2 月,孙冶方听从周恩来的安排,再经香港、上海,于 1941 年 7 月 1 日到达苏北抗日根据地,当天就受到了时任华东局书记和新四军政委刘少奇的热情接见。[④]

[①] 浦徐进,江南大学商学院院长、教授、博导,孙冶方经济科学研究院院长,无锡市经济学会顾问。
[②] 冒天启:《重新解读孙冶方经济学思想——纪念孙冶方诞辰 100 周年》,《经济研究》2008 年第 43 卷第 10 期,第 8—12 页。
[③] 中国社会科学院经济研究所学术委员会:《孙冶方集》,中国社会科学出版社 2019 年版。
[④] 冒天启:《价值规律内因论与商品生产外因论——〈孙冶方文集〉序》,《经济研究》2017 年第 52 卷第 9 期,第 4—10、203 页。

1941年,孙冶方被华中局先后任命为华中局宣传部宣传教育科科长、华中局党校教育科科长兼马列主义课程教员,一度化名宋亮。1941年7月13日,孙冶方在编写《马列主义原理》教科书《方法与理论》一章时,碰到了一个自己没有把握的问题,即有些同志存在的经验主义和轻视理论学习的倾向,便给刘少奇写了一封请示信。当天刘少奇就给孙冶方回复了一封3000多字的长信,肯定了他的看法,并论述了革命理论对革命的重要指导意义,这就是著名的《答宋亮同志》。[1]

1949年5月上海解放后,孙冶方担任上海军管会重工业处处长。1950年3月,任华东军政委员会工业部副部长兼上海财经学院院长。1955年调任国家统计局副局长,参与创建我国的统计核算体系。1957年11月,出任中国最高学术研究机构中国科学院经济研究所代所长,[2]推动经济研究与经济工作的紧密结合,积极引进新的研究方法和研究工具,营造宽松的研究环境,主持两周一次的经济问题研究座谈会,是经济学界杰出的学术领导人之一。

从1956年下半年起,孙冶方深感斯大林体系所存在的内在缺陷,撰写了《把计划和统计工作建立在价值规律基础上》[3]《从"总产值"谈起》[4]《关于全民所有制经济内部的财经体制问题》[5]等著名的论文和报告,从市场社会主义的角度对这套体制提出了系统的改革思想。这些思想对当时的中国经济学界和学术界均产生了重要影响。

孙冶方的开拓性研究在前期引起了广泛的关注和争论。但是到1964年以后,在当时严酷的政治背景下,他横遭政治批判,入狱7年。在狱中,他进一步坚定了自己的学术信念,撰写了《我与经济学界一些人的争论》长文,[6]默记《社会主义经济论》"腹稿"85遍。[7]1975年4月10日获释出狱时,直言自己"一不改志,二不改行,三不改观点。对我的学术观点,可以争论,可以批判,但我还没有认识到

---

[1] 张明山:《理论学习时刻不能放松——读刘少奇〈答宋亮同志〉》,《求知》2021年第1期,第57—59页。
[2] 罗银胜:《两位杰出的经济学家——孙冶方与顾准》,《立信学刊》1998年第1期,第50—53页。
[3] 孙冶方:《把计划和统计工作建立在价值规律基础上》,《经济研究》1956年第6期,第117—120页。
[4] 孙冶方:《从"总产值"谈起》,《统计工作》1957年第13期,第130—146页。
[5] 孙冶方:《关于全民所有制经济内部的财经体制问题》,载《孙冶方选集》,山西经济出版社1984年版,第240—253页。
[6] 孙冶方:《我与经济学界一些人的争论》,载《孙冶方选集》,山西经济出版社1984年版,第449—501页。
[7] 新望:《改革年代里的兄弟经济学家——近看孙冶方与薛暮桥》,《中国改革》2005年第4期,第21—24页。

错在哪里"。①

1978年2月,孙冶方被推选为中国人民政治协商会议第五届全国委员会委员。1983年1—3月,《光明日报》以"孙冶方颂"为总标题,发表了20多篇7万字左右的文章和几组照片。②但孙冶方希望人们关注他的经济理论,而不是他本人。

1983年2月22日,孙冶方先生在北京逝世,享年75岁。3月14日,按照他的遗愿,他的骨灰由夫人洪克平、养女李昭等人撒入家乡的太湖。③

孙冶方为推动中国学术进步和制度变革做出的努力赢得了国人极大的尊敬。他敬畏规律、守护真理的理论勇气,求真务实、严谨审慎的学术精神,仗义执言、勇于担当的刚毅品质,存同求异、宽厚包容的博大胸怀,淡泊名利、朴实无华的人格风貌,堪称学界楷模。

中华人民共和国成立前,孙冶方深入农村、工厂进行调查研究,分析了中国社会和革命的性质,驳斥了"托派"和王明混淆民主革命和社会主义革命的谬论,捍卫了中国共产党的土地革命路线。20世纪40年代,孙冶方针对党内还存在的经验主义倾向,强调了理论的重要性,提出了要重视和加强对干部的马克思主义理论教育。中华人民共和国成立前的主要著作收集在《中国社会性质的若干理论问题》一书中。

中华人民共和国成立后,孙冶方积极从事社会主义经济理论研究。他认为,多年来流行的社会主义经济理论体系把社会主义经济看成自给自足的、不存在流通过程的自然经济;把价值和价值规律看成社会主义经济的异物;夸大了人的主观能动作用,用规律排列和政策汇编代替了对活生生的经济过程的分析。④中华人民共和国成立后的主要著作有:《社会主义经济的若干理论问题》(续集和续集增订本)、⑤《社会主义经济论》等。

1999年出版的《孙冶方全集》共5卷,其中第四、五两卷是历次《社会主义经济论》的稿本。李昭评价养父孙冶方:"虽然是个马克思主义经济学家,但是他的性

---

① 冒天启:《重新解读孙冶方经济学思想——纪念孙冶方诞辰100周年》,《经济研究》2008年第10期,第8—12页。
② 张启、邓红辉:《孙冶方经济理论破冰的开路先锋》,《南方日报》2009年9月24日,A17版。
③ 本刊编辑部:《纪念经济学家孙冶方》,《科技导报》1985年第5期,第20页。
④ 薛暮桥:《怀念冶方》,《经济研究》1993年第2期,第3—5页。
⑤ 孙冶方:《社会主义经济的若干理论问题》,人民出版社1979年版,1982年出版续集增订本。

格中更多的是艺术家的激情,他像一个'牛虻',总是在与旧社会、旧体制对垒中开辟一个个新战场,呼啸着屡败屡战,用他清癯(qú)的身体为其他后来人撕开对方的防线。"①

孙冶方的理论贡献主要为以下几个方面:②他是国内最早扛起批判传统社会主义经济理论大旗的学者,最早批判了自然经济理论和我国计划经济体制的弊端;他在传统社会主义经济理论的许多方面实现了突破,如价值理论、流通理论和生产价格理论;他是最早倡导系统改革计划经济体制的经济学家之一,并提出了一系列符合当时实际的改革措施;他是社会主义经济理论体系构建的探索者,他所提出的生产、流通、总过程和消费的理论结构和"红线论"对今天仍有重要的借鉴意义;③他是中国特色社会主义政治经济学的重要贡献者,一方面为改革开放作了重要的理论准备,另一方面他的许多主张对构建中国特色社会主义政治经济学仍有借鉴价值。④

孙冶方先生的学术贡献时至今日仍有深远影响。中国知网有439篇文献题目中含有"孙冶方",其中发表在我国经济学顶级刊物《经济研究》上的就有62篇。⑤

为纪念孙冶方同志对经济科学的重大贡献,薛暮桥、于光远、许涤新等人发起并于1983年6月19日成立了"孙冶方经济科学奖励基金委员会",后于1995年更名为"孙冶方经济科学基金会"。同时,为表彰和奖励对经济科学做出突出贡献的集体和个人,推动中国经济科学的繁荣和发展,基金会于1985年设立了"孙冶方经济科学奖"。该奖项每两年评选、颁发一次,是迄今为止中国经济学界的最高奖,获奖成果基本反映了中国经济科学发展前沿的最新成果,代表了中国经济学研究各领域的最高水平,被誉为中国的"诺贝尔经济学奖"。⑥

截至目前,"孙冶方经济科学奖"已举办20届。孙冶方经济科学奖获得者可

---

① 柳红:《八〇年代:中国经济学人的光荣与梦想》,四川人民出版社2010年版。
② 张卓元:《孙冶方经济思想的重要现实意义——纪念孙冶方百年诞辰》,《经济研究》2008年第43期,第4—7页。
③ 郑宁:《孙冶方的流通理论与经济体制改革的实践》,《经济研究》1983年第11期,第35—41页。
④ 张申、赵家杰:《孙冶方马克思主义经济学中国化的探索》,《上海经济研究》2023年第12期,第88—98页。
⑤ 中国知网数据库,检索日期截至2024年7月1日。
⑥ 孙冶方经济科学基金会(http://sunyefang.cssn.cn/zwzd/jjhjj/)。

谓星光璀璨。不仅林毅夫、樊纲、贾康、钱颖一、吴敬琏等经济学家曾获得孙冶方经济科学奖,而且李克强、刘鹤、周小川、楼继伟、陈锡文等党和国家领导人也在获奖名单之列。

评奖旨在传承和弘扬以孙冶方为代表的老一辈经济学家敬畏规律、守护真理的学术精神,为国为民、甘于奉献的学术立场,不断探索、勇于创新的学术品格,引领学术研究方向,助力中国经济学研究的发展和提升。

孙冶方先生的社会主义经济理论,将在中国哲学社会科学宝库中永放光芒。

中国农村派对建构中国经济学自主知识体系的启示

刘 伟 刘守英[①]

习近平总书记2022年4月25日考察中国人民大学时强调:"加快构建中国特色哲学社会科学,归根结底是建构中国自主的知识体系","要以中国为观照、以时代为观照,立足中国实际,解决中国问题,不断推动中华优秀传统文化创造性转化、创新性发展,不断推进知识创新、理论创新、方法创新,使中国特色哲学社会科学真正屹立于世界学术之林"。[②]中国经济学自主知识体系是中国特色哲学社会科学自主知识体系的重要组成部分,在新时代迫切需要推动原创经济理论和系统性学说发展。本文回顾了中国经济学自主知识体系建构的探索道路,详细梳理了20世纪三四十年代"中国农村派"关于中国经济社会问题的研究、论证过程。基于历史经验启示,总结"以问题为导向的政治经济学方法"的理论内涵和研究范式,并进一步提出新时代"以马克思主义为指导的科学性""以问题为导向的实践性""以人民为中心的价值性"的中国经济学建构原则。

一、建构中国经济学自主知识体系的必要性

中华人民共和国成立70多年来,特别是改革开放40多年来,中国取得了举世瞩目的经济发展成就,中国经济学界也取得了一批有较大影响的理论成果,但是还没有形成完整、系统的中国经济理论学说和话语体系。中国经济发展进入了新时代,面临新的发展任务和国内外新的机遇和挑战,如何科学、合理地总结中国经

---

① 刘伟,中国人民大学原校长、党委书记;刘守英,中国人民大学经济学院院长、党委书记。
② 《习近平在中国人民大学考察时强调:坚持党的领导传承红色基因扎根中国大地 走出一条建设中国特色世界一流大学新路》,新华社,2022年4月25日。

济发展过程中的成功经验,形成具有一般指导意义的经济理论,并将其上升为系统性学说,已经成为迫切的理论和实践要求。

中国经济学的理论内容和体系框架已经引起了学界的高度重视和广泛讨论。不过,中国经济学并不是一时之选,而是经历了在孕育与选择中逐步走向融合的发展历程,是中国经济发展实践的必然产物。回顾历史可知,学界已经围绕中国经济学开展了四次大讨论。

第一次大讨论发生在近代被迫打开国门而启动现代化经济转型的背景下,学者们试图建立中国经济学。近代以来,经济学作为一个科学学科在中国开始建设,但当时中国经济社会在外部冲击下发生了深刻变化,本土的知识体系无法予以有效解答,各类经济学说开始在中国快速传播和发展。西方经济学的传播、马克思主义经济学的传播与中国化等成为构建中国经济学的重要基础。面对中国经济实践问题无法用传统经济思想体系解答的局面,学者们纷纷从西方经济学中国化、马克思主义中国化、中国传统经济思想现代化等不同视角对中国经济学进行探索,中国经济学处于孕育阶段。

第二次大讨论是中华人民共和国成立以后。毛泽东提出马克思主义与中国实际"第二次结合"的任务,形成了中国经济学探索的热潮。当时,中国的经济理论学者们借鉴和吸收了苏联社会主义经济建设经验,将斯大林关于社会主义经济的思想、苏联政治经济学教科书,以及苏联等社会主义国家经济学界对社会主义经济运行规律的研究,与中国经济实践中遇到的新问题、新情况和新特点相结合,开展了创造性的、实事求是的探索,形成了一批有重要理论和现实意义的研究成果。比如,孙冶方主张运用马克思《资本论》的方法,以"产品价值"为核心,从生产过程、流通过程和社会总生产过程等角度研究社会主义经济运行和发展的规律,为社会主义经济理论研究提供了新的思路。这些具有中国特色的社会主义经济理论思想虽然还不够完善和成熟,对我国社会主义建设特点的认识还不够全面和深入,相关的理论分析还缺乏系统性,但为改革开放时期中国经济学的发展提供了一定的基础和思想源泉。

第三次大讨论发生在社会主义市场经济体制目标确立后,中国经济改革实践需要新的理论指导,进而引发了"中国经济学向何处去"的世纪之问。邓小平认为其"写出了一个政治经济学的初稿,是马克思主义基本原理和中国社会主义实践相结合的政治经济学"。这是对传统框架的一次大胆突破,也为经济理论工作者在"中国特色"语境下探索中国经济学提供了思路。一些学者将其称为"中国特色社会主义政治经济学""中国特色的马克思主义政治经济学",并提出了"有中国特色的"社会主义市场学、工业经济学、比较经济学等经济学分支学科。也有学者在此基础上正式提出了"中国经济学",指出其是"以中国社会主义经济运行为研究对象,揭示社会主义经济运行客观规律的经济学"。在这一阶段上,"中国经济学"的提法虽有争议,但相关研究仍在不断推进,为后续在融合中发展奠定了基础。

第四次大讨论发生在党的十八大以来,党中央多次提出要构建新时代中国特色的哲学社会科学的重要方面,建立中国气派、中国风格、中国特色的政治经济学,把中国经济学的研究推到了一个前所未有的新阶段和新层次。在这一阶段,学者们重点探讨了中国经济学的范式问题,是否应对已有范式提出革命?学者们基本认同中国经济学应是以问题为导向,立足中国实践,以期解决中国问题。但不可否认的是,中国经济学的研究范式问题仍存在争论,中国经济学研究内容应如何科学、合理地构建仍未达成共识。

中国经济学历经百年探索,在思想交锋中不断前行。这四次大讨论从回答如何建立中国经济学,到中国经济学应如何发展、往何处去,再到中国经济学应采用什么样的范式,是几代经济学人对中国经济学认识不断深化的过程,也使得中国经济学建设从模糊走向清晰,为新时代建设中国经济学奠定了坚实的基础。

二、中国经济学自主知识体系建构探索:中国农村派的经验

近代以来,中国社会各阶层尤其是先进知识分子致力于挽救民族危亡的艰难探索,直至中国共产党成立并带领中国人民取得国家和民族独立、谋求民族复兴和国家现代化,百年来最宝贵的历史经验是立足中国本土、采取以问题为导向的方法,分析和解决所面临的重大问题,深化对中国经济结构和社会性质的规律性认识,为中国发展和改革提供理论支撑。20世纪三四十年代,以陈翰笙、薛暮桥、孙冶方等马克思主义知识分子为代表的"中国农村派"从决定中国社会性质最核心的中国农村社会性质出发,以研究中国农村经济底结构为宗旨,基于对不同地区农村经济的一手调查研究,说明"有关中国社会经济结构和社会政治关系的普

遍性质",界定中国为半殖民地半封建社会,这成为中国共产党关于中国社会性质判断的重要理论依据。中国共产党做出了新民主主义的重大决策,决定了新民主主义革命的道路和任务,夺取全国革命胜利后以新民主主义建设为核心完成了国民经济恢复和社会主义改造的历史任务。

(一) 以国家和民族亟须解决的重大问题为出发点

马克思指出"问题就是公开的、无畏的、左右一切个人的时代声音",中华民族近代化和现代化的历史,正是回应时代课题、解决重大理论和现实问题的历史。20世纪三四十年代面临的根本问题是民族救亡和"中国往何处去"。辛亥革命以来,中国各界人士走上了通过革命挽救民族危亡、实现民族复兴的道路。革命的道路和方向取决于对中国社会性质的认识。当时国内各党派、苏联和共产国际对此问题的看法针锋相对,这一根本问题决定了中国革命的一切战术与策略。[1]中国自古以来是以农立国的农业国家,农村在中国经济、政治和社会生活中占有举足轻重的地位,"农村经济底研究,对于整个社会底认识自然占有重要地位"[2]。但是,面对20世纪三四十年代中国农村濒于崩溃的局面,各界提出的挽救农村危亡的方案因缺乏对中国农村社会性质的认识而收效甚微。关于中国农村社会性质成为关注的焦点,本质上是对封建势力强弱及封建生产关系地位的判定。

(二) 范式转换

面对亟待解决的重大现实问题,理论回应无力暴露了方法的重大缺陷,必须实行范式转换。"对于中国经济特性的分析,中国经济结构中之特殊法则的发现,以及对于中国经济独立自主之革命的需要和建设的方针之推论与指引,还没有完成正确的理论体系"[3],"中国人研究经济科学,必使经济科学的理论与技术适合中国经济的特性,适合当前中国革命的需要,促进中国经济的发展,改进中国最大多数人民的物质生活与文化生活"[4]。

---

[1] 蔡和森:《中国革命的性质及其前途》,《布尔塞维克》第2卷第1期,1928年11月1日。
[2] 薛暮桥:《怎样研究中国农村经济》,《薛暮桥经济论文选》,人民出版社1984年版,第2页。
[3] 黄宪章:《中国需要怎样的经济学》,《大学月刊》1942年第1卷第11期。
[4] 众北:《经济科学的中国化问题》,《大学月刊》1942年第1卷第8期。

1. 告别教条主义

20世纪三四十年代就中国社会性质的分析受到苏联和共产国际的极大影响。托洛茨基断言中国进入资本主义社会。陈翰笙供职的苏联国际农民运动所里的理论专家精于马列,但习惯于从书本到书本作概念推导式的论断,马扎亚尔的"亚细亚生产方式"否认中国的半殖民地半封建社会性质,认为中国农村进入了资本主义。陈翰笙在与其激烈争论中因拿不出有力的证据驳倒对方,遂决定回国"对中国的社会做一番全面的调查研究"。受托洛茨基影响的"中国经济派"教条地运用"生产力决定生产关系"原理,得出中国已成功通过资产阶级革命进入资本主义社会的错误判断。中国农村派正是告别教条主义,基于扎实的农村调查,通过分析农村的实际经济形势、阶级力量对比和生产关系状况,得出了中国半殖民地半封建社会性质的结论。

2. 注重生产力与生产关系的互动

20世纪三四十年代,中国资本主义性质论的学者过于偏重"生产力"的决定作用,忽视了"生产关系"的反作用。中国农村派正是从研究范式对其予以批判,认为这实质上是"将农村生产关系这一种历史的范畴,从具体的社会环境脱离出来,变成空洞而永久的范畴"。①技术固然是生产力的重要构成部分,但"自然因素或是技术因素,必须通过一定的社会关系,才能发挥'征服自然'的巨大力量",②"决定社会性质或阶级关系的直接因素不是生产技术而是生产关系"。③因此,中国农村派提出"研究中国农村经济者的研究对象是中国农村的生产关系,或是在农业生产、交换和分配过程之中人与人的社会关系,而不是别的"。④20世纪50年代以后苏联政治经济学教条主义的范式将决策引向另一极端,仅调整生产关系不发展生产力,对中国经济社会造成极大破坏。

3. 分析特殊性

20世纪三四十年代中国农村派正是在探寻特殊性中认识中国社会性质的。针对中国经济派"研究中国社会史,永远是要从'搬家主义'和'公式主义'出发

---

① 钱俊瑞:《现阶段中国农村经济研究的任务》,《中国农村》1935年第1卷第6期。
② 钱俊瑞:《现阶段中国农村经济研究的任务》,《中国农村》1935年第1卷第6期。
③ 薛暮桥:《答复王宜昌先生》,《中国农村》1935年第1卷第6期,第114页。
④ 钱俊瑞:《现阶段中国农村经济研究的任务》,《中国农村》1935年第1卷第6期。

的"，①"假如我们利用世界史的全盘和中国历史比较，不只是用理论来观察中国，更不是用指导原理的图式来观察中国，而免去一切理论上的抽象和含义混淆底困难。我们会发现中国社会史的阶段同于西欧"。②在中国社会性质研究上误入歧途，陶希圣认为"欧洲社会与中国并不是同一的，也并不是始终相类，到处相类的"。"中国社会的发达过程很难捺进欧洲社会发达过程的铜模之内"。③社会现象并不能像公式一样适用于不同地域、不同时代的多数社会，如果观察社会现象之前先怀抱着一种"假定"，依照假定去寻求适合于证明这个假定的材料，这便很容易使观察陷于错误。④

4. 从制度细节提炼本质特征

忽视一国之内各种经济成分、制度、阶级之间的异质性，这种倾向或导致仅依据某一小部分经济成分错误判断社会性质，或导致打击其他经济成分而损害经济体制的多样性。20世纪三四十年代，中国经济派依据中国农村存在资本主义企业及外国商品和资本侵入乡村带来商品经济，就认为中国农村资本主义占据了优势，由此得出中国农村的资本主义性质。⑤中国农村派提出应当"根据具体的事实跟经验，决定目前中国农业改造运动或农民运动的任务与性质"。他们调查发现，中国农村经济中除了私人的资本主义企业，还有从事较大经营的经营地主、富农；大多数的贫农和一部分的中农从事的简单商品生产；大多数的中农和一部分贫农从事的家长制的自足自给生产；甚至还存在原始的共同体生产。他们认识到中国农村经济的异质性和生产关系的多样性，从各种并存生产关系中提炼"主要的生产关系"作为决定社会性质的基本指标，⑥并得出中国农村经济的资本主义性质论根本站不住脚。

5. 通过比较寻找相异性

后发国家的优势之一是可以学习和比较，但在比较中努力找到相异性才能开出可行的药方。20世纪三四十年代，一些学者就特别重视"根据本国事实，参用外

---

① 王宜昌：《评吕振羽的中国奴隶社会论》，《思想月刊》1937年第1卷第2期。
② 王宜昌：《中国奴隶社会史——附论》，《读书杂志》1932年第2卷第7期。
③ 陶希圣：《中国政治思想史》，新生命书局1932年版。
④ 陶希圣：《中国社会之史的分析》，辽宁教育出版社1998年版，第12页。
⑤ 王宜昌：《中国农村经济研究答客问》，《中国经济》1934年第3卷第12期。
⑥ 钱俊瑞：《中国农村经济性质问题的讨论》，载《钱俊瑞文集》，中国社会科学出版社1998年版，第133页。

国学理研究经济，更应处处不抛弃本国风俗习惯及经济时代背景之观念，勿固执成见以为西洋学说是万能的。用新的经济思想、新的经济方法创造新的中国经济社会，是余所引领而深盼者也"。①"应当以中国人的资格、站在中国人的立场来研究中国经济学说与外国经济学说间的区别和联系，并指出现今中国经济学的发达程度及以后的发展倾向"。②陈翰笙提醒，即使同一概念，中西意旨也不尽相同，例如，"吾人所谓都市，其性质不似 City；吾人所谓乡村，其性质不似 Country。即与欧洲前资本主义社会相较，都市之来历非 Polis 及 Compagna Communis 可比；乡村之组织亦非 Mir 及 Manor 可比"。③

6. 进入真实世界求解

由于已有理论与现实的脱节，两个时期的学者都选择到一线调查，寻找解决方案。20 世纪三四十年代的调查研究蔚然成风，陈翰笙主持的中央研究院社会科学研究所开展的社会调查（简称中国农村派的社会经济调查）尤为突出。中国农村派的社会经济调查旨在探寻中国农村社会性质及中国社会性质，中国农村派提出，"我们的调查，首先要研究帝国主义怎样侵略中国农村，妨碍农业生产的发展。其次要研究土地和其他生产资料的分配，地主豪绅的各种榨取方式，以及他们同帝国主义和都市资本之间的联系。研究各类农民的经济地位，他们的生产方式和农村劳动大众所受到的各种榨取。最后更要研究各种复兴政策的意义和效果，暴露各种改良主义的本质，并替农村劳动大众指示一条正确的出路"。④其基本方法是运用基于真实世界的翔实数据和对农村生产关系的分析，论证中国农村封建生产关系的状况与地位。⑤

7. 论证中国社会的性质

中国社会大变局时期，理论界最需要研究的是中国社会的性质。20 世纪三四十年代所面临的情形是，1927 年之前中国共产党对中国社会性质问题并无明确、统一的认识。对中国社会性质问题认识的模糊一定程度导致了 1927 年 4 月国共合作的破裂。革命失败的巨大教训将"中国社会性质"这一重大问题推到必须解

---

① 唐庆永：《近几年来中国经济界思想与事实之演化》，《之江经济期刊》创刊号。
② 陈豹隐：《经济学讲话》，好望书店，第 231 页。
③ 陈翰笙：《中国农村经济研究之发轫》，载《陈翰笙集》，中国社会科学出版社 2002 年版，第 4 页。
④ 张锡昌：《怎样做农村调查》，《中国农村》1936 年第 2 卷第 3 期。
⑤ 钱俊瑞：《现阶段中国农村经济研究的任务》，《中国农村》1935 年第 1 卷第 6 期。

决的位置。1928年夏,中共六大申明了中国社会的半殖民地半封建性质,"中国革命现在阶段底性质,是资产阶级民主革命"。但是,由于中国农村的社会状况极其复杂,对中国社会的"半殖民地半封建性质"这一极为宏大的理论概念仍有详细、充分论证的必要,需要对中国农村社会性质进行更深入、细致的研究。中国农村派在农村社会经济调查的基础上,以"中国农村的生产关系,或是农业生产,交换和分配过程之中人与人的社会关系"为研究对象,揭示了"农业生产中的社会生产关系"即"地主与农民间的关系",农业资本家与雇农的关系,"农村与都市经济以至于国际市场(对殖民地而言为国际帝国主义)的关系",并由此探讨了中国农村社会性质及中国社会性质。第一,以"土地所有形态"这一核心生产关系说明资本主义生产方式不占优。研究土地问题的根本任务是阐明土地所有形态下所隐藏的人与人之间的关系。在调查基础上得出"资本主义的生产方式在中国农村里面虽然相当存在,可是资本主义的矛盾还没有变成中国农村中一切矛盾的支配形态,而榨取剩余生产物的基础,主要地还在土地所有"。① 绝大部分土地仍然控制在少数地主、富农手里,广大农民则只有很少土地,或者没有土地,而不得不受地主、富农的封建或半封建的剥削。因此,是封建半封建生产方式而不是资本主义生产方式占优势。第二,以"雇佣关系"说明中国农村的封建半封建生产方式占主导。尽管中国的土地所有权相当集中,但多数地主把土地分割开来出租,中国的贫农大多向地主租地经营,集中的地权和分散的细小经营是中国的农业生产形式,这种细小的经营并不建立在雇佣劳动基础上,因而不具有资本主义性质。② 中国的小农经营就性质而言,绝不是资本主义企业,而是简单商品生产和自给自足的小生产。因此,"农村中的基本关系不是资本家同工资劳动者的对立,而是地主同贫苦农民的对立,地主所征收的租佃,不属于资本主义性质,而属于封建生产的范畴。所以这种农业经济虽然已经转向商品生产,而且受帝国主义资本的控制,但是它的生产关系还是封建性的,并阻碍着资本主义生产力的自由发展。这种殖民地或半殖民地的农业社会,我们称为半封建社会"。③ 第三,以帝国主义及商品经济证明中国社会的半殖民地性质。一方面,商品经济的发展固然破坏了中国社会的封建

---

① 陶直夫(即钱俊瑞):《中国农村社会性质与农业改造问题》,《中国农村》1935年第1卷第11期。
② 钱俊瑞:《中国现阶段的土地问题》,载《钱俊瑞文集》,中国社会科学出版社1998年版,第92—108页。
③ 薛暮桥:《什么叫做半封建社会》,载《薛暮桥文集》第1卷,中国金融出版社2011年版,第200—202页。

经济秩序,但帝国主义为了维持有利的交换条件,也通过地主、商人和高利贷者三位一体的剥削使封建势力保留下来。①另一方面,中国经济固然已经卷入世界经济旋涡,帝国主义固然对中国农村经济起"支配作用",但是中国农村的"封建和半封建的生产方式(因此也是剥削方式)乃由帝国主义维持着,半封建的势力与国内资本乃在外资的支配之下结合地存在着"。②帝国主义的统治通过中国买办性资本和封建势力的结合来实现。其结果是"使中国农村直接间接地更隶属于列强资本的支配,它使中国农村中半封建的剥削以更加尖锐的形式,起着更加酷烈的作用。同时,我们说,这种变化并没有使农村结构起了质的变化;它只是使中国的殖民地性和半封建性格外尖锐罢了。"③瞿秋白也指出,"列强帝国主义侵略中国的方式各种俱施",而"仅仅因各帝国主义国家势均力敌,无一敢首先发难,而又互相牵掣",使中国的"政治权"得以"苟延残喘",成为"半殖民地"。④经过以上分析,中国农村派成功论证了中国社会的基本性质是苦于资本主义不能顺畅发展的、"前资本主义"过渡性阶段的半封建半殖民地社会。⑤这一理论成果"不仅把理论上的争论,推进到方法论的争论,从都市经济推进到农村经济的争论,而且对小农、商品、雇佣劳动、原始市场等也进行了较深入的研究"⑥。这一理论成果认清了中国社会的性质,因而"认清中国革命的对象、中国革命的任务、中国革命的动力、中国革命的性质、中国革命的前途和转变"⑦,由此成为新民主主义理论的基础性、中枢性理论。在中国半殖民地半封建社会性质的基础上,中国共产党一方面将中国革命的任务分为新民主主义革命和社会主义革命,共产党克服了王明"一次革命论"和陈独秀"二次革命论"的错误倾向;另一方面在保留俄国革命武装暴动经验的基础上,结合中国国情选择"农村包围城市、武装夺取政权"的中国革命道路,克服了"城市中心论"的教条主义倾向,形成中国共产党领导下,以土地革命为基本内容、武装斗争为主要形式、农村革命根据地为战略阵地的"工农武装割据"思想,⑧最终在1949

---

① 范世涛:《中国社会性质论战与改革的有机发展战略》,《管理世界》2013年第1期,第2—8页。
② 陶直夫(即钱俊瑞):《中国农村社会性质与农业改造问题》,《中国农村》1935年第1卷第11期。
③ 陶直夫(即钱俊瑞):《中国农村社会性质与农业改造问题》,《中国农村》1935年第1卷第11期。
④ 瞿秋白:《帝国主义侵略中国之各种方式》,1923年发表。
⑤ 范世涛:《中国社会性质论战与改革的有机发展战略》,《管理世界》2013年第1期,第2—8页。
⑥ 王亚南:《中国半封建半殖民地经济形态研究》,人民出版社1957年版,第26页。
⑦ 毛泽东:《中国革命和中国共产党》,载于《毛泽东选集》第2卷,人民出版社1991年版,第633页。
⑧ 1928年11月,毛泽东在《井冈山的斗争》。

年取得了新民主主义革命的胜利。

三、以问题为导向的政治经济学方法

(一) 准确认识国情和体制特征

理论的好坏在于其是否基于国情,理论的作用在于是否与所分析的国情契合。理论出错往往由于无视国情的生搬硬套和拿来主义。后发经济体在追求、赶超中更容易在经济理论上犯错,要么无视国情(也就是忽视经济体的典型特征),直接照搬基于其他经济体形成的理论而进行技术化处理,把所研究的经济体仅仅视作检验主流理论的案例,这种分析对于解释和解决所研究的经济问题作用甚微;要么简单罗列所研究经济体的特殊性来强调其制度和经济优势,导致对发展中普遍性特征的忽视和政策扭曲。对国情的客观分析是理论创新的前提。认识国情就是找准并科学分析一个经济体的典型事实和基本特征,尤其是其不同于其他经济体的体制特征及由此导致的经济结果。以问题为导向就是在准确把握一个经济体的国情的基础上,找寻其有别于其他经济体的典型事实和体制特征,对经济运行中的问题进行客观分析,提供解决方案和公共政策。

(二) 从实践提炼理论

"时代课题是理论创新的驱动力"。问题之所以成为问题,或者是已有理论不能解释,或者是新出现的现象理论尚未来得及解释。"以问题为导向"的分析方法的独特之处在于以一个经济体所面临的重大问题为出发点,以问题为线索开展调查、进行研究、寻找答案和形成理论。问题的发现来自实践而不是文献,这就有可能避免脱离真实世界的纯理论推导或因文献出错导致的问题偏离。"以问题为导向"的分析方法是从实践中发现问题,再由对问题的分析上升到理论,也有利于摆脱旧有研究范式的束缚,提供理论创新的可能性。旧有范式是基于以往实践下的约束条件和理论提炼的,随着经济社会变迁,已有前提假设和约束条件会脱离变化了的实际,形成理论与现实的脱节。但是,旧范式会依靠已经形成的价值观念和判断标准得出实践错了,而不是基于新的实践改变已有理论的前提假设和约束条件,这阻碍了实践的探索和经济社会进步,妨碍理论的创新与发展。理论创新的源泉只能来自实践的提炼。无论是半殖民地半封建社会性质还是社会主义初级阶段、社会主义市场经济等重大理论,无一不是以问题为导向,根植于真实世界的实践,通过调查、研究进行提炼和深化,发现新"元素",和已有"通说"或"定论"构成有力对话,从而概括出既体现"性质"而又不能完全还原于"性质"的丰富生动的实际类型,从而推动形成重大的理论创新。

(三) 分析和解释经济社会变迁

我们所面对和分析的对象的基本特征是社会经济的快速变迁,不仅表现为农业国向工业国的结构跃迁,而且表现为体制和社会秩序的重大变革,即从计划经济体制转轨为市场经济体制,从传统社会秩序转型为现代社会秩序。面对如此历史性的、革命性的变迁,仅仅利用实证经济学方法往往不能完全胜任。一方面,因为它更主要是对已经发生的事实和证据的分析,用以对已有经济理论的证实或证伪,对于当下或剧烈发生的经济社会变动,难以给出规范的分析和经济解释。另一方面,现代经济理论的假设前提和约束条件主要依据成型经济和定型体制,面对发生着巨大社会经济变迁的经济体往往出现前提假设和约束条件的不一致,直接采取拿来主义的办法就容易出错和产生误导。比较而言,"以问题为导向"的分析方法直面变迁发生的事实,在现实中找准社会经济变迁中所要研究的重大问题——通过调查研究找到问题的原因——从实践中找寻经验、前提和约束条件——通过文献、比较或事实分析可以普遍化的解决方案——进行理论提炼和一般化。尽管这种方法显得粗糙或不那么科学,但是它可能有用,正如哈耶克所言:"我宁愿要真实的但是不完全的知识,即使它丢下许多不确定的和不能预测的事情,而不愿要伪装有精确知识,它可能是错误的。"[1]

(四) 以解决现实问题为目的

"时代作为出卷人",问题摆在面前,经济学家义不容辞地成为答卷人,必须在理论上做出回应,必须想办法去解决所面临的问题。经济理论的作用已经超越了一般意义的学科发展和纯粹的科学价值,而是在用理论作为武器推动社会的进步

---

[1] [英]哈耶克:《似乎有知识》,载王宏昌、林少宫编译:《诺贝尔经济学奖金获得者讲演集》(上),中国社会科学出版社1997年版。

与变革。霍奇逊认为:"主流大学经济学系主要的注意力并没有集中在当今世界的紧要问题上,他们通常并不培养对现实经济过程、体系和制度的研究。智力资源虽然没有完全被浪费,但是严重配置不当。"[①]一些经济学论文以数学工具和八股格式的模仿取代了对现实世界的关注,越来越失去判断和理解复杂情况的直觉能力,往往意识不到潜在的社会经济问题,实际上解决的是脱离真实世界的、从文献衍生出来的"伪问题"。"以问题为导向"的分析来自真实世界的"真问题",他们在社会经济调查的基础上发现问题所在,并运用历史和逻辑相统一、分析与综合相统一的逻辑方法,对这些"真问题"进行思辨性等的考察,直至分析清楚这一"真问题"所面临的制度、历史等各种约束条件,认识到事物的本质。因此,"以问题为导向"的分析方法可能短时期难以形成精致的理论,但更注重通过公共政策制定、法律法规修改等方面解决"问题"。一旦问题和经验积累到一定程度,有可能提炼出更具原创性的理论。

(五) 符合经济科学的研究规范

经济科学的研究就是在对具体社会关系中人类行为和行为互动产生的社会经济现象的研究中,提炼和概括经济现象的本质,从而发现和解决社会经济问题。"以问题为导向"既是马克思主义政治经济学的研究方法,也是现代经济学的研究方法。为了研究资本主义的生产方式,马克思基于对资本家、雇佣工人、生产商品这一过程的观察,用实际存在的经济关系来说明历史上形成的法律规定和伦理规范的现实经济内容,从而找出规律性的东西,形成科学的概念、范畴和理论体系,提炼出生产力(技术)与生产关系(制度)的矛盾运动规律,揭示资本主义制度变迁的趋势,是典型的问题导向分析范式。现代经济学研究的基本方法是基于所研究经济体真实的基本特征,建立和设定易于处理的假设和前提条件,分析影响人的行为和经济绩效的因素。"以问题为导向"就是基于所列出的问题,建立和设定一组假设和前提条件,分析问题的体制因素和解决方案。"以问题为导向"正是现代经济学分析范式的基础。因此,从这个意义上来讲,"以问题为导向"的分析方法可以实现马克思主义政治经济学与现代经济学的结合,避免相互排斥;更重要的

---

① 霍奇逊:《演化与制度:论演化经济学和经济学的演化》,中国人民大学出版社2007年版。

是,"以问题为导向"的分析方法既解决了政治经济学范式重理论关系、忽视现实经济关系的问题,也解决了现代经济学范式研究细小化、技术化,忽视重大问题研究的缺陷,更有利于经济理论运用于真实问题的分析与解决。

(六) 体现了理论的重大价值

"以问题为导向"的分析方法聚焦于社会剧烈变革中的重大问题,而不是纯技术型的、枝节末梢类的问题。更重要的是,这一分析范式在提出真实世界中"真问题"的基础上,通过社会经济调查,利用理论逻辑和现代方法对这些问题进行逻辑性分析和考察,将事实呈现在政策制定者面前。"以问题为导向"的分析方法能够纠正经济理论的"意识形态化"或"技术化"倾向,推动经济理论更多地研究"真问题",更好地契合真实世界,赋予经济理论更强的生命力。"以问题为导向"的分析方法更有利于推动经济决策的科学化。经济决策需要理论支撑,决策者在做决定时需要有理论提供信心和合意性,基于真实世界和调查研究的理论分析提高了经济决策的置信度和可靠性。"以问题为导向"的分析方法直面民众和实际经济问题,发现和反映民众的呼声,总结社会基层经验,把这些转化为经济改革的逻辑和政策建议。参与历次历史重大问题探索、研究和解决的中国经济学家正是以问题为导向,通过理论研究推动经济社会的变革,其意义远远超出论文发表、创新理论与推动学科演进等工作,这是经济学家的幸运,更是研究方法上的胜利。

四、中国经济学的构建原则

近代以来,中国本土的经济学基本是在引进基础上的中国化,马克思主义政治经济学的引入、苏联范式的主导以及西方经济学的普及化,皆是如此。自中国开始谋求现代化以来,无论是国情、体制还是结构特征都具有鲜明的中国特色,尤其是改革开放以来的40多年间,我们成为第二大经济体,实现了从乡土中国到城乡中国的结构转型,成为第二次世界大战以来少数成功摆脱贫困陷阱,实现小康的国家。中共十八大以来,以习近平同志为核心的党中央根据新的形势和主要矛盾变化,提出新发展阶段、新发展理念、新发展格局,推动中国向创新型国家转型。2021年,中国在全面建成小康社会后开启建设现代化国家新征程。习近平总书记指出:"我国哲学社会科学应该以我们正在做的事情为中心,从我国改革发展的实践中挖掘新材料、发现新问题、提出新观点、构建新理论,加强对改革开放和社会主义现代化建设实践经验的系统总结。"中国的经济学应该能在坚持问题导向的基础上,提炼典型事实、分析体制特征,基于客观事实、进行规范分析,产生原创性的经济理论,推动中国经济学的主流化。

中国经济学是中国共产党领导中国人民建设社会主义现代化国家、实现中华民族伟大复兴过程中成功经验的思想结晶和理论升华,其建立和发展遵循科学理论的一般原则。

(一)以马克思主义为指导的科学性

中国经济学是新时代马克思主义哲学社会科学整体构建的一部分,是新时代理论和实践的结晶,也是吸收人类最广泛文明成果的结果。中国经济学面向的对象是中国的社会主义经济实践,这一实践彰显了马克思主义理论的强大生命力,这也意味着中国经济学最根本的来源必然是马克思主义。因此,中国经济学的构建应当深刻体现出这种理论源流,遵循指导思想正确性和理论内涵兼容性的统一。这首先意味着在构建中国经济学的过程中要坚持辩证唯物主义和历史唯物主义,要从社会关系尤其是生产关系入手理解经济活动,理解经济中生产、分配、交换和消费中的重要结构;要从变化、发展、历史的视角看待经济关系,通过矛盾分析把握历史变化的趋势。历史和现实都表明,只有坚持这一方法论,"我们才能不断把对中国特色社会主义规律的认识提高到新的水平,不断开辟当代马克思主义发展新境界"[1]。

在此基础上,中国经济学要坚持习近平新时代中国特色社会主义思想的指导,这是马克思主义中国化的最新成果,是党和人民实践经验和集体智慧的结晶,是中国特色社会主义理论体系的重要组成部分。[2]习近平新时代中国特色社会主义经济思想是习近平新时代中国特色社会主义思想的重要组成部分,这一思想系统回答了我国经济发展的一系列重大理论和实践问题,深化了我们对经济社会发

---

[1] 习近平:《坚持历史唯物主义不断开辟当代中国马克思主义发展新境界》,《求是》2020年第2期。
[2] 习近平:《决胜全面建成小康社会 夺取新时代中国特色社会主义伟大胜利——在中国共产党第十九次全国代表大会上的报告》,人民出版社2017年版,第20页。

展规律的认识,对丰富和发展中国特色社会主义政治经济学做出了原创性贡献。①

此外,中国经济学建设既要积极吸收中华民族优秀传统文化,也要借鉴西方经济学的有益成分。中华民族深厚的历史积淀和在悠久的历史实践中所形成的文化,不仅仅是中国经济学必须面对和研究的现实基础,也是中国经济学理论特质的重要来源。对于西方经济学,正如习近平总书记指出的,"我们坚持马克思主义政治经济学基本原理和方法论,并不排斥国外经济理论的合理成分。西方经济学关于金融、价格、货币、市场、竞争、贸易、汇率、产业、企业、增长、管理等方面的知识,有反映社会化大生产和市场经济一般规律的一面要注意借鉴。同时,对国外特别是西方经济学,我们要坚持去粗取精、去伪存真,坚持以我为主、为我所用"②。因此,我们应在充分吸取西方经济学精华的基础上建设好、发展好中国经济学。

(二) 以问题为导向的实践性

毛泽东同志在《人的正确思想是从哪里来的?》一文中深刻地指出,人的正确思想只能从实际中来,人的认识的第一步是感性认识,一切思想理论都发源于感觉、经验,依赖于感性认识;接下来要对感性认识的材料进行思索、整理和条理化,去伪存真,去粗取精,使感性认识上升为理性认识。然后实现认识的第二次飞跃,即从认识到实践的飞跃,从实践中得出的思想、理论,还必须再回到实践中去,指导人们改造世界的革命实践。要建设科学的中国经济学理论,就必然遵循这种以问题为导向的实践性原则,避免"李嘉图恶习"。不将某种抽象的理论直接套用在复杂的现实中,而是以中国丰富的经济实践为基础,提炼理论核心范畴并在实践中丰富发展这些理论。

中国特色社会主义经济建设实践创造了举世瞩目的经济和社会发展奇迹,使中华民族实现了从站起来、富起来到强起来的伟大飞跃,为中国经济学理论的创立和发展提供了实践素材。一是经济保持长达 40 余年的高增长,1978—2020 年 GDP 平均增速高达 9.3%,使得中国从贫困落后的低收入国家迅速跃升为全球第

---

① 习近平经济思想研究中心:《做好新时代经济工作的根本遵循——习近平新时代中国特色社会主义经济思想的重大意义和丰富内涵》,《人民日报》2022 年 2 月 16 日。

② 习近平:《不断开拓当代中国马克思主义政治经济学新境界》,《求是》2020 年第 16 期,第 49 页。

二大经济体,成为全球经济的"稳定器"与"发动机"。二是城乡居民生活水平大幅提高,从普遍绝对贫困到全面脱贫。改革开放以来中国的减贫人口占同期全球减贫人口的70%以上,为全球减贫事业做出了卓越贡献。三是经济运行格局从"高增长、高波动"转向"高增长、低波动",尤其是党的十八大以来,随着中国经济迈向高质量发展阶段,经济发展的稳健性与可持续性进一步增强。四是平稳实现了经济体制转轨,没有出现苏联与东欧国家在转轨阶段所经历的经济大幅衰退,为世界提供了罕见的经济转型成功范例。这些成就是中国共产党带领中国人民进行伟大实践的结果。

在这些实践素材的基础上,中国形成了一系列富有特色的理论成果,为中国经济学理论的构建打下了坚实基础。习近平总书记对这些成果做出了系统概括:关于社会主义本质的理论,关于社会主义初级阶段基本经济制度的理论,关于树立和落实创新、协调、绿色、开放、共享的新发展理念的理论,关于发展社会主义市场经济使市场在资源配置中起决定性作用和更好发挥政府作用的理论,关于我国经济发展进入新常态的理论,关于推动新型工业化、信息化、城镇化、农业现代化相互协调的理论,关于农民承包的土地具有所有权、承包权、经营权属性的理论,关于用好国内国际两个市场、两种资源的理论,关于促进社会公平正义、逐步实现全体人民共同富裕的理论,关于构建新发展格局的理论,等等。如何明确这些理论与经典理论之间的关系,明确这些理论如何对经典理论进行了继承和发展,如何在这些理论的基础上进一步提炼和阐述中国经济学的核心范畴,也将成为中国经济学理论生长的重要基础。

(三) 以人民为中心的价值性

社会是由人构成的,人的精神、价值、文化及其相互之间的关系等深刻影响着社会的特征;社会现象及其运动规律本质上是人的社会性的表现。同时,人是具有高度主观能动性的存在,这意味着人的行为、选择和活动具有深刻的价值性。因此,作为反映和研究人类社会运动规律的哲学社会科学具有鲜明的价值取向。西方经济学关于个人利益最大化的"经济人"假设,反映了以资本主义私有制为基础的市场经济的基本特征。诺贝尔经济学奖获得者、美国经济学家索洛指出:"社会科学家和其他人一样,也具有阶级利益、意识形态的倾向以及各种各样的价值判断。但是,所有社会科学的研究,与材料力学或化学分子结构的研究不同,都与上述的(阶级)利益、意识形态和价值判断有关。不论社会科学家的意愿如何,不论他是否觉察到这一切,甚至他力图避免它们,他对研究主题的选择、他提出的问题、他没有提出的问题、他的分析框架、他使用的语言,都很可能在某种程度上反映了他的(阶级)利益、意识形态和价值判断。"

习近平总书记《在哲学社会科学工作座谈会上的讲话》中明确指出:"为什么人的问题是哲学社会科学研究的根本性、原则性问题。我国哲学社会科学为谁著书、为谁立说,是为少数人服务还是为绝大多数人服务,是必须搞清楚的问题。世界上没有纯而又纯的哲学社会科学。"[1]因此,中国经济学的价值取向必须反映中国特色社会主义的基本特征。以人民为中心的立场,是马克思主义政治经济学的根本立场,也是马克思主义的根本追求。习近平新时代中国特色社会主义思想也明确了增进人民福祉、促进人的全面发展、朝着共同富裕方向稳步前进的目标。

因此,中国经济学建设应坚持以人民为中心的基本价值取向和原则。这种价值取向体现在四个方面。一是深刻理解和重视人民在经济活动中的根本性地位。以人的关系而不是物的关系作为经济分析的基础,透过经济现象的"拜物教"性质,将经济关系理解为人和人的经济关系。也只有在这个意义上,才有可能不被商品、货币、资本运动所表现出来的现象所遮蔽。二是以人民群众的共同富裕、人的自由全面发展为根本目标。中国经济学以历史唯物主义和辩证唯物主义为指导,以人民的立场理解经济过程,超越传统经济学理论单纯地将利润、效率、增长、分配理解为经济的终极目标的狭隘观点,赋予马克思主义关于"人的自由全面发展"的新时代内涵,将人民群众的共同富裕和满足人民群众对美好生活的需要作为发展的目标。三是在政策制定上,始终牢牢坚持以人民为中心这个根本立场,注重民生、保障民生、改善民生,让改革发展成果更多更公平地惠及全体人民,使人民群众获得感、幸福感、安全感更加充实、更有保障、更可持续。四是要坚持发展为了人民、发展依靠人民、发展成果由人民共享的原则,把人民满意与否作为各个时期中国经济发展得失成败的根本评判标准,并以此作为推动社会经济发展的根本动力。

---

[1] 习近平:《在哲学社会科学工作座谈会上的讲话(全文)》,新华网,2016年5月18日。

构建中国特色社会主义政治经济学：
孙冶方马克思主义经济学中国化的探索考察*

张　申　赵家杰①

一、孙冶方的学术探索：马克思主义经济学中国化的典型案例

当前中国特色社会主义政治经济学已成研究热潮，鉴于中国经济学已有百年探索历程，②经济思想史研究在其中做出了突出贡献。③为了更好地承担起时代赋予学科的历史使命，截至目前，经济思想史相关研究已从不同时段、④学科体系、⑤学术团体、⑥思想专题⑦等方面做出了积极探索，不仅立体展现了中国学者矢志不渝构建中国经济学的历史风貌，而且为当前加快构建中国特色社会主义政治经济学提供了丰硕养分。此过程中，人物研究也是一个重要思路，其在经济思想史研

---

* 基金项目：国家社会科学基金重大项目"近代以来中国经济学构建的探索与实践研究"(17ZDA034)。
① 张申，上海社会科学院经济研究所副研究员；赵家杰，上海社会科学院经济研究所硕士研究生。
② 程霖、张申、陈旭东：《中国经济学的探索：一个历史考察》，《经济研究》2020年第9期。
③ 程霖、夏艳秋：《中国经济思想史研究的历史初心与未来使命》，《中国经济史研究》2022年第4期。
④ 历史时期有自现代以来的百年历史研究，也有近代、当代的断代史研究。白永秀：《中国经济学60年的发展线索和发展阶段》，《西北大学学报（哲学社会科学版）》2009年第3期；程霖、张申、陈旭东：《中国经济学的探索：一个历史考察》，《经济研究》2020年第9期；张亚光、沈博：《格义、分野、自立：近代中国经济学的探索与转型》，《财经研究》2021年第1期；周文：《新中国70年中国经济学的理论贡献与新时代历史使命》，《东北财经大学学报》2020年第3期；刘伟：《中国经济学的探索历程、构建原则与发展方向》，《中国科学基金》2021年第3期。
⑤ 学科体系的研究有研究内容、研究方法等。张申、信瑶瑶：《中国经济学体系构建的近代探索——基于研究内容的视角》，《财经研究》2020年第9期；信瑶瑶、张申：《近代中国经济学构建中的个人主义与整体主义》，《安徽师范大学学报（人文社会科学版）》2021年第6期。
⑥ 学术团体的研究有中国留学生、中国经济学社等。邹进文：《近代中国经济学的发展——来自留学生博士论文的考察》，《中国社会科学》2010年第5期；孙大权：《中国经济学的成长：中国经济学社研究（1923—1953）》，上海三联书店2006年版；易棉阳：《民国时期中国经济学构建的探索——以留学生为中心的考察》，《财经研究》2019年第6期；程霖、谢瑶：《中国经济学构建：20世纪20—40年代中国经济学社的探索》，《中国经济史研究》2023年第1期。
⑦ 专题有德国历史学派。严鹏：《德国历史学派与民国时期中国经济学的发展》，《德国研究》2011年第2期。

究中本是一种基础性体例，能够以人物为载体，细致展示某一理论的原创、发展过程，赋予思想以内在活力。①特别是对于处在经济思想转型过程②中的中国而言，诸多老一辈经济学家筚路蓝缕，在历史逻辑、理论逻辑与实践逻辑的辩证选择与反复检验中走上了中国经济学的探索道路。对其经济思想进行系统考察，可进一步明确前辈学者的理论贡献，也可为构建中国自主的经济学知识体系、以中国经济学话语体系讲述中国故事提供思想元件。

孙冶方正是其中的突出代表。作为我国当代著名的经济学家、重要的马克思主义经济学者，他深入研究马克思主义经济学理论，以强烈的理论自觉意识立足于中国本土实践，不懈寻求适合我国社会主义经济建设的理论体系，被称为"我国经济学界创建社会主义经济学新体系的积极探索者"，③具有"学术思想体系的内在经纬"和"自身的结构支点"。④也正因如此，孙冶方经济思想除了其理论成果自身所具有的重要价值外，在以马克思主义经济学中国化构建中国特色社会主义政治经济学的问题上，也是一个生动且成功的典型案例。然而，已有文献主要考察孙冶方的社会主义流通理论、价值论、经济体制改革思想等，⑤也有一些文献探讨了孙冶方经济研究的治学方法，⑥但更多关注的还是其思想本身，未能从中国特色社会主义政治经济学构建的层面开展专题研究。直至近年来，有文献从"弘扬孙冶方精神，开创中国特色社会主义政治经济学新境界"的角度做出重要尝试，⑦但仍处于起步阶段。有鉴于此，应进一步将孙冶方经济思想置于中国

---

① 钟祥财：《20世纪中国经济论述》，东方出版社2006年版，第9—10页。
② 程霖、陈旭东、张申：《从传统到现代：近代以来中国经济思想的变迁路径》，《经济思想史学刊》2023年第1期。
③ 冒天启：《重新解读孙冶方经济学思想——纪念孙冶方诞辰100周年》，《经济研究》2008年第10期。
④ 吴子林：《提升人文研究境界》，《人民日报》2018年6月26日第23版。
⑤ 社会主义流通理论的讨论主要集中在21世纪80年代。冒天启：《再论孙冶方的社会主义流通理论——谈对计划体制改革的实践意义》，《社会科学》1985年第1期；张卓元：《加强社会主义流通理论研究——孙冶方社会主义流通理论讨论会开幕词》，《财贸经济》1985年第1期。孙冶方的价值论是社会主义价值论不可或缺的部分。冒天启：《社会主义条件下的价值规律》，《经济研究》2022年第2期。何建章：《评孙冶方的社会主义经济理论和经济体制模式》，《经济研究》1983年第11期；郑宁：《孙冶方的流通理论与经济体制改革的实践》，《经济研究》1983年第11期；刘国光、张卓元、冒天启：《孙冶方经济体制改革理论的几个问题》，《经济研究》1983年第8期。
⑥ 董辅礽：《孙冶方同志治学精神和治学方法点滴》，《经济研究》1983年第2期；雍文远：《学习孙冶方同志实事求是的治学精神——回忆一九六一年上棉一厂调查》，《财经研究》1983年第2期。
⑦ 王立胜、李连波：《孙冶方的学术遗产及其时代价值——纪念孙冶方诞辰纪念孙冶方诞辰110周年》，《经济学家》2018年第10期。

特色社会主义政治经济学构建的视野之下,考察他是如何理解马克思主义经济学基本原理,如何将其与中国本土实践相结合,做出了怎样的理论探索,具有怎样的价值,此过程又反映出怎样的经验规律等,不仅有助于完善对孙冶方经济思想的认识,也有助于为中国特色社会主义政治经济学构建提供一定的指导方向。

综上,本研究将从中国特色社会主义政治经济学层面,对孙冶方在马克思主义经济学中国化过程中的思想探索开展细致考察,并在内容上做如下安排:在第一部分导论基础上,第二部分将以学科体系为视角,分方法论、研究对象、研究方法、研究内容四个维度,对孙冶方践行马克思主义经济学中国化的过程进行分析。第三部分将提炼孙冶方在马克思主义经济学中国化、构建适合于中国的政治经济学的经验取得。第四部分将对全文进行总结,并探讨孙冶方马克思主义经济学中国化对当前构建中国特色社会主义政治经济学的启示。

二、孙冶方马克思主义经济学中国化的系统探索

孙冶方作为著名的马克思主义经济学家,不仅长期钻研马克思主义基本原理,而且始终强调将其与中国本土实践相结合。1925 年,孙冶方就前往苏联进行了五年的马克思列宁主义系统学习,回国后担任《中国农村》编辑。抗战时期辗转苏北、淮南等地,积极承担起党内理论研究与教育宣传等工作,广泛开展中国经济的实地调研。中华人民共和国成立后担任国家统计局副局长,主要负责国民经济平衡统计。1956 年赴苏联统计局考察。后又担任中国科学院经济研究所所长,撰写大量调研报告和文章,开展学界的经济理论大讨论。直到 1968 年被迫入狱,仍不懈探索社会主义经济理论。[①]1975 年出狱后,孙冶方又迅速投入社会主义经济建设中,热心经济体制改革事业,频繁赴基层调查,并且前往南斯拉夫和罗马尼亚学习社会主义经济建设经验。同时,不断完善《社会主义经济论》研究,整理他从事马克思主义政治经济学社会主义部分研究所形成的概念、体系和结论,进一步推进社会主义政治经济学体系的系统构建。

---

① 冒天启:《价值规律内因论与商品生产外因论——〈孙冶方文集〉序》,《经济研究》2017 年第 9 期。

纵观孙冶方的学术生涯,他的政治经济学研究所得就是马克思主义经济学中国化的重要成果,他的政治经济学研究历程就是马克思主义经济学中国化的典型历程。特别是结合孙冶方经济思想的内容,可以将其在马克思主义经济学中国化过程中的探索,从经济学体系构建的层面,分为四个维度:马克思主义经济学中国化的方法论、政治经济学的研究对象、研究方法和研究内容。后文将根据这四个维度对其探索进行梳理研究。

(一)马克思主义经济学中国化的方法论探索:坚持唯物辩证法

孙冶方进行马克思主义经济学中国化的方法论总结来说就是唯物辩证法。正是孙冶方在学习理解马克思主义和开展经济研究实践的过程中不断渗透、反复践行唯物辩证法,才确保他正确认识马克思主义基本原理,并塑成了对于社会主义经济运行规律的理解。这一方法论在他的经济研究中展现出了多重维度的运用。

第一,将矛盾分析法引入经济分析之中。矛盾分析法是马克思主义的重要基本原理,但孙冶方在阅读了毛泽东《矛盾论》后意识到,"在马克思主义者中间,除了在敌我斗争或研究自然界现象外,很少注意到这个根本法则了",这种忽视即造成了实践中"奉行着形而上学"。[1]因此,孙冶方认为在经济中也要承认矛盾的客观性,不是到了社会主义时期就不存在矛盾,而是不同时期会有不同的矛盾。其次强调要抓住主要矛盾和矛盾的主要方面,"到了社会主义建设时代,人民内部矛盾已经成为领导阶级和领导政党面临的主要问题"[2],故而不应回避人民内部矛盾,反而要以此为突破口。这就构成了孙冶方认识中国社会主义经济问题的根本方法,在很多具体观点和分析中都有深刻运用。

第二,高度重视理论与实践的"虚实结合"。孙冶方反复强调这一理念,"搞实际工作的不注意理论,要犯错误,要受到惩罚;搞理论工作的不研究实际,变成干瘪的理论,也要受到惩罚,我们的理论就会变得没有人听"[3]。从"实"到"虚"上,他

---

[1] 孙冶方:《孙冶方选集》,山西人民出版社1984年版,第153页。
[2] 孙冶方:《孙冶方选集》,山西人民出版社1984年版,第155页。
[3] 孙冶方:《孙冶方文集》(第6卷),知识产权出版社2018年版,第280页。

曾表示,"要从实际出发寻找研究课题,深入实际调查研究"①,所以在多年来的经济研究中,都非常注重调查和挖掘真实情况,并结合统计方法"掌握数量关系上的规律性"②。从"虚"到"实"上,孙冶方也非常注重钻研经典理论、探究真理。如他在讨论价值规律时就认为,学界对此产生矛盾的原因,是对价值和交换价值存在模糊混淆,但事实上通过辨析马克思、恩格斯著作原文,可以推断,"在共产主义社会的社会化生产中,仍然存在着并且起着作用的'价值决定'或'价值规律'"③。也正是通过一系列抽象分析,孙冶方从理论逻辑的角度形成了价值论这一代表性学术观点,反映出经济工作者开展理论辨析的重要价值。④

第三,深刻认识普遍性和特殊性的辩证关系。中国经济具有特殊性,但孙冶方并未完全否定来自资本主义经济的一切认识。讨论指标问题时,他就表示,"我们不要因为社会主义社会的生产是为了物质财富,资本家的生产才是为了追逐利润;于是便不敢使用'利润'这个指标"⑤。讨论流通问题时,他批评了自然经济论带来的社会主义无流通主张,认为在社会主义社会依然有流通,但与资本主义存在有无剥削性、有无计划性的不同。⑥而在全面引进苏联社会主义经济建设经验的大背景下,孙冶方也指出,当时国内一些错误经济观点就是由于"没有跳出苏联科学院经济研究所出版的那本《教科书》的框框",⑦未能结合中国实际,遑论赴苏联访问后更是发现,其"形而上学和机械唯物论的思想方法似乎比我们所想象的更为根深蒂固"。⑧这样的辩证观点在总结中国经验时也得到了坚持,他表示,"有些中国特殊经验,对于社会历史条件同中国相同或相近的国家,也有普遍意义。对于这些经验,应当分析和说明它们是在何种具体社会历史条件下出现的"。⑨正是对普遍性和特殊性的深刻理解,才使得孙冶方扬弃已有理论,并科学提炼来源于

---

① 孙冶方:《孙冶方文集》(第1卷),知识产权出版社2018年版,第6页。
② 孙冶方:《孙冶方文集》(第4卷),知识产权出版社2018年版,第295页。
③ 孙冶方:《孙冶方文集》(第7卷),知识产权出版社2018年版,第50页。
④ 孙冶方公开表示,我的价值内因论源自恩格斯"价值是生产费用对效用的关系"的理论。冒天启:《社会主义条件下的价值规律》,《经济研究》2022年第2期。
⑤ 孙冶方:《孙冶方选集》,山西人民出版社1984年版,第140页。
⑥ 孙冶方:《孙冶方选集》,山西人民出版社1984年版,第315页。
⑦ 孙冶方:《孙冶方文集》(第6卷),知识产权出版社2018年版,第244页。
⑧ 孙冶方:《孙冶方文集》(第5卷),知识产权出版社2018年版,第21页。
⑨ 孙冶方:《社会主义经济论稿》,商务印书馆2015年版,第5页。

中国实践的政治经济学。

(二) 研究对象探索:深刻把握生产力与生产关系之间的关系

马克思主义政治经济学的研究对象问题一直是一个存在较大争议的问题,截至当前学界仍有"生产关系论""生产力和生产关系论"和"生产方式论"等不同看法。[1]就马克思主义经典作家的提法来看,对政治经济学研究对象的定义也是具有历史性的。[2]1857年,马克思在《〈政治经济学批判〉导言》中写道:"面前的对象,首先是物质生产。"在资本论中,马克思清晰地表述:"我要在本书研究的,是资本主义生产方式以及和它相适应的生产关系和交换关系。"[3]而后,斯大林在《苏联社会主义经济问题》中把政治经济学研究对象定义为生产关系,即经济关系,并确定了生产关系的内涵。[4]毛泽东提出了不同看法,认为"政治经济学研究的对象主要是生产关系,但是,政治经济学和唯物史观难得分家。不涉及上层建筑方面的问题,经济基础即生产关系的问题不容易说得清楚"[5]。

孙冶方对政治经济学研究对象的认识过程有三个阶段:第一阶段以他在1935年发表的《农村经济学的对象》和《一封讨论生产力和生产关系的来信》为代表,其中指出,"经济学的研究对象恰是横在社会生产过程上的人与人的关系(社会生产关系),而不是人与自然界的关系(人与物的关系)",[6]并重申"农村经济学的对象是某个社会形态中(当然这是社会生产力发展之某个阶段相适应的某个社会形态)横在农业生产过程之上的社会生产关系,而不是生产力本身,更不是脱离了生产关系而被孤立地观察的生产力"。[7]第二阶段是以1958年在纪念毛泽东《关于正确处理人民内部矛盾的问题》出版一周年座谈会上的发言为代表,此时,孙冶方表示,"经济是'人'和'物'两个因素的矛盾统一体……因此,政治经济学应该以研究这个矛盾,特别是人在这个矛盾中的主观能动作用,作为自己的中心任务"。[8]第三

---

[1] 刘儒、魏嘉玉:《恩格斯关于政治经济学研究对象的阐释及其当代意义》,《社会主义研究》2021年第6期。
[2] 周绍东:《中国特色社会主义政治经济学:研究对象与学科体系》,《理论月刊》2021年第4期。
[3] 《资本论》(第1卷),人民出版社2004年版,第8页。
[4] 斯大林:《苏联社会主义经济问题》,人民出版社1958年版,第55页。
[5] 毛泽东:《1959年12月至1960年2月读苏联〈政治经济学(教科书)〉谈话记录》,《党的文献》1992年第1期。
[6] 孙冶方:《孙冶方文集》(第1卷),知识产权出版社2018年版,第208页。
[7] 孙冶方:《孙冶方选集》,山西人民出版社1984年版,第21页。
[8] 孙冶方:《孙冶方选集》,山西人民出版社1984年版,第147页。

阶段是1980年左右孙冶方关于加快政治经济学学科构建时谈到,政治经济学"是研究生产关系的""政治经济学是研究人与人的关系"。① 至于生产关系包含哪些组成部分,他认为要采用恩格斯的观点,"社会的再生产关系包括生产、交换、分配这三个方面,总的来说都是生产关系",同时批评了斯大林对生产关系组成的判断,"简单地说,就是生产、分配,没有交换,多了个所有制"。②

孙冶方对政治经济学研究对象的判断是一脉相承的,但第二阶段采用了"人与物的关系"这一不同表述,主要原因可能有两方面:一是从背景来看,20世纪50年代我国曾有过一段"离开生产力的发展,抽象谈论社会主义生产关系的倾向",③由此学界提出了要重视生产力研究的主张,比较有代表性的就是平心1959年提出的生产力理论,故而孙冶方也强调"物"在经济中不可或缺的作用。二是从本质来看,孙冶方在政治经济学研究对象上也从未抛弃生产力因素,而是明确指出,"资本主义政治经济学不可能离开了物来研究人与人的关系;社会主义政治经济学也不能离开了物来研究人与人的关系的"。④ 正如他提出的总产值和利润概念,同样是关注了生产力的具体情况。只是在他看来,将人与物的关系进行本质抽象后,归根结底是人和人的关系,因此在《政治经济学论稿》中,最终明确了政治经济学研究对象的表述,"政治经济学主要是研究生产关系"。⑤ 这里的"主要"就凸显了孙冶方对生产力和生产关系之间关系的深刻把握。这种不拘泥于文本、从整体的抽象思维中把握经典内涵的思路,事实上也是当前构建中国特色社会主义政治经济学关于研究对象的逻辑共识。⑥

(三)研究思路探索:追求适用于社会主义经济研究的叙述方法

列宁指出,"马克思的全部理论,就是运用最彻底、最完整、最周密、内容最丰

---

① 孙冶方:《孙冶方文集》(第6卷),知识产权出版社2018年版,第291页。
② 孙冶方:《孙冶方文集》(第6卷),知识产权出版社2018年版,第262页。
③ 《经济研究》编辑部:《建国以来社会主义经济理论问题争鸣(1949—1984)》,中国财政经济出版社1985年版,第3页。
④ 孙冶方:《孙冶方选集》,山西人民出版社1984年版,第149页。
⑤ 孙冶方:《社会主义经济论稿》,商务印书馆2015年版,第92页。
⑥ 周文、李思思:《当代中国马克思主义政治经济学研究对象与鲜明特征》,《上海经济研究》2020年第10期。

富的发展理论去考察现代资本主义"①。孙冶方也坚持《资本论》的方法,但在理论表述抽象思维的叙述方法上②,他要求社会主义政治经济学研究与《资本论》有所区别,正如他指出,"表述法不符合科学的要求,大大妨碍了范畴、规律和科学概念的正确表达和分析",③从而探索厘清了源于马克思主义政治经济学、但面向中国实践的研究思路,这影响了对研究内容的安排,也是对一系列研究方法的综合运用。该过程在《社会主义经济论稿》中有集中体现,具体可分为三个层次:

第一,运用抽象法提炼经济本质内容。马克思在《资本论》第一卷序言中提出,"分析经济形式,既不能用显微镜,也不能用化学试剂。二者都必须用抽象力来代替"。④孙冶方完全认同,指出"没有这种抽象法,而只有就事论事的方法,是不能做深入的科学研究的",⑤并提出社会主义社会是一个处于从资本主义过渡到共产主义的过渡社会,"是一个复杂的消长过程",⑥所以认为,研究分析社会主义经济更加需要抽象法的介入。为了"从总体的最本质的细胞形态入手",《社会主义经济论稿》做出了诸多舍象,如其承认社会主义的全民、集体、个体三种所有制形态,但选择先从全民所有制这一领导性的、作为理想目标的所有制开始研究。⑦这样的处理在考察具体经济过程时多有运用,后文会进一步探讨。另外,《社会主义经济论稿》和《资本论》一样,也选择从"产品和商品"开始分析,这引发了学界针对社会主义能否同资本主义一样从产品和商品进行分析的争论。⑧但孙冶方认为,"在社会主义经济中,产品已经在某种程度上具有非商品的性质。但是社会主义经济中存在着各种不同的交换关系,在不同的交换关系中产品的性质也有区别,我们的分析不可能一开始就同时说明这种具体的产品,而应该从最基本的、抽象

---

① 《列宁专题文集(论马克思主义)》,人民出版社2009年版,第255页。
② 叙述方法是根据研究的成果,运用概念(范畴)、判断和推理的辩证逻辑方法,在理论上将客观事物复制出来。《〈资本论〉辞典》第648页。孙冶方也认为:"这种方法不应该看作是与马克思主义辩证法并列的某种独立的方法,它是辩证方法在对客观经济运动进行研究和表述的一种具体表现。"孙冶方:《社会主义经济论稿》,北京商务印书馆2015年版,第10页。
③ 孙冶方:《社会主义经济论稿》,商务印书馆2015年版,第9页。
④ 《马克思恩格斯文集》第5卷,人民出版社2009年版,第8页。
⑤ 孙冶方:《孙冶方选集》,山西人民出版社1984年版,第175页。
⑥ 孙冶方:《孙冶方选集》,山西人民出版社1984年版,第174页。
⑦ 孙冶方:《孙冶方文集》(第1卷),知识产权出版社2018年版,第28—29页。
⑧ 何建章、冒天启:《孙冶方〈社会主义经济论稿〉体系研究》,经济日报出版社1987年版,第48页。

的范畴着手,逐步由抽象到具体"①。可见,无论近似于《资本论》还是区别于《资本论》,本质上都是为科学研究服务的。

第二,运用过程法反映经济客观过程。孙冶方在编写《社会主义经济论》时,没有选择按照部门(如农、轻、重、商),抑或"规律—原则—政策"的方式进行解构,而是沿用了"马克思《资本论》过程法(即资本的生产过程、资本的流通过程、资本主义生产的总过程,把资本和资本主义改为社会主义即可)展开"。②做出这一选择,是因为孙冶方认为过程法,"是从客观过程出发进行分析的方法,又强调逻辑和历史统一的方法。"③恩格斯曾说:"对经济学的批判,可以采用两种方式:按照历史或按照逻辑",但"历史常常是跳跃式地和曲折地前进的,如果必须处处跟随着它,那就势必不仅会注意到许多无关紧要的材料……,因此,逻辑的方式是唯一适用的方式。但是,实际上这种方式无非是历史的方式,不过摆脱了历史的形式以及引起扰乱作用的偶然性而已。"④对于历史和逻辑的统一,孙冶方也经历了探索,《社会主义经济论》第一稿就曾尝试依照中国革命和社会主义改造的客观历史顺序,来写第一篇无产阶级专政和社会主义改造,其他篇按照逻辑。但这就造成了有些章节像是历史梳理,有些章节像是哲学分析,不成体系。所以在编写第二稿时,孙冶方就提出"第一篇应同全书的其他各篇一样,也应该贯彻历史和逻辑一致的原则",⑤以此来研究社会主义的客观发展过程。

第三,运用红线论凸显经济分析特征。"以最小费用取得最大的效果"的价值论是孙冶方最具有代表性的学术观点,也被运用在其对于社会主义政治经济学的体系构建中。孙冶方认为科学的经济学研究应该体现矛盾分析,如他特别引用毛泽东的观点,指出"科学研究的区分,就是根据科学对象所具有的特殊的矛盾性。"⑥但什么又是社会主义政治经济学的矛盾?他否认了采用阶级斗争以及社会主义社会上层建筑与经济基础、生产关系和生产力的矛盾,认为这些都是分析的基础和背景,不是本质,真正的本质就是"最大-最小"。孙冶方强调这也是来自马

---

① 孙冶方:《社会主义经济论稿》,商务印书馆 2015 年版,第 30 页。
② 孙冶方:《孙冶方文集》(第 1 卷),知识产权出版社 2018 年版,第 7 页。
③ 孙冶方:《社会主义经济论稿》,商务印书馆 2015 年版,第 9 页。
④ 《马克思恩格斯文集》第 2 卷,人民出版社 2009 年版,第 603 页。
⑤ 孙冶方:《社会主义经济论稿》,商务印书馆 2015 年版,第 19 页。
⑥ 毛泽东:《矛盾论》,《毛泽东选集》人民出版社 1966 年版,第 284 页。

克思主义的观点,恩格斯在《资本论》第1卷的书评中写道:"社会主义理论的基本学说可以归结为一点:在现代社会中工人并没有得到他的劳动产品的全部价值作为报酬。这个原理也构成了贯穿这部著作的红线。"[1]同时,孙冶方在特殊的时代背景下,非常难能可贵地强调,"社会主义政治经济学必须从经济的角度来论证社会基本矛盾和阶级斗争。什么是经济角度呢?归根到底,就是要讲究以最小费用取得最大的效果"[2]。所以,"社会主义政治经济学著作的红线应当是,以最少的社会劳动消耗,有计划地生产最多的满足社会需要的产品"[3]。这确保了他不仅在运用多种概念、串联不同内容时都持有一个中心思想,而且在结合其他因素的基础上,始终以经济为导向,从而揭示经济发展规律,得出有利于经济发展的结论和建议。

(四) 研究内容探索:面向社会主义经济运行的体系搭建

研究内容的考察存在不同的维度,可以从单个专题的研究切入,考察研究对象、研究方法、研究成果,也可以考察一项较为完整的系统性研究。当前,中国特色社会主义政治经济学已经形成了比较完整的理论体系,但在和《资本论》的理论体系对比上还存在较大分歧。[4]孙冶方的《社会主义经济论稿》(简称《论稿》)在理论体系搭建方面,很大程度上就是学习《资本论》的方法。因此,将对孙冶方经济研究内容的考察聚焦到《论稿》上具有较大的现实意义。这一部分对内容考察的重点在于孙冶方怎么选择《论稿》的内容,这些内容是怎么安排的,其实也就是在研究《论稿》的体系问题,体系是由内容的排列而搭建起来的,理论体系是理论本身的表达形式。[5]

对于《资本论》,恩格斯指出:"第一卷表明,资本家怎样从工人那里榨取剩余价值,第二卷则表明,这个最初包含在商品里的剩余价值怎样实现为货币……第三卷所阐述的就是剩余价值的分配规律。从而讲完了剩余价值的生产、流通和分

---

[1] 《马克思恩格斯文集》,第21卷,人民出版社2003年版,第317页。
[2] 孙冶方:《孙冶方选集》,山西人民出版社1984年版,第856页。
[3] 孙冶方:《社会主义经济论稿》,商务印书馆2015年版,第4页。
[4] 孟捷:《中国特色社会主义政治经济学的叙述方法和体系结构——对现有教科书结构与内容的批判性考察》,《人文杂志》2021年第3期。
[5] 汤在新:《政治经济学理论体系探索》,《当代经济研究》2005年第1期。

配,也就结束了剩余价值的整个生涯。"①这体现了《资本论》体系构建的两个具体方法,首先是以剩余价值为红线,其次是用过程法展开叙述。孙冶方抓住了《资本论》体系构建的这两个具体方法,提出:"对于社会主义经济,我们应该按照怎样一个程序来加以研究呢?我认为,基本上应该按照马克思主义写《资本论》的程序来研究,按照马克思分析资本主义经济的程序来分析社会主义经济,就是说,先分析生产过程,再分析流通过程,最后分析社会主义社会的整个生产过程。"②这样的结构安排"就是想构建一个类似于《资本论》那样学理性很强的、严整的理论体系,既包括基本原理,还包括对具体经济政策、策略的理论概括"③。

孙冶方对《资本论》的学习主要源于两个维度。一方面是学习《资本论》的方法。列宁指出:"马克思主义者从马克思的理论中,无疑地只是借用了宝贵的方法,没有这种方法,就不能阐明社会关系。"④《论稿》就是在学习《资本论》、研究资本主义的方法来研究社会主义,正是在这个维度,孙冶方试图构建和《资本论》体系类似,但研究对象是社会主义经济的《论稿》。另一方面是学习马克思通过分析资本主义社会得出的一般社会规律。孙冶方指出:"《资本论》的直接研究对象固然是资本主义社会;但是他在分析资本主义经济特殊规律的同时,也分析了社会生产的一般规律。这些一般规律就是恩格斯所说的,去掉了资本主义的特殊性'余留下来的全部东西',就是我们今天应该从《资本论》中去好好学习的。"⑤

但孙冶方也强调,学习《资本论》的体系不是照搬照抄,而是要做到学而不套,这主要是由客观的研究对象不同而决定的,《资本论》的直接研究对象是资本主义经济,《论稿》研究的是社会主义经济。同时也是由我国的基本国情决定的,"我们编写的社会主义政治经济学主要是给中国人读的,当然要从中国革命和建设的实际出发,要尽可能多引用中国的实际资料,讲中国的经验"⑥。孙冶方结合特定的历史背景和我国的基本情况,进行了社会主义政治经济学体系构建的尝试。

---

① 《马克思恩格斯全集》第 22 卷,人民出版社 1965 年版,第 511 页。
② 孙冶方:《孙冶方文集》(第 4 卷),知识产权出版社 2018 年版,第 344 页。
③ 刘明远:《马克思经济学体系对构筑中国特色社会主义政治经济学的指导意义》,《当代经济研究》2018 年第 3 期。
④ 《列宁全集》第 1 卷,人民出版社 1984 年版,第 163—164 页。
⑤ 孙冶方:《孙冶方文集》(第 4 卷),知识产权出版社 2018 年版,第 344 页。
⑥ 孙冶方:《社会主义经济论稿》,商务印书馆 2015 年版,第 5 页。

《论稿》体系的"学而不套"体现在很多方面,最显著的一点就体现在篇章的安排上。在分析生产过程、流通过程和社会生产的整个过程之前,孙冶方率先讨论了社会主义生产关系的建立和发展。这样安排是因为:首先,社会主义政治经济学研究的是生产关系,搞清楚社会主义生产关系是如何建立和发展的,是为了"寻找社会主义生产关系运动的规律,以推动生产力的迅速发展"[①]。其次,"社会主义生产方式的产生,和资本主义生产方式及以往一切生产方式的产生不同,是先有政治制度的变革,然后才有生产关系的变革。"[②]这就意味着对于社会主义生产关系的研究同以往任何生产关系的研究非常不同,社会主义生产关系的发展必须发源于无产阶级夺取政权,为了在社会主义中更好地发展新的生产关系,必须从无产阶级夺取政权开始分析,这是社会主义生产关系自身属性带来的要求,是任何时代的社会主义经济学研究都应该遵循的规律,只是不同阶段的研究侧重点存在不同。邱海平对此指出:"中华人民共和国成立以来不是在发达的生产力基础上建立社会主义生产关系和相应的上层建筑,相反它是通过政治革命先建立起一定的上层建筑(即新民主主义性质的国家),然后再去建立社会主义的生产关系(即生产资料公有制国有制和集体所有制),并以这种独特的'路径'去发展中国的社会生产力。中国现代社会的发展与演进具有一种完全不同于马克思的历史唯物主义'范式'的'发展逻辑'。"[③]尽管由于时代的限制,孙冶方并没有提出更多关于马克思主义唯物史观的见解,但在《论稿》的结构安排中已经体现出他对马克思《资本论》方法论的深刻理解。

总的来说,孙冶方构建了一个非常有逻辑性、层次性的经济学理论系统,这个系统相对于一般的教科书式的理论成果介绍,同时具有了深度解剖问题和详细阐述成果的功能。其基本逻辑是从简单生产过程切入,再分析流通,通过"流通"将无数个相对隔绝的简单生产有机串联,使全社会的再生过程成型,在此基础上再讨论分配和再分配的问题。除了清晰研究框架,这样的结构安排还体现了孙冶方对于政治经济学研究对象生产关系的定义——"生产关系包括三个方面,一是生

[①] 孙冶方:《孙冶方选集》,山西人民出版社1984年版,第849页。
[②] 孙冶方:《孙冶方选集》,山西人民出版社1984年版,第853页。
[③] 邱海平:《论中国政治经济学的创新及逻辑起点——基于唯物史观对于中国现代历史适用性的思考》,《教学与研究》2010年第3期。

产,二是交换,三是分配。政治经济学是讲生产、交换和分配的各种条件和形式的科学"。①并且在这个大框架下,孙冶方还强调了社会主义生产关系的特殊性,专门论述了社会主义生产关系的建立,突出了研究国家的经济政策对于社会主义经济发展的重要性。

三、孙冶方马克思主义经济学中国化的经验启示

通过梳理孙冶方进行马克思主义经济学中国化的实践过程很容易看出,他的理论成果是丰富的,不仅是理论本身具有很强的可借鉴意义,更重要的是他的中国化实践的方法论应该被反复揣摩。立足于中国本土,孙冶方的中国化实践取得了两个方面的显著成果,值得作为构建中国经济学的经验启示。

(一)认识到经济理论研究对于促进生产力发展的重要意义

我国的经济理论研究相对于经济发展一直具有一定的时滞性。中华人民共和国成立初期,我国的经济工作者理论水平普遍不高,这主要是由于"做实际工作的人没有概括能力,不善于运用概念、逻辑这一套东西;而做理论工作的人又没有实际经验,不懂得经济实践。两种人,两方面——理论和实践没有结合起来"。②这就会使理论没有办法得到实践的检验,出色的实践也很难转化成普遍的经验被推广学习,并且当时苏联"经济学家的主要任务,是偏重于研究那些进一步发展生产和提高技术的具体经济问题"。③这种只关注于具体问题而忽视理论总结的作风同样影响了当时在学习苏联模式的中国。但孙冶方不仅意识到了经济理论相对于实践的时滞性,指出"在政治经济学中许多基本问题没有研究清楚,甚至在存在许多糊涂的和明显的错误见解的情况下,轻视基本理论的探讨,偏重于具体经济问题的分析和研究,只务实不务虚或少务虚的倾向是危险的"④。并清晰定位了经济理论研究对经济发展的作用和意义。"自然科学有个基础理论——数、理、化",那

---

① 孙冶方:《孙冶方文集》(第6卷),知识产权出版社2018年版,第262页。
② 孙冶方:《孙冶方文集》(第6卷),知识产权出版社2018年版,第279页。
③ 孙冶方:《孙冶方文集》(第5卷),知识产权出版社2018年版,第18页。
④ 孙冶方:《孙冶方文集》(第5卷),知识产权出版社2018年版,第21页。

么,"政治经济学就是社会科学的基础理论"。①而且"社会主义政治经济学研究生产关系是为了寻找社会主义生产关系运动的规律,以推动生产力的迅速发展"。"忘记研究的目的是推动生产力的发展,这就是忘了根本"。②具体来说,孙冶方对政治经济学的深刻理解展现在以下两个方面。

首先,对经济理论的学习研究不能局限于经济学这一社会科学本身,还有必要学习一些哲学,学习马克思主义原理,学习毛泽东思想。"不懂点哲学,是不会了解经济学的"。③很多经济上问题的产生其实来源于基本方法论的模糊,来源于对马克思主义经典的误读,孙冶方就说"许多问题,特别是社会主义经济建设中犯了些错误,出了些问题,回过来翻翻《资本论》,原因就在于我们没有照着马克思已经看出来的这个大方向去做,这个方向我们没有体会到,很多方面我们违背了他的指示"。④在搞清楚哲学方法论之前,在认真学习马克思主义经典之前就贸然开始经济问题研究,很有可能引起一些无意义的争论,更严重的甚至是发展出错误的经济学理论,造成极大的经济资源浪费。例如,由于认为资本折旧是资本主义概念,就认为社会主义中不存在资本折旧,而使国营企业运营成本增加,经济效率降低,这就是犯了唯心主义的错误。但是在注重学习哲学的同时,又要认识到"哲学再重要,不能代替一切,不能代替自然科学,也不能代替社会科学,更不能代替政治经济学"。⑤要用哲学指导经济研究,但又不框限于哲学,牢记落脚点始终是在经济研究本身。而且"不仅要读经典著作,而且要读资产阶级、修正主义著作,读现代作者的著作"⑥,就是要既懂得指导社会主义政治经济学研究的哲学原理,又要了解社会主义政治经济学的批判对象,只有这样才能发展出完善且健全的社会主义政治经济学体系。

其次,明确了政治经济学存在的必要性。在孙冶方那个年代,曾经有过一个时期"否认广义政治经济的存在,说政治经济学只是揭露商品拜物教的"⑦。社会

---

① 孙冶方:《孙冶方文集》(第6卷),知识产权出版社2018年版,第255页。
② 孙冶方:《孙冶方选集》,山西人民出版社1984年版,第848页。
③ 孙冶方:《孙冶方选集》,山西人民出版社1984年版,第173页。
④ 孙冶方:《孙冶方文集》(第6卷),知识产权出版社2018年版,第259页。
⑤ 孙冶方:《孙冶方文集》(第6卷),知识产权出版社2018年版,第257页。
⑥ 孙冶方:《孙冶方文集》(第5卷),知识产权出版社2018年版,第177页。
⑦ 孙冶方:《孙冶方文集》(第5卷),知识产权出版社2018年版,第109页。

主义时期政治经济学还会发挥一些作用,还需要研究不同部门之间的生产关系,到了共产主义社会生产关系不再被物的关系所掩盖时,政治经济学也就不被需要,只需要技术经济学。孙冶方批判了"这种形而上学观点主要是表现在把未来的共产主义社会的经济(以及社会主义社会中全民所有制经济的内部关系)看作像原始共产主义社会一样的实物经济,即没有抽象劳动、价值、价格和货币等概念的自然经济"。①社会主义社会、共产主义社会依然存在生产关系,依然需要研究生产关系调整生产关系,所以政治经济学永远也不会消失、不能消失。只是说不同社会形态下的生产关系是不同的,所以相应地,政治经济学也需要不断发展以适应不同社会阶段的生产关系特性。孙冶方批判了当时我国搞的政治经济学,"太空了,把许多具体东西都说成是技术的东西。只把几条规律翻来覆去,是解决不了问题的"②。

总的来说,孙冶方在社会主义政治经济学刚开始受重视、不太成熟的时期,凭借着自己对马克思主义的深刻理解和对中国现实的深入调查,意识到了经济理论本身存在的必然性,发展经济理论对促进生产力发展的重要性,并初步探索出什么样的道路能发展出相对健全的,并能真正产生现实效用的经济理论。

(二) 认识到厘清概念具有重要意义

构建一套完善的经济学体系,每一组概念、范畴都必须是清晰的,因为无论是在经济问题的研究过程中,还是在经济成果理论化的过程中,基本概念和范畴都是堆砌起理论高楼必不可少的坚实砖块。在当前的中国特色社会主义政治经济学的构建中,基本经济概念、范畴是受到重视和强调的,但是在孙冶方时期,中国经济学的发展还在起步阶段,中国的经济建设也还在摸着石头过河的初期,对基本概念范畴的重视不够,不同学者对概念的解读也各有不同。在这样的背景下,孙冶方将对基本概念的讨论贯穿在他经济研究的始终,不断强调对基本概念的理解和讨论,深挖基本概念背后的含义,从提出概念的重要性到尝试厘清概念都做出了极富贡献性的实践。在全国经济科学规划会议上,孙冶方指出"经济学上的

---

① 孙冶方:《孙冶方选集》,山西人民出版社 1984 年版,第 164 页。
② 孙冶方:《孙冶方文集》(第 5 卷),知识产权出版社 2018 年版,第 115 页。

一切范畴、概念都是代表生产关系的"。①而政治经济学研究的就是生产关系,对概念的错误理解和使用就意味着政治经济学的研究对象发生了偏移,研究对象都选择错误,那么再如何进行分析都是得不出正确结论的,所以"概念不清或概念混淆是搞不好经济学的"。②

范畴概念的模糊不仅会使经济理论的发展停滞不前,甚至会影响到实际的经济发展,当时中国很多的经济问题都是由于经济学家没有厘清概念,"认为社会必要劳动可以离开使用价值来谈;费用和效用可以分离开来谈;经济核算和经济效果可以分开来研究,似乎经济核算尽是讲费用的节约,经济效果则尽是讲使用价值的量与质"。③就像对"价值"和"商品"的理解混乱,就导致"在实践中曾经在一个短时期中产生了一些压缩商品生产和忽视公社集体所有制性质的不恰当做法"。④还有在国有企业统计指标的选取上,"有人听到净产值做计划,就觉得不发生原则上的问题;只是计算技术上有困难而已。但是提到用利润做计划的基本指标,似乎就发生了原则性的问题"。⑤这就是没有搞清楚概念本身的含义,没有看到同一范畴、概念在资本主义背景下和在社会主义背景下代表着全然不同的生产关系。在构建社会主义政治经济学时,孙冶方就提出了"必须创立体现社会主义经济关系的新的范畴……但是,即使在创立新范畴的过程中,也应当注意《资本论》中有许多范畴的实体或基础是社会化大生产的客观规定,当把资本主义关系给它们加上的外衣脱去以后,它们作为一种客观规定,也存在于社会主义经济之中"⑥。

面对同一范畴、概念在不同社会中存在不同含义时,就有人质疑孙冶方,为什么不去创造一个新的概念,而是偏偏要去争名,冒着被扣上资本主义帽子的风险去谈价值、谈利润。在孙冶方看来,不需要争的就不要争,有必要争的就一定不能怕,"越是怕争论,争论就越是同他纠缠不清"。⑦从普遍性和特殊性的角度来看,一些基本概念的产生是基于它的普遍性创造的,这种普遍性和基础概念本身的联系

---

① 孙冶方:《孙冶方文集》(第7卷),知识产权出版社2018年版,第59页。
② 孙冶方:《孙冶方文集》(第7卷),知识产权出版社2018年版,第91页。
③ 孙冶方:《孙冶方文集》(第5卷),知识产权出版社2018年版,第124页。
④ 孙冶方:《孙冶方选集》,山西人民出版社1984年版,第188页。
⑤ 孙冶方:《孙冶方选集》,山西人民出版社1984年版,第139页。
⑥ 孙冶方:《社会主义经济论稿》,商务印书馆2015年版,第14页。
⑦ 孙冶方:《孙冶方选集》,山西人民出版社1984年版,第216页。

相对于特殊性要更加紧密,或者说每个概念都有自身需要去强调的部分,不能因为存在特殊性就去创造新的概念,这样不仅会使概念繁多复杂,进而导致理论难成体系,并且有可能丧失概念最重要的特点。就像价值,本身是强调生产费用和效用的关系的,"重视'价值'概念,在我们社会主义社会中,就意味着重视经济效果"①,但是如果换一个词,那么这一个特点就会被冲淡,"光叫'节约时间'。这话不能把'费用与效用的关系'这个意思表达得更完整"②就不能体现社会主义的特点,就有可能造成现实的资源浪费。对于价值规律,孙冶方也说"既然马克思、恩格斯都说在这个意义上的价值规律将来还有,由此可见,价值规律这个词还可以用。因为节约时间没有价值这个词确切。"③

孙冶方对待"抠概念"的态度是辩证的,不能空洞地抠概念,"从概念到概念",但是也不能全盘否定"抠概念",要搞清楚"问题的关键在于我们所用的概念是不是科学地、准确地反映了客观事物的本质"。④要在烧制出坚固的范畴、概念的砖块之后,再搭建理论的高楼。

---

① 孙冶方:《孙冶方选集》,山西人民出版社1984年版,第223页。
② 孙冶方:《孙冶方文集》(第7卷),知识产权出版社2018年版,第77页。
③ 孙冶方:《孙冶方文集》(第7卷),知识产权出版社2018年版,第77页。
④ 孙冶方:《孙冶方选集》,山西人民出版社1984年版,第868页。

孙冶方"最小-最大"理论、协同理念在发展新质生产力中的运用

李桂花[①]

2023年9月,习近平总书记在黑龙江考察时提出,"整合科技创新资源,引领发展战略性新兴产业和未来产业,加快形成新质生产力"。同年12月11日的中央经济工作会议上,习近平总书记强调,要以科技创新推动产业创新,特别是以颠覆性技术和前沿技术催生新产业、新模式、新动能,发展新质生产力。2024年的两会上,新质生产力又一次被提及。如何以较小的社会成本发展新质生产力,如何通过制度创新突破发展新质生产力的堵点、卡点,对中国经济的高质量发展至关重要。而孙冶方的"最小-最大"理论中的协同理念,提供了一个有价值的视角。

一、孙冶方"最小-最大"理论简介

孙冶方是老一辈无产阶级革命家,也是著名的经济学家。以他的名字命名的孙冶方经济科学奖,是迄今中国经济学界的最高奖。

早在20世纪50年代,基于苏联调研和我国的经济实践,孙冶方于1956年发表了《把计划和统计放在价值规律的基础上》一文。文章里,孙冶方提出了经济管理要尊重价值规律,批评了只问政治上是否正确而把"不惜工本""不计盈亏"看作是天经地义的事的理念。[②]好的出发点,一定会追求好的效果,那就必须考虑如何通过尽量少的消耗资源,尽快提升经济效果。在经济领域要达到好的效果,必须承认和尊重经济活动的客观规律。孙冶方提出:"政治经济学教科书要讲经济。

[①] 李桂花,上海社会科学院经济研究所副研究员。
[②] 孙冶方:《价值规律的内因论和外因论——兼论政治经济学的方法》,《中国社会科学》1980年第4期,第23—36页。

而什么是经济呢？就是以最小的耗费，取得最大的效果。"①

孙冶方认为，"最小-最大"理论是经济领域的原则。在1983年发表的《社会主义经济论导言大纲》中，孙冶方提出将以最小的耗费取得最大的效果作为社会主义政治经济学的红线。"什么叫解放生产力呢？那就是要讲经济效果，就是要以最小的费用取得最大的效果。"②

经济领域有自身的理论逻辑和实践路径。政治上的方向当然应该把握，但是落实的过程必须尊重和遵循经济领域自身的客观规律。否则，好的出发点会导致不好的结果。

首先，经济发展有自身的客观规律。"千规律，万规律，价值规律第一条"。多年后，孙冶方在《光明日报》上发表文章，明确表示："我这句话虽然是在激动中脱口而说出的，然而这是符合我多少年来长期坚持的思想的。"③

其次，人类只能遵循经济规律，而不可以个体意志"利用"规律。例如，讲到价值规律时，孙冶方说："我不那么赞同'利用'这种说法。价值规律是客观存在着的经济规律，它不是大观园中的丫头，可以让人随便'使唤''利用'……我们只能按客观经济规律办事，顺应客观规律的要求，而不能反过来'利用'。"④

孙冶方作为坚定的马克思主义信仰者和实践者，其"最小-最大"理论既体现出中国特色社会主义的道路自信和制度自信，也在当时机械模仿苏联计划体制的风气中坚持了文化自信，为后来的改革开放做出了理论贡献。

二、孙冶方"最小-最大"理论的协同理念

（一）技术创新与制度创新要协同

孙冶方的"最小-最大"理论的目标是追求经济效果。孙冶方批评的是不顾质量地追求数量、浪费社会资源的粗放型增长，甚至违背经济规律的蛮干。因此，

---

① 孙冶方：《讲经济就是要以最小的耗费取得最大的效果，在经济效果理论问题讨论会上的录音讲话》，《计划经济研究》1981年第15期，第14—23页。
② 孙冶方：《社会主义经济论导言大纲》，《中国社会科学》1983年第3期，第3—25页。
③ 孙冶方：《千规律，万规律，价值规律第一条》，《光明日报》1978年10月28日。
④ 孙冶方：《价值规律的内因论和外因论——兼论政治经济学的方法》，《中国社会科学》1980年第4期，第23—36页。

"最小-最大"理论里面的"经济效果"包含对经济发展质量的追求。

孙冶方提出,要实现经济效果,需要在管理制度方面和技术创新方面共同努力,二者需要协同。"人们可以从两个方面来达到这个目的。一是通过技术革新和技术发明的途径,另一个就是通过自觉地、合理地安排社会主义的生产关系以及建立与这种生产关系相适应的上层建筑来达到这个目的。"①

这段话表明,"最小-最大"理论的实现路径是通过技术创新,而制度创新带来的生产关系和上层建筑的调整是技术创新的基础。

要实现技术创新,需要制度的协同。孙冶方指出,要实现技术创新,需要"通过自觉地、合理地安排社会主义的生产关系以及建立与这种生产关系相适应的上层建筑来达到这个目的。不用说这样的生产关系和上层建筑也能为技术革新和技术发明创造条件"②。

(二) 技术与制度在发展中的动态平衡

无论是制度创新还是技术创新,孙冶方都强调全过程贯彻"最小-最大"原则。"最小-最大"原则不仅是指导性原则,也是在落实中要始终遵循的规则。"最小-最大"原则不仅体现在生活活动中,也体现在制度建设上。"对于一切宏观和微观经济管理的改造、改善,对于技术革新、技术改造,我们都必须从最小最大的角度,从经济效果的角度来加以测定。"③

可见,孙冶方的"最小-最大"理论,将制度和技术看作一个完整的系统中的组成部分。孙冶方的"最小-最大"理论具有系统性思维,从一个整体的、全过程的、协同的视角来考察生产力和生产关系的发展和调整过程。"冶方同志是把国民经济作为整体来研究的,或者说是研究宏观经济问题的。但是,他在研究宏观经济问题时往往从微观问题入手,或者说从微观上提出问题,把它们提高到宏观经济上来观察、来分析,得出宏观经济的结论……他在分析微观经济问题时,并不是停留于这些问题的本身,而是从国民经济的整体上去把握它们,以解决宏观经济的

---

① 孙冶方:《社会主义经济论导言大纲》,《中国社会科学》1980 年第 3 期,第 3—25 页。
② 孙冶方:《社会主义经济论导言大纲》,《中国社会科学》1980 年第 3 期,第 3—25 页。
③ 孙冶方:《讲经济就是要以最小的耗费取得最大的效果,在经济效果理论问题讨论会上的录音讲话》,《计划经济研究》1981 年第 15 期,第 14—23 页。

经济体制问题。"①

技术创新是经济发展的动力,以生产关系和上层建筑的调整来协同,并贯穿全过程。既然技术创新需要制度创新的协同,那么,在制度创新中的"最小-最大"原则与技术创新中的"最小-最大"原则必然在每个阶段、每个过程都要能够协同。也就是说,二者的协同不仅是顶层设计的理念,更是在落实中的动态平衡、相互作用的过程。

三、孙冶方"最小-最大"理论对新时代的启示与拓展

（一）启示：尊重经济规律、坚定道路自信和制度自信

孙冶方指出,我们社会主义制度应该做到"最小-最大"原则,这是社会主义优越性的体现。

在孙冶方提出"最小-最大"理论的时代,资源配置是通过计划体制来主导的。即便在这样的环境下,孙冶方依然强调"经济规律是价值规律",注重经济核算,而反对不顾成本地政治挂帅、盲目生产。不过,鉴于当时还是计划体制,经济效果的追求只能通过政企分权和利润指标来实现。虽然经历过磨难,但是历史最终证明了孙冶方公式的科学性。价值规律和经济核算在社会主义经济中,不仅对于民营企业,即便是对于国有企业,也是必要的。

"我们要通过对社会主义生产关系的分析研究来证明,社会主义生产关系比资本主义更能够以更小的耗费取得更大的效果,从而推动社会经济的发展";"只要我们全国经济事业都按照这个'最小-最大'的原则,按照讲经济效果这个道路向前走,我们就有信心,不要很多时间,我们就能够赶上,而且一定超过'四小霸',不仅超过他们,而且最终要超过一切发达的资本主义国家"。②

然而,由于时代原因,孙冶方公式并没有被认可,经济规律也没有被尊重,反之,以"政治挂帅"的名义铺张浪费、扭曲规律,从而导致了经济的退后和社会的危机。这是历史的教训。

---

① 董辅礽：《孙冶方同志治学精神和治学方法点滴》,《经济研究》1983 年第 2 期,第 12—15 页。
② 孙冶方：《讲经济就是要以最小的耗费取得最大的效果,在经济效果理论问题讨论会上的录音讲话》,《计划经济研究》1981 年第 15 期,第 14—23 页。

改革开放和十八大以来,习近平新时代中国特色市场经济的实践证明了孙冶方公式是科学的。只要尊重经济规律,进行体制改革,市场化是可以和社会主义结合的,而市场化的进程也证明了中国特色社会主义道路和制度的优越性。自1978年改革开放以来,经济体制发生了巨大的变化,民营经济也成了社会主义市场经济体系的重要组成部分,民营企业也成了"自家人"。在制度方面,我国也不断深化改革,党的十八大以后的新时代,中国特色社会主义市场经济成了我国的基本经济制度。党的二十大提出"充分发挥市场在资源配置中的决定性作用"。经济发展的实践证明,越是坚持党的领导,改革力度大、市场化程度高的行业和地区,在国内的贡献越大,在国际上的竞争力越大。这是正面的成就。

当前,全国统一市场尚未彻底形成,营商环境有待进一步完善。在中国与美国贸易战的国际形势下,在面临经济转型和改革深水区的艰难形势下,深入领会孙冶方理论的规律意识,对实现经济高质量发展至关重要。只有坚定不移地推进市场化改革,建设全国统一大市场,打破行业壁垒和地方壁垒以及大资本的垄断,才能发挥中国社会主义市场经济的优势,实现"最小-最大"的经济原则。

(二)拓展:贯彻"两个结合",实现制度与文化相协同

孙冶方"最小-最大"理论启发我们,文化自信是"最小-最大"原则的灵魂。在举国学习苏联、模仿苏联体制的时代,孙冶方体现出高度的文化自信,没有机械地照搬,而是以系统性的视角、协同的理念,对中国的经济现实提出独立思考。这是中华优秀传统文化传承在血脉中的流淌和"日用而不自知"的智慧体现。

文化是国家、民族整体性的关键组成部分。一个民族和国家,在制度创新时,不可能离开自身的历史和文化,否则,必将缘木求鱼、刻舟求剑。改革开放以来,我国的快速增长主要是靠制度创新的推动,整合了人口红利和资源禀赋,通过市场化激发了企业的经济活力。在新时代,关键是实现中华优秀传统文化与中国特色社会主义市场经济制度的协同。

而中华优秀传统文化与中国特色社会主义市场经济制度的协同的根本指导原则就是"两个结合",弘扬中华优秀传统文化。

"两个结合"是习近平总书记在中国共产党百年诞辰重要讲话中首次提出的。2023年文化传承发展座谈会上,习近平总书记再次强调:"在五千多年中华文明深

厚基础上开辟和发展中国特色社会主义，把马克思主义基本原理同中国具体实际、同中华优秀传统文化相结合是必由之路。"2022年5月，习近平总书记在十九届中央政治局第三十九次集体学习时指出："中华优秀传统文化是中华文明的智慧结晶和精华所在，是中华民族的根和魂，是我们在世界文化激荡中站稳脚跟的根基。"

文化自信是新质生产力的一个重要根基。只有立足在自身文化自信基础上，开放地吸收外来的理念和制度，才能去伪存真、守正创新。制度创新，不是从他国照搬，也不是主观地建构，而是一个基于历史和现实的系统工程。在发展新质生产力的过程中，我们要因地制宜，根据国家、地方的历史和现实禀赋进行合理的产业规划，而不能照搬和机械模仿。

中华优秀传统文化是中华民族的根和魂，是中华民族智慧的结晶。贯彻"两个结合"，在坚持马克思主义基本原理的基础上，积极发挥中华优秀传统文化的智慧，以中华文明的血脉和根脉提升制度创新的系统性思维，可以有效避免机械和形式化的问题，实现制度创新的智慧化，从而实现制度效果的"最小-最大"。

当前，我国面临改革深水区，又面临中美贸易战的挑战。没有可以照搬的模式，自身也没有过去的经验可以遵循。唯有守正创新，才能突破现有格局的桎梏。此时，发挥中华优秀传统文化的作用，对内化解发展不平衡、不协调的矛盾，对外实现国家之间共融的"世界大同""人类命运共同体"都至关重要。

孙冶方的协同理念对新时代的启示是，指导原则应贯穿在技术创新和制度创新的全过程中。在发展新质生产力过程中，"两个结合"作为顶层设计的指导思想，只有在制度创新和科技创新的协同中被全方位地贯彻，才能真正实现中国社会主义市场经济的中国特色。

四、"最小-最大"理论和协同理念在发展新质生产力方面的应用

（一）"最小-最大"理论在科技创新上的应用

2022年6月28日，习近平总书记在湖北省武汉市考察时指出："科技创新，一靠投入，二靠人才。"可见，科技创新的制度配套主要包括投入和人才两方面，也就是投融资体系和人才培养体系。

1. 资金投入

对于社会资源来说，主要是资金的投入，涉及融资和投资两部分体系。如何以最小的成本筹集社会资金，并有效投放到科技创新中去，产生最大的收益，体现了科技创新过程中的"最小-最大"原则。要实现这个原则，关键是投融资体系的规范和效率。相对其他国家而言，我国具备三方面优势：社会主义制度、新型举国体制、超大规模市场。

2022年9月6日，习近平总书记在中央全面深化改革委员会第二十七次会议上指出："要发挥我国社会主义制度能够集中力量办大事的显著优势，强化党和国家对重大科技创新的领导，充分发挥市场机制作用，围绕国家战略需求，优化配置创新资源。"社会主义制度和新型举国体制在筹集资金的效率上具有制度优势，超大规模的市场在规模经济和应用场景上具有不可替代的优势。而要以最小的成本获得最大的成果，就要与市场化相结合，激发企业的活力、提升资源配置的效率。

在资金领域，发挥全社会的力量与政府引导相结合，协同推动资金等资源向新质生产力流动。政府力量主要指国有资本、国企，社会力量主要包括民间资本等。以国有资本引领民间资本参与，投入关键性、颠覆性科技的创新和创业，这方面包括银行信贷、资本市场和股权融资等方式。新质生产力的发展需要大量的资本尤其是长期、耐心资本。需要政府资金引导，同时协同社会力量来精准投资。

2. 人才培养

人才培养的关键在于理念，有什么样的教育理念和文化环境，就会激发什么类型的潜能。"最小-最大"原则在人才培育上，最本质的体现在于中华优秀传统文化的"内求"观念。

中华优秀传统文化与西方的逻辑思维和理性分析不同，生命观是"天人合一"的、内求的。所谓内求，指通过"自净其意"来完善人格、规范行为、修身养性、开发智慧，从而达到身心和谐、适应环境甚至改变环境。内求，一方面是向上、向善的积极追求，另一方面是自我规范的内观和修心。

2019年3月1日，习近平总书记在中央党校（国家行政学院）中青年干部培训班开班式上强调，人格是一个人精神修养的集中体现。要坚守精神追求，见贤思齐，见不贤而内自省。

2022年3月1日的春季学期中央党校(国家行政学院)中青年干部培训班上,习近平总书记指出,年轻干部要"时刻自重自省,严守纪法规矩。守住拒腐防变防线,最紧要的是守住内心,从小事小节上守起,正心明道、怀德自重,勤掸'思想尘'、多思'贪欲害'、常破'心中贼',以内无妄思保证外无妄动"。

内求,在人才培育过程中,是把精力花在刀刃上,聚焦人自身的心智模式的提高,来激发创新,节约交易成本,提升效率。这种内求在经济活动中也可以实现。例如,身处经济决策和交易活动中,面临客观资源和制度的限定,以"内求"觉知和突破自身的心智模式,从而提升自身的理性水平的维度、增强资源整合能力和意志力。从而,通过自我心智模式的突破激发创新力。

"内求"的"最小-最大"理论不仅体现在个体的人力资本提升上,也体现在制度创新上。

人是制度的核心。决策者、制定者、基层管理者、执行者等具体制度创新的主体,从根本上决定了制度创新的效果。决策者和制定者的心智模式创新,是决定制度效果的关键;基层管理者和执行者对于中央精神和上级政策的领悟和执行,不仅取决于党性原则,还受制于心智模式。其心智模式突破的程度,决定了其对马克思主义基本原理和中华优秀传统文化的理解的深度,从而直接限制了其执行的力度。

可见,从中华优秀传统文化视角看,"最小-最大"理论在新时代必然演化为:以人的高质量发展,激发科技创新和制度创新的协同,从而引领经济高质量发展,继而在此过程中继续实现社会整体的心智模式完善的系统过程。

(二)以协同理念突破新质生产力发展的堵点、卡点

1. 制度创新与科技创新的协同

孙冶方"最小-最大"理论表明,在技术和制度创新中要协同。这启发我们,在发展新质生产力过程中,要以制度创新打通新质生产力发展的堵点、卡点,以最小的成本取得最大的效果。

2024年1月31日中共中央政治局第十一次集体学习中,习近平总书记在主持学习时强调,"生产关系必须与生产力发展要求相适应。发展新质生产力,必须进一步全面深化改革,形成与之相适应的新型生产关系。要深化经济体制、科技

体制等改革,着力打通束缚新质生产力发展的堵点卡点,建立高标准市场体系,创新生产要素配置方式,让各类先进优质生产要素向发展新质生产力顺畅流动"。制度创新的核心,是深化经济体制改革。

在深化经济体制、科技体制改革和创新生产要素配置方式的过程中,以"两个结合"原则贯彻其中,就会创新出新发展理论,促进先进优质生产要素向发展新质生产力顺畅流动。

在创业领域,一方面是营商环境的持续完善。新时代以来,我国营商环境不断改进,政府对企业服务的意识有所增强。在发展新质生产力的过程中,可以在创业支持方面进行更大力度的完善;另一方面是社会保障和创业氛围的完善。改革社会保障体制,为创业失败提供保障和保险,并在文化建设方面大力宣传勇于进取、和而不同的理念,形成包容失败、敢于试错的氛围。

在科技领域,以新型举国体制的优势,集中资源,在科技方面攻坚克难;同时,大力推进市场化,为科技创新提供一个有活力的、自主创新的环境。新型举国体制在已有的科技创新难点的攻克方面可以发挥优势,但在未来的新技术革命方面,需要能够百花齐放的试错环境和市场的多样性带来的新鲜活力。以举国体制来大力打通全国统一大市场;以市场化来激发国有企业、民营企业、外资企业等各类主体的活力。二者的结合,对于新质生产力的发展具有至关重要的意义。

此外,社会信用体系也是一个堵点、卡点,尤其是在商务诚信方面。提升企业的诚信水平,在知识产权方面和数据、信息技术方面能够坚守商业伦理,对于新质生产力的发展,是制度环境的基础。这方面,不仅需要政府在社会信用体系方面的不断完善,还需要社会大众道德水平的提升和企业家的责任担当。可以充分发挥社区、行业协会、工业园区、社会团体的力量,对于消费者和企业家的道德伦理进行宣传和交流。

2. 制度创新体系内部的协同

"最小-最大"理论不仅强调制度的作用,还强调要在制度创新过程中贯彻"最小-最大"原则。在追求高质量发展中,制度和政策制定方面也存在高质量发展的问题。只有高质量的制度创新,才能有让科学技术发挥第一动力的宏观环境和企业活力。

在发展新质生产力方面还要注意各领域制度创新之间的协同。教育制度、科技制度与经济体制、社会信用体系之间,都是相互联系、相互作用的。例如,教育领域的改革,涉及对于社会资本和机构的管理;而人才培养的体制,涉及科技体制创新的人才基础;经济体制的改革决定了科技资源的配置;社会信用体系的改革决定了商业伦理。同时,各领域的体制改革对社会信用体系也有推动作用。

制度创新成本的最小化,是社会资源的最大节约。如何能够最小化呢?就是自上而下的引领、各部门之间的协作、自下而上的反馈,三个方面的协同。

在出台一个领域的政策或者法规时,能够兼顾对其他相关部门的影响,更综合、更系统地考虑对社会经济方方面面的影响,因地制宜地把握制度,就会减少制度实施的交易成本。在出台前和实施后,及时收集社会反馈,畅通自下而上的信息反馈通道,并灵活进行完善,就达到了社会资源的自组织,达成了局部和整体之间的互动。

一个制度创新的过程,可以分为事前、事中和事后三个过程。事前,应深入调研、与相关部门沟通,必要时召开相关部门联席会议并举行针对专家和社会代表的听证会,以保证制度创新的科学性;事中,应积极关注落实情况,适时调整细节,并根据各地区执行情况进行因地制宜的多元化调整;事后,及时根据落实情况反思、总结经验教训,不断完善。事前、事中、事后不是分割的三个部分,而是相互联系的完整的系统。为了实现事后和事中的效果,事前制订的内容中就要包含反馈机制、问责机制和过程控制的内容;为了事前的效率高,事后反思的内容不仅仅要体现在本身的制度和部门方面,还应与相关部门分享,适度向社会公开信息,以便制度决策者、制定者的心智模式提升。

制度创新的过程不仅是做好一个事情的过程,更是制度创新主体提升理性水平的过程。只有以人为本、事中修身的"内求"意识,才能不断提升自身的决策水平、领导水平和执行力,才能真正跟上中央"两个结合"的顶层设计精神,实现高质量的制度创新并不断提升质量。

综上所述,孙冶方的"最小-最大"理论,提出了技术创新和制度创新相协同的理念,并具有动态平衡的意识。孙冶方理论对新时代的启示是,要尊重经济规律,坚定道路自信和制度自信。同时,在习近平总书记提出"两个结合"指导原则的新时代,孙冶方理论也可以拓展到制度与文化的协同方面。发展新质生产力对我国经济至关重要,孙冶方理论中的"最小-最大"原则在科技创新上的应用,主要体现在资金投入和人才培养两方面。在发展新质生产力的过程中,要重视制度的协同。同时,制度创新本身的过程中,也要贯彻协同思维,追求高质量发展。

新经济政策的苏联与孙冶方早期思想

肖思怡　谢华育[①]

一、孙冶方的留苏时代

孙冶方是我国杰出的马克思主义经济学家和无产阶级革命家。中华人民共和国成立后，他积极探索符合中国国情的社会主义经济理论新体系，勇敢提倡改革高度集中的计划经济体制，于20世纪50年代中期至80年代初在价值规律理论、流通理论、利润理论、企业扩权理论等方面形成了一系列具有历史学术价值的思想。这些思想至今都具有重要的理论和现实意义，许多学者对此进行了梳理和研究。但早在20世纪三四十年代，孙冶方就曾深入农村和工厂进行调查研究，在详细掌握第一手调查材料的基础上，驳斥了当时社会上存在的关于中国社会和革命性质的错误观点。在文章中孙冶方多次引用列宁、普列汉诺夫的思想来论证自己的观点，可见其留苏时期的见闻对当时孙冶方的理论产生了重要的影响。1925年11月底孙冶方被调往莫斯科中山大学进行学习，此时正是苏俄新经济政策的实施时期，这一时期孙冶方接受了两年较为系统的马克思列宁主义教育。1927年孙冶方被分配到莫斯科东方劳动者共产主义大学担任《政治经济学》课程的讲课翻译。1928年又重新回到莫斯科中山大学继续担任翻译。当时担任留学生讲课教师的多为苏联著名的经济学家，如里昂惕夫、米罗谢夫斯基等人，这段经历为孙冶方后来从事政治经济学的研究奠定了深厚的基础。1928年新经济政策逐渐被废止。1930年9月孙冶方结束留学生涯，回国开展地下工作。留苏期间，孙冶方见证了实施新经济政策时期苏俄的积极变化，也目睹了新经济政策执行过程中的不良后果，对新经济政策有了很深的感受。回国后，孙冶方积极捍卫党的马克思主义列

[①] 肖思怡，上海社会科学院经济研究所硕士研究生；谢华育，上海社会科学院经济研究所副研究员。

宁路线,在《中国农村》上发表了一系列文章,批判"托洛茨基主义派(简称托派)"理论家们的谬论,以大量的实际材料论证了中国社会的半殖民地半封建性质。

二、新经济政策的特点

1921年新经济政策的提出与实施,是列宁对马克思主义的创造性发展,其中维护农民权益和国家土地安全、建设社会主义大工业、发挥货币与银行的作用以及活跃商业等政策特点,为我国经济学家研究中国问题产生了重要的启示。

(一)《土地法典》背后的理论意义

新经济政策时期,列宁深入分析苏俄国情,结合实际对土地政策做出了一系列调整。他指出,"土地问题,即如何安排绝大多数居民——农民的生活问题,是我们的根本问题"。[①]正是在这种思想的指导下,苏俄政府于1921年3月颁布了第一个有关调整农村土地关系的法令,即《关于保证农村居民正确地和稳定地使用土地》的法令。该法令要求国家机关不得无故收回农民的土地,不得强迫农民接受土地交换,一定程度上保证了在土地国有化基础上农民对土地的占有形式。同年12月,关于土地政策,苏俄政府又提出了三个基本原则,即毫不动摇地保持土地国有化、巩固农民的土地使用权、给农村居民选择土地使用形式的自由。三原则的提出在坚持土地国有化的基础上为农民对土地使用权与使用形式的选择提供了很大的空间,进一步保护了农民的权益。1922年10月,苏俄政府以基本法为根本精神制定了《俄罗斯社会主义联邦苏维埃共和国土地法典》。《土地法典》对基本法的重要内容进行了强调和进一步发展,比如巩固土地国有化;允许农民自由选择土地占有和使用;国家如因特殊用途需要占用农民土地,必须给予农民相应的补偿,且不许强迫农民接受;允许农民出租土地和雇佣劳动;稳定农民的土地使用权等。《土地法典》是苏俄在新经济政策时期颁布的一部关于土地政策的重要大法,它巩固了苏维埃国家的土地国有化,并对苏俄农村土地关系进行了十分重要的调整,从而使新经济政策时期苏俄农业得到了稳步的恢复和发展。从理论

---

① 《列宁全集》(第43卷),人民出版社1987年版,第245页。

意义来看,该法典从法律上给予了农民在土地的占有和使用方面更大的选择权,体现了苏俄政府对农民选择和支配土地自由的保障,以及对农民的根本权益的维护。

(二)国营工业的初步改革

马克思和恩格斯在《共产党宣言》简明扼要地宣告,"共产党人可以把自己的理论概括为一句话:消灭私有制"。①列宁始终坚持这一信仰。因此,苏维埃政权建立之初,列宁就开始将大资本、大工业、大地产收归国有,在这个过程中一些中小工业、小资本也被一起收并了。在高度集中的管理、生产和分配制度下,劳动者的主动性和积极性被严重挫伤,生产效率十分低下。新经济政策时期,对于中小工业的政策开始趋于非集中化。改变了原来的由国家统一管理的情形,开始逐渐对中小工业放松控制,让其回归社会。"改革主要是取消垂直部门的行政结构——军事共产主义时期特有的总管理局和各种中心,实施企业的非军事化,逐步从实物支付过渡到货币支付。"②同时,列宁创造性地提出了租让制的经济形式,即对于倒闭或濒临倒闭的国营工业,均可以交于国外资本家来经营,凡是能够通过出租来提高苏俄经济水平的工业,均可用来出租。租让制政策一方面在事实上允许了多种经济形式并存,另一方面吸引了私人资本和国外资本的在俄投资。但列宁强调,这并不是彻底放开了对企业的控制,应仍保持国有经济的主导地位不动摇,其他经济也应在国家的调节和控制之下。

(三)商业、金融的恢复及列宁的思考

苏俄国内战争爆发后,苏维埃政府开始在商品流通领域实行配给制,并取消了自由贸易。内战结束,苏维埃政权建立后,这项政策明显限制了生产力的发展水平,损害了工农群体的利益,使经济无法得到有效增长。新经济政策颁布后,开始实行按劳分配,对实物不再实行配给制。与此同时也放开了对贸易的限制,大力鼓励和发展商品市场经济。列宁指出:"必须善于在每个特定时期找出链条上的特殊环节,必须全力抓住这个环节,以便抓住整个链条并切实地准备过渡到下

---

① 《马克思恩格斯选集》(第1卷),人民出版社2012年版,第414页。
② 郑异凡:《新经济政策的俄国》,人民出版社2013年版,第95页。

一个环节。……当然,我们所谈的这个活动领域里,这样的环节就是在国家正确调节(引导)下活跃国内商业。"①大力发展商业会令人对马克思曾经提出的社会主义社会必须消灭商品和货币这一观点产生联想。事实上,在苏维埃政权建立之初,列宁确实按照马克思对未来社会的这种设想,严格坚持消灭商品和货币的既定方针,在全国范围内"力求尽量迅速地实行最激进的政策,来准备消灭货币"。②但是,这一举措使得社会生产变得混乱无序,生产效率也十分低下,整个国家的经济一度到了崩溃的边缘。在这种情形下,列宁不得不对社会主义的本质进行反思,他开始认识到商品货币对社会经济的作用,逐渐改变了对商品和货币的传统观念。列宁的新经济政策对商品货币关系在经济发展中的作用十分重视。为了重建国家金融体系,苏维埃政府在国内发行国债以消除财政赤字;实行币制改革,使货币在交换中流通起来;建立国家银行系统和税收系统,恢复和完善了国家预算体系。

三、新经济政策对孙冶方早期思想的影响

大革命失败后,社会理论界掀起了一场关于中国农村社会性质的论战。以这场论战为背景,孙冶方在《中国农村》上发表文章与以严灵峰、王景波、王宜昌、张志澄等人为代表的"托派"展开了关于财政资本统治与前资本主义的生产关系、生产力与生产关系等方面的辩论。孙冶方在文章中多次引用列宁、普列汉诺夫的思想来说明自己的观点,批判"托派"的错误见解。

(一) 对列宁有关殖民帝国主义的接受

在论战中,严灵峰、王景波等人认为国际财政资本经过殖民统治已经侵入了中国经济体系,在中国农村经济中居于主导地位的是资本主义的生产关系,封建剥削关系已经居于次要位置。国际财政资本带来了中国经济的繁荣,对资本主义的经济成分转变起到了推动作用,助力了中国资本主义的发展。因此,"托派"认为中国农村的社会性质已经是资本主义性质。1935年,为了反驳"托派"对中国社

---

① 列宁:《列宁论新经济政策》(列宁诞辰150周年纪念特辑),人民出版社2020年版,第158页。
② 《列宁选集》(第2卷),人民出版社1995年版,第750页。

会性质的扭曲,孙冶方在《中国农村》上发表了文章《财政资本的统治与前资本主义的生产关系》。他认为,这些错误的见解有一个共同的倾向,那就是过分夸大了财政资本统治的进步作用,而忽视了其统治的反动性。①在文章中他还指出,列宁屡次告诉我们:财政资本是常与殖民地的封建制度相结合的,"强制地移栽入东方诸民族的外国帝国主义,无异麻痹了它们(东方诸民族的)的社会和经济发展"。孙冶方完全接受了列宁关于资本输出是财政资本时代的重要特点的观点,他认为列宁"对于财政资本主义统治给了最正确而完全的分析","资本输出虽然把资本主义的生产移植进了落后国度,但并不曾使全世界的经济发展都与宗主国的水准'向右看齐'"。②他认为国际财政资本对封建势力的维系起到了助推作用,借助这一平台和力量,封建生产关系得到了延续。国际财政资本阻碍了本国民族资本主义的进步,因此,在中国半殖民地半封建社会中,中国农村经济无法独立发展。他十分认同列宁所说的,有人"以为财政资本的统治是削弱了全世界经济内部的不平衡性和矛盾,但事实上却是加强了这些不平衡性和矛盾"。③国际财政资本并没有为中国农民手工业和民族工业的发展起到助推作用,反而加强了中国社会发展的不平衡性和矛盾,阻碍了中国社会的进步。孙冶方否定了资本在中国农村经济中起决定性作用的理论,他得出结论,中国绝不是资本主义社会,而是半殖民地半封建社会。他认为,作为中国的经济理论工作者和无产阶级革命者,应对中国农村经济现状进行深入的研究和分析,在不断的探索中,寻求中国农村经济发展的出路。

(二) 对普列汉诺夫政治经济学基本问题的讨论

"托派"认为,农村经济学的研究对象应该是农业生产中的生产力,生产力决定生产关系。孙冶方在《一封讨论生产力和生产关系的来信》中对此进行了反驳,他指出,经济学的研究对象应是横在社会生产过程上的人与人之间的生产关系,而不是物质生产或生产力本身。④王宜昌于1935年在《农村周刊》上发表文章对这种观点进行了反驳,他认为这只关注了社会生产中人与人的关系,而忽视了人与

---

① 孙冶方:《孙冶方全集》(第1卷),山西经济出版社1998年版,第57页。
② 孙冶方:《孙冶方全集》(第1卷),山西经济出版社1998年版,第66页。
③ 孙冶方:《孙冶方全集》(第1卷),山西经济出版社1998年版,第66页。
④ 孙冶方:《孙冶方全集》(第1卷),山西经济出版社1998年版,第109页。

自然之间的关系。他在文章中指出,生产关系不能脱离了生产力而存在,农业生产的现代化程度由生产力来决定。他认为,中国农村经济已经是资本主义经济,应不断向西方学习现代化农业。中国农业应继续向技术化方向发展,用先进的生产技术打造产业化生产模式。张志澄认同王宜昌的观点,并引证了普列汉诺夫在《基本问题》中根据社会的下层基础和上层建筑的次序所排列的公式:首先是诸生产力的情状,其次才是以这些生产力为条件的诸经济关系。孙冶方对这种引证进行了反驳,他指出,普列汉诺夫所著的《基本问题》是叙述辩证唯物论的原理的一部哲学著作,在这本书里所讨论的问题是物质和意识何为基本的问题,所以普列汉诺夫说:"我们的公式是一元论的公式,而这一元论的公式中又含有唯物论的种子。"因此,孙冶方提出,"我们要解释人类社会的整个发展过程,要释明各种经济结构的生产和崩溃,当然非用生产力之发展来解释不可。这是辩证唯物论的基本原则,但是对于生产力发展的某个一定阶段上所发生的社会经济结构(生产关系的总和)之解释,却非得更进一步来分析这社会的生产关系之本身不可"①。孙冶方认为,关于政治经济学的对象问题的探讨,应把"生产力决定生产关系"这个辩证唯物论的基本原则作为立论基础,再进一步去分析在生产力发展的不同阶段中所产生的各个社会形态。

四、孙冶方思想未来的发展

孙冶方思想的实质需要我们认真领会,其中的精神更需要我们传承和发展。孙冶方始终坚持理论联系实际,这也是现在及未来经济学研究的题中应有之义;他重视价值规律的思想对深化价格改革、完善价格政策仍有重要的现实针对性;他关于中国社会性质的研究与实践证明了,中国特色社会主义事业的建设必须坚持从中国国情出发,才能制定出正确的战略决策。

(一) 方法上的实践唯物主义特征

在参与中国农村性质论战时,孙冶方曾深入全国各个省份的农村进行实地走

---

① 孙冶方:《孙冶方全集》(第 1 卷),山西经济出版社 1998 年版,第 108 页。

访和调查。通过实践,孙冶方掌握了大量的一手资料,得到了十分细致全面的数据来论证自己的观点。可以说,注重实践、始终坚持问题导向是孙冶方在学术研究中最突出的品格之一。习近平总书记在二十大报告中指出:"必须坚持问题导向。问题是时代的声音,回答并指导解决问题是理论的根本任务。"这要求中国经济研究工作者应不断强化问题意识,坚持具体问题具体分析。中国经济研究只有注重实践,理论联系实际、具体问题具体分析,才能把握事物的本来面目、发展规律和变化趋势,得出正确的结论,找到解决问题的方法和答案。实践唯物主义是孙冶方进行理论研究的方法特征,也是中国特色社会主义政治经济学研究的题中应有之义。

(二) 对价值规律的尊重

孙冶方特别尊重价值规律,强调应重视价值规律在社会主义经济建设中的重要作用。目前,我国处于经济高质量发展时期。党的二十大报告提出必须完整、准确、全面贯彻新发展理念;要坚持以推动高质量发展为主题;坚持社会主义市场经济改革方向;充分发挥市场在资源配置中的决定性作用,更好发挥政府作用;构建高水平社会主义市场经济体制。这无疑对社会主义市场经济体制的完善提出了更高的要求。价格机制是社会主义市场经济体制中不可忽视的一个方面,不合理的价格关系对经济长远的、健康的发展极其不利,因此,使价格符合价值对于完善社会主义市场经济体制是至关重要的,这与孙冶方一直以来主张的尊重价值规律的思想是一致的。时至今日,孙冶方重视价值规律的思想对深化价格改革、完善价格政策仍有重要的现实针对性。

(三) 坚持从中国国情出发

在坚持以习近平新时代中国特色社会主义思想为指导的前提下,要推进中国学术研究与理论研究的不断深入,必须对中国的国情有正确清晰的认识,对中国的现实情况做全面的剖析和了解,制定符合中国发展实际的学术研究与理论研究规划。孙冶方在进行中国农村社会性质研究时,深入全国各个省份的农村进行实地走访和调查,掌握了许多一手资料和数据,力求对中国农村发展现状做出最全面、最细致的了解。孙冶方的研究从中国国情出发,对中国农村发展状况进行分析和研究,最终认为中国社会的性质是半殖民地半封建社会。孙冶方关于中国农村社会性质的研究与实践证明了,中国学术研究与理论研究必须坚持从中国国情出发,只有准确把握我国国情,才能制定出正确的学术研究规划。理论研究只有与中国具体国情相结合,才能焕发出巨大的感召力、创造力与生命力。

五、总结

孙冶方身为我国著名的经济学家,其最具有历史学术价值的价值规律理论、流通理论、利润理论、企业扩权理论等方面的思想是在 20 世纪 50 年代中期至 80 年代初形成的,但 20 世纪三四十年代他在参与中国社会性质论战中所提出的有关财政资本统治与前资本主义的生产关系、生产力与生产关系等方面的理论观点仍具有重要的学术研究价值,值得我们去认真研读。同时,孙冶方作为一名具有坚定信仰的马克思主义者,其精神更值得我们学习和发扬。他从中国国情出发,将马克思主义政治经济学理论融入中国农村发展的研究之中,始终坚持理论联系实际,深入中国农村进行调研,为中国革命事业做出了重要贡献。在中国特色社会主义的道路上,我们应始终坚持马克思主义的立场、观点和方法,不断推进马克思主义中国化的发展进程。作为新时代的新青年,我们应该以习近平新时代中国特色社会主义思想为指导,领会老一辈经济学家的思想实质,不断加强学习,努力成为国家建设与发展的力量源泉。

孙冶方的货币金融思想研究

丁骋骋　余柯蓉[①]

一、引言

孙冶方是我国杰出的马克思主义经济学家,他在新民主主义革命时期、社会主义革命和建设以及改革开放时期,都创造性地提出了许多经济理论与观点。孙冶方是社会主义经济理论体系探索的先驱者,也是学术思想界坚持理论联系实际,为真理勇于献身的光辉典范。因前期革命工作,以及中华人民共和国成立后担任工业、统计等领域的领导工作,孙冶方的学术研究集中于社会主义政治学基本问题(诸如价值理论、流通理论),以及工业和统计等方面。后人关于其经济思想的研究也主要集中于这方面,从他辞世至今,不断有相关论文发表。孙冶方在货币金融领域也有不少著述,无论是对资本的批判,还是在社会主义货币流通、银行体制等方面都提出了许多独到观点,对于中国经济和金融发展产生了深远影响,但是关于孙冶方的学术思想研究比较缺乏。本文通过对孙冶方在20世纪30年代关于资本主义的批判,以及中华人民共和国成立后关于货币与物价,银行与财政平衡等思想的梳理,总结其在货币金融理论领域的特点和贡献,这对于中国经济学说史的研究具有重要意义与启示。

孙冶方1908年生于江苏无锡。1924年加入中国共产党,次年去莫斯科中山大学学习。1927年毕业后,在莫斯科东方劳动者共产主义大学任政治经济学课程翻译,三年后回国。抗日战争爆发后,孙冶方任中共江苏省委文化工作委员会书记。1941年春到达苏北抗日根据地,任华中局宣传部教育科科长、党校教育科科长。1943年任中共苏北路西地委宣传部部长。抗战胜利后任中共华中分局财经委

[①] 丁骋骋,浙江财经大学金融学院教授,博士生导师;余柯蓉,浙江财经大学金融学院硕士研究生。

员会委员、苏皖边区政府货物管理局副局长。1946年任华东财经委员会秘书长。

中华人民共和国成立后,孙冶方历任上海军管会重工业处处长、华东军政委员会工业部副部长、统计局局长、国家统计局副局长,以及中国科学院经济研究所所长等职。1964年,孙冶方因"张闻天,孙冶方反党联盟"罪名而遭批判。1968年被投入秦城监狱,1975年平反出狱。直到生命的最后一刻,孙冶方都没停止学术探索。

孙冶方从事理论研究,以中华人民共和国成立为界分为两个时期,前期主要从事农村调查工作,以中国农村经济研究会和《中国农村》为主阵地开始了早期的学术生涯。[①]中华人民共和国成立后,孙冶方的学术研究集中于对社会主义基本经济问题的探索,提出了中国经济体制改革的主张。其主要学术著作完成于20世纪50年代后期到60年代初期的八九年间,这一时期正是"左"的思潮泛滥的时期。孙冶方以马克思主义经济学家的大无畏精神,面对错误和僵化的经济理论坚持真理、勇于抗争。代表作《社会主义经济论》被誉为影响中国经济建设的十本经济学著作之一。

二、早期的货币金融思想

1935年,孙冶方在《中国农村》发表了《财政资本的统治与前资本主义的生产关系》,[②]提到他对商业高利贷资本的观点,这可能是孙冶方关于货币金融方面最早的论述。他认为,以前常有人把商业高利贷资本的发展当作资本主义生产关系看待,高利贷资本具有资本所特有的剥削方式,但不具有资本所特有的生产方式。在中国,资本主义的种子已经萌芽,先进国家的资本主义势力也已经侵入,可是没有能够成长,这说明中国的土壤还没有被完全改造到适宜于这种子发育的程度。商业高利贷资本不能作为资本主义经济的代表,而是国家财政资本在殖民地半殖民地乡村中销售商品和收买原料的代理人。[③]在都市中找不到出路的失业者都向

---

① 《中国农村》是中国共产党上海党组织编辑出版的刊物。1927年大革命失败后,陈翰笙领导一批革命青年从事农村调查,并邀集了原来与他一起工作的孙冶方、薛暮桥、钱俊瑞和吴觉农等,于1933年春在上海成立了中国农村经济研究会。1934年10月在上海开始出版《中国农村》。抗战爆发后,《中国农村》先后移至南昌、长沙、汉口和桂林等地出版,在后方进步青年中产生了巨大影响。

② 1935年,孙冶方翻译了《商业资本的本质》(《孙冶方文集》(第1卷),知识产权出版社2018年版,第85页),里面有高利贷资本的内容,《财政资本的统治——帝国主义》关于高利贷的观点可能受到此文影响。

③ 孙冶方:《孙冶方文集》(第1卷),知识产权出版社2018年版,第265页。

土地上"挤压",在生产中找不到应用的资本便转向地产公债等投机事业活动,并促成商业高利贷的发展,但商业高利贷的发展并不代表资本主义的发展。

1936年,孙冶方在《中国农村》发表《从"物产证券"谈到一般的货币理论》一文,批判了物产证券理论。1931年,阎锡山提出物产证券理论,也称纸币理论,认为要消除金属货币所造成的弊害,必须取消金属货币,发行物产证券;取消金属货币即取消货币,物产证券能直接代表交换对象的价值。孙冶方指出,近代许多货币改革论者都有一个共同的特点,就是不敢从正面观察现在社会的病症。他们把现在社会的一切病症都归罪于货币,想从货币改革着手来挽救大局。物产证券者实际上就是这些货币改革家中的一派。阎锡山所提出的推行物产证券的方案,是被复活了的乌托邦主义的糟粕,是一剂大众的迷魂汤。孙冶方指出,金银本位的货币制度之废除,并不能解决整个社会的问题,因为金银本位的货币制度本身,是以少数私人占有生产资料为基础的资本主义商品经济的必然产物。如果不铲除资本主义商品经济之本身,而想废除货币制度,那是舍本逐末的办法。①

1937年,孙冶方在《中国农村》发表《财政资本的统治——帝国主义》一文,详细分析了帝国主义的五大经济特征。他指出寄生性和腐化这个资本主义的固有特点在帝国主义时代空前地扩大而且表面化了。资本主义到了帝国主义阶段已经不能允许生产力再有显著的发展了,而且它是时时刻刻在预备破坏原有的生产力。要使人类社会及其生产力向前发展,必须换上一个更高级的社会经济机构。帝国主义是资本主义的最后阶段,在这个阶段,建立新的社会经济机构的条件(大规模的、社会化的生产)已经具备。但建立新的社会机构还需要掘坟墓的送葬人和催生的产婆。②

1946年,孙冶方发表了《解释物价上涨的原因及富农发展生产问题——答唐廉洁同志》一文。这篇关于解放区内物价上涨原因的论文,也是孙冶方早期关于货币思想的重要文献。他认为,把解放区物价上涨的原因简单地归之于"抗票"太多,③是片面的看法,他分析其他原因:第一,解放区经济不能与外区的经济完全隔

---

① 孙冶方:《孙冶方文集》(第10卷),知识产权出版社2018年版,第264页。
② 孙冶方:《孙冶方文集》(第2卷),知识产权出版社2018年版,第256页。
③ 抗日战争期间,共产党领导的八路军和新四军创建了众多革命根据地,发行了独立于国民政府的货币,在八路军开辟的根据地一般统称边币(边票),新四军的称为抗币(抗票)。

离,而受外面的影响。国民党地区的物价不论是农产品抑或工业品,因为法币的无限制膨胀,更因官僚资本的操纵投机,都在日夜飞涨中,而且其上涨的速度远过于解放区,这不能不影响解放区的物价上升;第二,解放区由于遭受了严重的水、旱、虫灾,形成了大荒年,使粮食缺乏,粮价飞涨。粮食价格的上涨最能敏感地影响一切物价的上涨。虽如此,解放区的粮价上涨速度还远不如国民党统治地区。[①] 孙冶方认为,进入和平建设阶段后必须大量投资,需要大量货币投入。因为这些投资不仅在消极方面可以救济人民,还可以促进解放区的经济繁荣。这不仅与伪币的通货膨胀不同,且与法币的通货膨胀亦大不相同。

孙冶方从事经济理论研究是从1933年加入农村经济研究会开始的。这时的孙冶方从苏联留学归来不久,通过农村调查,加深了对中国现实问题的了解。之后又加入苏北的革命斗争,领导经济工作,积累了大量的实践经验,这为他后来从事社会主义经济理论研究提供了充实准备。

三、关于货币与物价的思想

中华人民共和国成立后,孙冶方曾担任工业、统计方面行政岗位的领导,在学术研究中,也大量涉及工业、统计等具体领域的思考。他对于货币金融的论述并不多,主要散见于一些社会主义政治经济学的论述中。中华人民共和国成立后,货币金融体制一直在摸索中发展,孙冶方等老一辈经济学家一方面借鉴苏联的实践与理论,另一方面也传承了革命时期货币金融的实践经验,提出诸多有价值的观点,这对于推动当时我国经济和金融的发展具有重要意义。

(一) 货币理论

中华人民共和国成立后采用的政治经济学教材来自苏联,其中关于货币的论述又主要来自马克思的《资本论》。在孙冶方的货币理论中,也充满了马克思主义的货币观,这种思想其实又与价值理论一脉相承。孙冶方认为,货币的形成是价值形式长期发展的结果,价值形式分为偶然的简单的价值形式、扩大的价值形式、

---

① 孙冶方:《孙冶方文集》(第3卷),知识产权出版社2018年版,第299页。

共同的等值形式,以及货币价值形式。货币是长期历史发展的结果,货币自身也是商品,但脱离了全体商品的队伍而独立起来,执行一般等价物功能,解决商品本身所包含的矛盾,即整个商品社会的矛盾。

孙冶方认可货币是一般等价物的观点,但他认为人民币是劳动券,而不是货币。因为社会主义全民所有制经济是实行公有制的计划经济。在这里,产品的二重性以及生产产品的劳动的二重性,只是表现个别劳动与社会必要劳动之间的差别,私人劳动与社会劳动之间的对抗性矛盾已经不复存在。每个人的劳动,开始具有直接社会劳动的性质。产品的价值,即生产产品的社会必要劳动已经可以由社会事先有计划地、自觉地加以确定,而不需要通过"迂回曲折"的道路,即在盲目竞争的市场上通过亿万次交换行为自发形成。社会为了计算产品的价值,可以规定一个公共计量单位,使之成为一定量的社会劳动的直接代表。这种直接代表一定量社会劳动的证书,就是马克思所说的劳动券。①

孙冶方认为,我国社会主义公有制经济已经建立,计划价格体系已经形成,自发的市场竞争关系已经不存在了,因此人民币基本上已经由货币转化为劳动券。这个转化是从1949年开始的,由渐变到突变,1956年三大改造的基本完成是实现这一转变的关键。那么作为劳动券的人民币,与过去作为货币的旧币有没有历史的内在联系?他认为,形式上是有联系的,因为都叫作"币",但其实质已经改变,它们所代表的生产关系已经根本不同。②

从今天看来,孙冶方认为人民币不是货币的观点显然是不正确的,这个观点可能是受列宁的影响。十月革命前一直到俄国开始社会主义建设,列宁始终主张马克思、恩格斯有关社会主义社会没有商品生产的观点。早在1906年列宁就提出:"只要世界上还存在着货币权力和资本权力,就不可能平均使用土地。只要还存在着市场经济,只要还保持着货币权力和资本力量,世界上任何法律都无法消灭不平等和剥削。只有建立起大规模的社会化的计划经济,一切土地、工厂、工具都转归工人阶级所有,才可能消灭一切剥削。"③从这里可以看到,列宁首先明确提出消灭商品经济、消灭货币。1908年,列宁又提出:"社会主义就是消灭商品经

---

① 孙冶方:《孙冶方文集》(第10卷),知识产权出版社2018年版,第76页。
② 孙冶方:《孙冶方文集》(第10卷),知识产权出版社2018年版,第80页。
③ 《土地问题和争取自由的斗争》,载《列宁全集》第13卷,人民出版社1987年版,第124页。

济。""只要仍然有交换,谈论什么社会主义就是可笑的。"①十月革命后,列宁关于社会主义应该没有商品、没有货币的观点更加巩固。他甚至希望消灭货币,为了达到这个目标,列宁在1919年2月拟订的《俄共(布)纲领草案(2月)》中还提出了具体措施。

孙冶方不认为人民币是货币,与他关于流通理论、价值理论的观点是相连贯的。他认为流通研究对象是生产资料的流通和消费资料的流通,也就是狭义的流通。1961年孙冶方主持香山会议,专门讨论流通问题。争议最大的就是研究对象是否应该包括广义的流通,即资金流通(循环)。在1962年发表的《〈社会主义经济论〉讲稿》中,孙冶方反对将资金流通作为流通理论的研究对象,②第一,资金流通并不包括在流通一般中,如固定资产的周转,即价值向产品中转移,发生在生产过程中;第二,资本循环是资本主义生产方式的实现问题,而社会主义的资金在计划做到位的情况下不存在这种实现问题。

当时很多学者并不赞同孙冶方的观点,认为社会主义资金也存在实现问题。孙冶方认为社会主义生产方式不存在实现问题,可能是因为他对计划的估计过于乐观。他说:"应当承认,使我们得以比较精确计算社会必要劳动耗费的这种可能性,是社会主义制度决定的。"正是在此基础上,社会主义才能发挥计划调节的优越性。孙冶方认为人民币是劳动券,而不是货币,实际上是把国际经济的关系舍弃掉了,作为劳动券,人民币不作为价值表现形态,所以没有黄金储备的必要。孙冶方认为,把作为社会劳动证书的劳动券,混同于私有制社会的货币,从而断言社会主义与资本主义"没有差别",是用事物的现象来掩盖事物的本质,这似乎有一点意识形态决定论的味道。

(二) 关于物价

价格是货币的进一步衍生。孙冶方认为价格问题是经济问题的中心,它影响工农关系、公私关系,影响国家财政收入,影响人民生活。他认为社会主义生产价格和资本主义生产价格根本不同,它不是资本主义自发势力和自由竞争的产物,

---

① 《19世纪末俄国的土地问题》,《列宁全集》(第17卷),1988年版,第111页。
② 孙冶方:《孙冶方文集》(第9卷),知识产权出版社2018年版,第201—205页。

而是人们有计划地计算和确定并自觉地作为定价原则的。生产价格理论是从社会主义实际经济生活中提出来的,价格是对产品和生产成果的社会评价。产品按照部门成本加上按平均资金利润率计算的利润额,即生产价格为基础定价,是在经济上承认生产资料(资金)对劳动生产率的高低(同一部门不同企业)或者增长速度的快慢(不同生产部门)的制约作用的形式。这对于合理使用资金,提高整个社会劳动生产率,能起到积极的作用。①

对于当时一些学者反对社会主义社会有生产价格,孙冶方认为生产价格并不是社会主义的腐蚀剂,相反,它是有利于社会主义经济发展的。随着社会主义经济的发展,越来越暴露出那种只靠高度集中的指令性计划、单纯用行政命令的办法领导经济、不尊重价值规律的经济管理体制的重大缺陷,暴露出资金供给制带来的资金浪费和积压、资金利用效果降低的消极后果。因此,一些社会主义国家都在逐步改革经济管理体制,包括资金管理体制。如以资金利润率作为经济效果的评价标准、资金有偿占用制即征收资金税等。这种改革动摇了以价值为基础或按成本利润率确定价格构成中利润额的定价制度,并先后实行基本上按生产价格或其变形定价的制度。这就说明,生产价格是社会主义经济发展的内在要求,是有利于巩固和发展社会主义经济的,而不会与社会主义背道而驰,走向资本主义。②

中华人民共和国成立以后,受苏联影响,国内经济学界一直主张降低生产资料价格。孙冶方认为,这对我国采掘工业及森林资源的保护是很不利的,也不利于经济核算。③地价低、粮价低、能源价格低、水价低、资金价格低、污染环境不付费等实际上是鼓励粗放扩张,使经济增长付出的资源环境代价过大。与此同时,当时国内经济学界还主张大众生活必需品的价格应当低些,高级消费品的价格应该高些。因此中华人民共和国成立后的相当长时间内,大众生活消费品的价格基本稳定,特别是那几种列入计算零售物价指数的大众生活产品的价格,几乎完全没有变动。孙冶方指出,这种价格政策的坏处更多、更大:第一,由于大众生活消费品的价格偏低,其原材料主要来源是农业,因此我们在计算国民经济中工农业产值比重时,就会人为地降低农业的比重;第二,由于价格不能正确反映价值,不利

---

① 孙冶方:《孙冶方文集》(第10卷),知识产权出版社2018年版,第140—142页。
② 孙冶方:《孙冶方文集》(第10卷),知识产权出版社2018年版,第145页。
③ 孙冶方:《孙冶方文集》(第10卷),知识产权出版社2018年版,第88页。

于经济核算,还鼓励人们去消费那些实际价值高于价格的产品,节约实际价值低于价格的产品;第三,由于大众消费品主要来源于农业,而农产品定价长期偏低,影响了农业生产发展,使农业长期处于落后状态;第四,大众生活消费品和高级消费品之间的界线是相对的。在现在低生活水平下所谓的高级消费品,经过一段时间就成了大众生活消费品。因此孙冶方认为,这样的价格政策不仅不利于消费、农业生产,从长期看也不利于整体经济增长。

综上,孙冶方关于价格的观点可以概括为:最好的价格政策应该是按价值制定价格的政策,这是价值规律本身的要求。对于广大群众的照顾,不应当用降低生活消费品价格的办法,而应当用在发展生产基础上提高他们的收入。

四、关于银行与财政平衡的理论

孙冶方思想体系中也有不少关于银行的论述,在早期发表的《财政资本的统治——帝国主义》中就有涉及。他提出,资本主义发展到帝国主义阶段,会出现银行资本和工业资本的结合——财政资本和财政寡头政治的形成。银行原来的职务是充当银钱支付的中间人,集中社会上闲放的资本,把它变为活动的资本;用商场上惯用的术语便是"调节金融"。在帝国主义时代,银行从普通的中间人地位,一跃而成支配工商业资本的势力强大的主人了。促成这种演变的原因,一方面由于银行跟工商企业的往来繁密,使银行能够洞察各工商企业的内幕和它们的经济情况,遇到机会时(如工商业需要银行接济时)就可以进一步操纵或者并吞这些工商企业。促成这种演变的另一个原因是银行资本的集中和扩大。银行成了社会上一切闲放资本(工商企业中暂时不用的资本和各级人民的积蓄)的汇合处(以存款或其他的形式)。[1]基于早期对银行的认识,孙冶方认为在社会主义国家,银行不应该成为势力强大的主人,而应只是起监督作用的簿记中心。

早在苏俄革命时期,列宁就认为"银行是现代经济生活的中心,是整个资本主义国民经济体系的神经中枢"[2]。正因为对银行的重要性有深刻认识,因此列宁认为,银行国有化是实现无产阶级专政的首要步骤,没有银行国有化政策,其他社

---

[1] 孙冶方:《孙冶方文集》(第2卷),知识产权出版社2018年版,第256页。
[2] 《银行国有化》,载《列宁全集》第32卷,第189页。

主义革命事业无从谈起。"因为正是通过国有化的银行,通过职员联合会、邮局、消费合作社和工会,监督和计算将包罗万象、无所不能、无所不在、无往不胜"①。列宁在对于建立苏维埃信用体系具有决定意义的银行政策提纲中,清楚地规定了银行国有化的目标,而且将之称为社会主义经济生活的簿记机关。他认为:"银行政策不限于银行国有化,而且应当逐渐地、但是不断地把银行变为全国按社会主义方式组织起来的经济生活的统一的簿记机关和调节机关"②。

受列宁思想影响,孙冶方认为社会主义银行在生产资料公有制为基础的计划经济中发挥了重要作用。他指出,银行是全社会的金融中心,不仅如此,孙冶方进一步将银行的功能概括为三个中心:"一是银行是全社会的簿记中心,对社会经济活动起监督作用:监督企业资金运用和生产经营情况;监督国家经济计划和财政预算的执行情况;反映生产过程和流通过程的经济活动,发现国民经济发展中的薄弱环节,预测国家经济发展的总趋势。""二是银行是全社会的金融中心,集中和运用货币资金,鼓励或限制社会企、事业的发展:通过信贷活动影响企业的经营活动;集中社会闲散资金,投放于社会最需要的部门;通过短期、中长期贷款,吸取利息和回收本金的活动,加强企业经济核算,提高资金使用效果,特别是对新建企业的投资方向是否适当及其投资效果进行监督;有计划地控制货币流通,使货币流通与商品流通需要相适应,使社会购买力与商品可供量趋于平衡。""三是银行作为国家对外贸易和外汇收入的国际清算中心,通过结算业务保证对外经济活动有利于国内经济建设的需要。"③

孙冶方认为在社会主义社会中,货币具有劳动券和真实货币的双重性质(之前他认为货币不是货币,而是劳动券,这里似乎有点矛盾),那么银行也具有双重作用:"一是银行作为上述三大中心,它运用作为特殊商品的真实货币,来计算和比较企业经营成果,监督全社会的经济活动;二是运用'劳动券',有计划、按比例地将活劳动和物化劳动分配于社会各个部门,按照个人付与社会的劳动量分配等量消费品"④。

---

① 《俄国革命和国内战争》,《列宁全集》第 32 卷,第 176 页。
② 《银行政策提纲》,《列宁全集》第 34 卷,第 204 页。
③ 孙冶方:《孙冶方文集》(第 10 卷),知识产权出版社 2018 年版,第 211 页。
④ 孙冶方:《孙冶方文集》(第 10 卷),知识产权出版社 2018 年版,第 211—212 页。

与银行是全社会的簿记中心的功能定位类似,孙冶方关于财政的定位与此关联。他认为,目前社会主义财政工作的本质已是执行马克思在《哥达纲领批判》中所说的,从社会产品中作种种扣除的机关,即社会产品和国民收入的分配和再分配机关,与商品和货币(原来意义的货币)的本质是无关的。①孙冶方认为,国家财政账(价值量)应该和计划部门、经济管理部门的实物账(使用价值量)等同起来,管理方法上价值指标和物量指标应该一致。他在1961年6月2日的研究报告《关于全民所有制经济内部的财经体制问题》中指出,几年来计划部门和经济管理部门经常感到物资不足,实际上库存物资是在减少,但是财政上总是年年有结余。财政账(价值量)和实物账(使用价值量)的脱节,反映出管理体制上财政系统和计划系统的分离。

　　在孙冶方的思想体系中,一直不承认人民币的货币地位。1961年8月2日,在写给李富春同志的《对积累率问题的几点意见》中,孙冶方指出:"所谓真正的收入,应该不是指纸票子,而是指物质财富的收入。从这意义来说(也只能从这意义来说),我们的财政收入原来就有很大的虚假性。因为按照我们的财政制度(实际这是照抄苏联的),不管企业是否赚钱(即不管它是否为国家增值了物质财富),只要它在生产,照样要给国家上缴税金和利润。企业开支不出工资,没有钱进原材料就可以向银行借款。财政收入的浮夸虚假,财政平衡和实物平衡的脱节在我们第一个五年计划时期就存在"。②

　　综上,孙冶方关于银行与财政的定位,与他的货币观点一脉相承。他其实也认为苏联的经济思想有一些自相矛盾的地方,一方面认为财政是代表商品关系与货币关系的,另一方面又认为社会主义没有商品和货币,那也就没有了财政。但他有些论述一样也存在问题,尤其在银行与财政问题的看法上,因为不承认人民币的货币地位,有些理论无法自圆其说。此外,财政与信贷平衡原本是社会主义经济绕不开的一个问题,孙冶方在《社会主义经济论大纲》第三编"社会再生产总过程",第21节"财政、物资、信贷、外汇和它们之间的综合平衡"中,留下一片空白。估计他原本有写作计划,但由于各种原因没有写成,但客观上讲,在当时的条件下本身难度也很大。

---

① 孙冶方:《孙冶方文集》(第5卷),知识产权出版社2018年版,第76页。
② 孙冶方:《孙冶方文集》(第5卷),知识产权出版社2018年版,第80页。

五、关于价值理论

计划经济时期,社会主义政治经济学中价值与价值规律的问题存在着长期的争论,孙冶方的论著中有许多关于价值理论的思考。严格意义上讲,价值理论与货币金融思想关系并不大,但由于孙冶方讨论价值理论,是用来分析资本主义社会的价格摆动的平均线,或分析社会主义经济的定价规则,因此本文也简要探讨一下孙冶方的价值理论。

孙冶方在价值理论问题上,对恩格斯的价值理论做了充分的发挥,坚持认为价值是生产费用对效用的关系,并由此形成了自己一套严密的价值理论体系。他认为,价值规律是任何社会化大生产都不能取消的自然规律。他一再强调,价值并不仅仅是商品经济所特有的范畴,它是社会化大生产的产物,反映着社会化生产过程中的各种社会经济关系,就这一点来说,它对资本主义和共产主义都是相同的。但是在资本主义条件下,价值是通过交换价值表现出来的;而在共产主义条件下,价值却可以通过统计、会计具体地捉摸到。因而在量的意义上,价值就是物化在产品中的社会必要劳动。价值和交换价值是完全不同的两个范畴。价值由包含在商品或产品中的劳动量决定。但是,在商品经济特别是资本主义商品经济条件下,供求却始终是不平衡的。尽管每一物品或每一定量某种商品中包含着生产它所必需的社会劳动,但如果它的产量供应超过了当时的社会需要,那么一部分社会劳动还是会浪费掉的。因此,效用通过社会必要劳动的形成来最终影响价值的变化,离开了一定使用价值的质和量,就无从谈论"必要",还是"不必要"。孙冶方认为,价值规律是价值存在和运动的规律,它是任何社会化大生产都不能取消的自然规律,社会主义经济作为社会化生产,同样也存在着价值规律发生作用的机制。

孙冶方是价值规律内因论者,反对斯大林的价值规律外因论(即认为价值规律是商业经济的规律,对于社会主义社会中的领导经济成分来说,价值和价值规律是一种外在的力量,是强加于它的),指出价值规律外因论观点实际上是自然经济论,它对实际工作的危害主要是:第一,不讲经济效果;第二,不讲等价交换;第三,实际上取消了综合平衡。孙冶方认为价值规律是社会化大生产的客观规律,在社会主义条件下,生产的社会化程度更高,因此价值规律是由全民所有制的生产关系必然引出来的客观规律,而不是从外部、从不同所有制之间的交换中引进来的。孙冶方把这种观点称为"价值规律的内因论"。孙冶方提出不能把计划与市场看作是不相容的,主张把计划放在客观经济规律,特别是放在价值规律的基础上,而不赞同"板块论",同时也认为仅仅把计划当作社会主义经济的主要特点也是不对的。应改变计划的方法,变自上而下、依靠"长官意志"为自下而上、依靠群众、按照客观经济规律办事。[①]

孙冶方认为,通过价格和价值的背离起调节作用,只是价值规律在资本主义商品经济时代的一种作用方式。马克思从来没有把价格背离价值以及由此发生的作用说成是价值规律的全部内容。在我国国民经济中,起领导作用的是全民所有制经济,是计划经济,而不是市场竞争,因此不再采用迂回曲折地表现社会必要劳动的方法,即基本上不再通过市场竞争来决定价格,而用直接计算社会劳动消耗的方法来订价格,并编制生产计划。[②]总之,价格背离价值的价格政策,不利于正确核算各种产品的劳动消耗,从而不利于企业进行严格的经济核算,也不利于正确评价各项经济活动的效果。

综上,孙冶方的价值规律理论可以概括为:第一,赞同"价值是生产费用对效用的关系"这一观点,认为产品生产应兼顾生产费用和效用大小,强调重视经济核算;第二,未来社会仍然存在价值,资本主义条件下的价值都应当作交换价值来理解,交换价值是价值在资本主义社会中的一种特殊的表现形式,主要用来解决交换问题,未来社会将抛弃交换价值这一价值形式,而保留价值实体;第三,价值规律仍然发挥作用,并以"价值实体本身的规律"直接用于生产领域。价值范畴分为价值实体和价值形式,价值实体是超历史范畴,资本主义社会和未来社会都存在;而价值形式是历史范畴,仅局限于资本主义社会,在未来社会则会被抛弃。

孙冶方在经济理论上探索的一个鲜明特点,就是有自己独立的"逻辑上的一贯性和系统性",价值理论是一个典型例子,而且与其货币理论、流通理论一以贯之。当然孙冶方的价值理论也有一些局限性。总体而言,孙冶方没有区别不完善的和完善的全民所有制经济中价值规律的作用,否认全民所有制经济内部存在商品货币关系,这可能是他的价值论的美中不足之处。

---

① 《价值规律的内因论和外因论—兼论政治经济学的方法》,《中国社会科学》1980 年第 4 期。
② 孙冶方:《孙冶方文集》(第 10 卷),知识产权出版社 2018 年版,第 83 页。

六、总结与评价

与同时代国外职业经济学家和当代国内经济学家不同,老一辈马克思主义经济学家的共同特点,除了他们都以深厚的马克思理论基础作为方法论以外,往往都有中华人民共和国成立前从事革命斗争的经验,以及中华人民共和国成立后担任经济管理部门领导的实践,因此对于中国现实有着深刻把握。当时社会主义经济建设一直在探索过程中,虽然理论上也有苏联经验可以借鉴,但许多理论不符合中国实情,因此只能摸着石头过河。以孙冶方为代表的老一辈经济学家,将马克思基本原理应用于社会主义建设,一边探索基本理论问题,一边解决实际问题,可以说他们都是理论与实践相结合的典范。

以中华人民共和国成立为分界线,孙冶方的学术研究分为前后两个阶段。前期以《中国农村》为主阵地,主要是对资本主义、帝国主义的批判;后期以《经济研究》等为主阵地,探讨社会主义政治经济学的基本理论问题。如果说,前期是孙冶方进行学术积累的阶段,那么后期是他创建社会主义经济学新体系的探索阶段。20世纪50年代,各高校主要以苏联的政治经济学教科书作为通用教材。孙冶方认为苏联舶来的经济理论不符合中国国情,它充满着唯意志论和形而上学,因此一直想写一部中国的政治经济学,来取代那些陈腐的舶来经济理论。孙冶方在学术上有雄心壮志,想模仿马克思写一部社会主义阶段的资本论,他很早就着手准备《社会主义经济论》。无论任行政岗位的领导,还是经济研究所的所长,乃至在秦城监狱的七年,孙冶方一直苦苦思索,平反出狱后,他组织张卓元等写作班子,直到他去世前,一直坚持写作。①但由于我国的社会主义还在探索实践中,还不能产生出成熟的经济学体系,再加上外部环境也不允许,孙冶方只能抱憾离世。

---

① 1985年,由张卓元等整理出版的《社会主义经济论稿》,收录了孙冶方从1961年到1983年间围绕社会主义经济论写的6篇文章:《〈社会主义经济论〉初稿的讨论意见和二稿的初步设想》(1961年6月)、《社会主义经济论》(1962年至1962年)、《我与经济学界一些人的争论》(1972年3月10日)、《〈社会主义经济论〉提纲(狱中腹稿的追忆稿)》(1975年至1976年)、《社会主义政治经济学的几个理论问题——1978年7月在北京大学经济系的学术报告》、《〈社会主义经济论〉导言(大纲)》(1983年2月5日)。从这些题目中可以看出,孙冶方心心念念想要撰写的就是"社会主义经济论"。在2018年整理出版的《孙冶方文集》中,第9卷对应的是《社会主义经济论》初稿讨论意见和二稿初步设想和提纲》,第10卷对应的是《〈社会主义经济论〉导言(大纲)》。

孙冶方一直运用马克思的抽象法,坚持实事求是的态度,探索社会主义的基本理论与一般化问题,分析生产过程、流通过程、社会再生产过程,将价值范畴的分析贯穿于各经济理论中,以揭示社会主义经济发展的内在规律。孙冶方经济思想中包含了大量的货币金融内容,主要散见于社会主义政治经济理论的论述中,有的关于货币与物价,有的关于银行与财政平衡。由于价值理论涉及价格,因此价值理论中也涉及了货币金融领域,在当时的历史和社会背景下都具有开拓性。"我们坦诚地认为,孙冶方的经济理论体系中也还存在某些历史的局限性,这主要指他的商品生产外因论"。[1]在货币金融领域,也有些观点不一定正确,但是孙冶方的学术思想在中国经济学说史上具有重要地位,代表着老一辈思想家对社会主义改革实践的理论探索。

---

[1] 冒天启:《孙冶方:以自己的生命敲击改革开放厦门的先驱——孙冶方文集序》,载《孙冶方文集》,知识产权出版社2018年版。

从孙冶方"最小-最大"理论视角探寻高质量发展密码

黄胜平　姜念涛[①]

在孙冶方看来,社会主义经济效益可以表述为:用最小的劳动消耗取得最大的劳动成果或有用效果,用最小的劳动取得最大的物质财富,用最小的价值取得最大的使用价值,用最小的费用取得最大的效用,用最小的投入取得最大的产出,归根到底是用最小的成本去取得最大的利润。[②]

经济就是要以最小的耗费取得最大的收益。这是马克思主义政治经济学的基本原理,也是孙冶方关于"最小-最大"经济学思想的核心要义。孙冶方在1958年的一次讲话中说:"人类不同于动物界的地方就在于动物只能依靠自然界的恩赐而生活,而人类是靠自己的劳动而生活。生活得好与坏就看劳动效率如何。"因此,一切经济问题的秘密就在于如何以更少的劳动获得更多的产品,或者说,在于如何使同样的劳动时间生产出更多的产品,也就是如何减少生产每单位产品所需要的劳动量。[③]

这段话有三层意思:第一,人类与自然界的动物不同,人类是依靠劳动来维持生活的。而劳动需要劳动时间。第二,人们生活得好与坏,生活水平的高与低,是由人们的劳动效率决定的,人们的劳动效率越高,生活得就越好,反之,生活得就坏。第三,一切经济问题的秘密就在于如何以更少的劳动获得更多的产品,也就是如何提高劳动生产率。因此,人类的经济活动必须讲成本核算,讲节约劳动时间,讲提高劳动生产率,力求用最小的时间获取最大的收益,这就是"最小-最大"

[①] 黄胜平,无锡市经济学会会长、无锡国家高新区发展研究院院长、孙冶方经济科学研究院理事长、国家开发区践行全过程人民民主研究中心主任;姜念涛,《群众》杂志编审、无锡国家高新区发展研究院研究员、孙冶方经济科学研究院特邀研究员。

[②] 中国社会科学院经济研究所资料室:《孙冶方经济理论评论》,人民出版社1985年版,第173页。

[③] 中国社会科学院经济研究所资料室:《评孙冶方的经济理论》,经济科学出版社1984年版,第167页。

经济理论。不管人们是自觉的还是不自觉的,它始终支配着人们的一切经济活动,包含着一切经济问题的奥秘。

研究孙冶方"最小-最大"经济理论,[①]联系当前我国经济社会发展的现状,可以得到若干有益的启示,至少有以下四个方面:

一、处理好经济与政治的关系,算好政治与经济两本账

20世纪50年代始,中华人民共和国成立不久,社会主义经济还十分弱小,孙冶方对在我国社会主义经济建设中出现的"不计成本""不算经济账"状况,深为忧虑。他认为这种问题出现的原因,是混淆了利润在不同社会中的不同性质。当时有些人以及有些社会主义政治经济学教科书,都把利润看成资本主义特有的东西,一讲利润,就联系到资本主义。1956年,孙冶方在《把计划和统计放在价值规律的基础上》一文中深刻批判了这种思想。他指出:对资本家来说,生产而不计财务成本,简直是不可想象的。但是在我们,"'不惜工本'似乎是社会主义建设的应有气魄。'价值、价值规律是商品经济范畴','资本、利润是资本主义概念'。'资本主义概念''资产阶级看法'等,像魔法一样迷住了我们,使我们不敢把问题反复想一想"。[②]为了扭转这种错误看法,提高对增加社会主义利润必要性的认识,孙冶方积极主张提高利润在社会主义建设中的地位。1963年,他在《社会主义计划经济管理体制中的利润指标》的研究报告中,旗帜鲜明地提出:"我们应该提高利润指标在计划经济管理体制中的地位,应该反对用对待资本主义利润的态度来对待社会主义利润,应该表扬那些努力降低成本、增加利润的先进企业,批评那些不关心和由于主观不努力而不能为国家创利润的企业。我们要恢复社会主义利润指标的名誉。"[③]这些主张对加快社会主义经济发展无疑具有重要意义。但在此以后,特别是在"文化大革命"中,这种正确主张却被诬陷为反对"政治挂帅",是"修正主义货色"。在高度集中的计划经济体制下,政企不分、行政命令盛行、市场作用受到压抑,严重束缚了经济活力。特别是在"以阶级斗争为纲"的年代,出现了

---

① 孙尚清、张卓元、冒天启:《论孙冶方社会主义经济理论体系》,中国社会科学出版社1985年版,第54页。
② 孙冶方:《孙冶方选集》,山西人民出版社1984年版,第117页。
③ 孙冶方:《孙冶方选集》,山西人民出版社1984年版,第359页。

脱离经济发展规律和经济建设中心而片面突出政治的错误,生产力发展受到了严重冲击。这段惨痛的历史教训我们应该永远汲取。

历史上曾经出现过的片面突出政治的错误,今天又以新的形式出现在我们的社会生活中。那种以突出讲政治为名,无视经济效益、无视经济成本和社会效益的形式主义和浪费行为,值得我们警惕。2023年,新华社《半月谈》杂志,以"12个大字花了31万,遏制基层党建设施浪费"为标题,痛斥在所谓讲政治的名义下出现的基层党建浪费的情况。该文举了几个令人震惊的例子:

中部某市的党建主题公园,占地约1.9万平方米,计划投资1500万元;西南某地的一个党建公园,投资超过7000万元。让人啼笑皆非的是,这些公园虽然以"党建"命名,但很多内容都和党建无关。

在中部某省一个村子的高速路口旁,树立着一块巨型的党建牌,花费了44万元。做这个项目的包工头在接受采访时难以掩饰内心的喜悦,说今年还有好几个上百万的项目要做。

在北方某省的一个休闲文化广场上,树立着"有困难找党员,要服务找支部"12个红色大字,制作安装花了31.18万元,平均一个字花了2.6万元,真是"一字千金"!

决定制作安装这些标牌的主政者也许认为,这样做可以宣传党的建设,还可以美化市容。殊不知,这样做丢失了党的艰苦奋斗的优良传统,费用越高,离党的宗旨越远,老百姓的满意度也越低。廉政长廊越建越长、越建越宽,公园里的政治符号越来越多。气派宏大的党建牌已经演变成一种"挡箭牌",成为浪费公款和寻租腐败的挡箭牌!

我们认为,党建和廉政建设不应该仅仅是做广告牌、写标语、喊口号,而是应该实实在在地为百姓谋福利,为社会谋和谐,为国家谋发展,而不应该不计成本地搞形式主义和铺张浪费,更不允许从中滋生出新的腐败。诚然,讲政治,搞党的建设,抓理论学习,自然需要一些必要的形式,也需要花费一定的成本,然而只算政治账不算经济账,显然是谬误,结果只能适得其反,损坏党的声誉、形象。

在社会主义建设过程中,什么叫"政治挂帅"?孙冶方早就明确过自己的观点。他说:"我们并不主张让任何一种政治来挂帅,我们决不让资产阶级的政治来挂帅。"①"我们要根据客观经济规律来阐明为什么一种政治挂帅要引导我们走向资本主义复辟的反动道路,另一种政治挂帅只能使我们少慢差费地建设社会主义;只有马克思主义、毛泽东思想指导的党的总路线的挂帅,才能使我们多快好省地建设社会主义。"②孙冶方在这里虽然只是一般地谈论政治挂帅问题,但十分明确地反映了他的三个观点:一是在社会主义建设中不能让资产阶级政治挂帅;二是主张由马克思主义、毛泽东思想挂帅;三是要依据客观经济规律来阐明政治挂帅问题。二、三两点本应是一致的。但孙冶方提出要依据客观经济规律来谈政治挂帅,意义就更为深刻。因为是否符合客观经济规律的要求,应该是衡量社会主义建设中是否是无产阶级政治挂帅的标准。拿我国来说,在生产资料私有制的社会主义改造基本完成以后,最大的政治都应该从实现"四个现代化"来考虑,一切问题都从实现"四化"出发,这就是政治挂帅。

正如恩格斯所说:"一切争取解放的阶级斗争,尽管它必然地具有政治形式(因为一切阶级斗争都是政治斗争),归根到底都是围绕着经济解放进行的。"③毛主席说,"上层建筑是建立在经济基础上的","思想工作和政治工作,是完成经济工作和技术工作的保证,它们是为经济基础服务的","社会主义革命的目的是解放生产力"。④关于政治服务和服从于经济发展的重要性,毛主席说过:"这条总路线是照耀我们各项工作的灯塔……发展互助合作运动,不断地提高农业生产力,这是党在农村中工作的中心。""农业生产是农村中压倒一切的工作,农村中的其他工作都是围绕着农业生产而为它服务的。"⑤社会主义的决定因素是经济基础,而经济基础的作用目标,是实现人民的共同富裕。"现在我们主要的政治应当是:从事国家的经济建设,收获更多的粮食,供应更多的煤炭,解决更恰当地利用这些粮食和煤炭的问题,消除饥荒,这就是我们的政治。"⑥按照这样的指导思想,今天我们在新时代所从事的中国式现代化就是最大的政治。

马克思主义认为,所谓政治,是参与国家事务,给国家定方向,确定国家活动

---

① 孙冶方:《孙冶方选集》,山西人民出版社1984年版,第515页。
② 孙冶方:《孙冶方选集》,山西人民出版社1984年版,第515页。
③ 恩格斯著《路德维希·费尔巴哈和德国古典哲学的终结》笔记。
④ 《社会主义建设的方针政策》,新浪网,2004年11月14日。
⑤ 赵连军:《毛泽东与新中国成立初期的抗灾救灾》,载人民网《中国领导干部资料库》,2013年12月30日。
⑥ 左鹏:《把推进中国式现代化作为最大的政治》,载《人民政协报》2024年4月28日。

的内容、形式和任务,处理各阶级和各社会集团之间的关系;经济则主要指社会的生产、分配、交换、消费等活动。经济与政治的基本关系是:经济是政治的基础,政治是经济的集中表现,没有离开政治的经济,也没有离开经济的政治。列宁有一句名言:"政治是经济的集中表现。"①我们从这句名言里可以理解到:一是政治来源于经济,以经济为先决条件,即是由经济决定的;二是政治表现了经济,以自己的功能为经济服务。这样,政治要为经济服务,是天生的、内在的、决定性的。政治的服务目标,不是为政治而政治,归根结底,经济的目标就是政治的目标。经济的目标必然要在政治上表现出来。又如马克思所说:"工人阶级的经济解放是一切政治运动都应该作为手段服从于它的伟大目标。"②由此可见,政治是手段,经济是目的,政治手段要服从经济目标,向来如此。对此我们不能有丝毫的含糊,更不能将两者关系搞颠倒。

当然,在坚持以经济建设为中心、坚持发挥市场在资源配置中的决定性作用的同时,必须注意克服另外一种片面倾向,即重经济而轻政治,甚至认为讲政治会影响经济建设、妨碍市场经济发展。这里的分寸应有妥善的把握。

二、处理好发展成果与发展成本的关系,必须做到成果大于成本

党政领导干部考核是坚持和加强党的全面领导、推动党中央决策部署贯彻落实的重要举措,是激励干部担当作为、促进事业发展的重要抓手。对党政领导干部进行科学的绩效考核,是为了确保干部在工作中充分发挥作用,提高工作效率,实现经济社会发展目标。

然而,目前不少地方对干部政绩考评的指标主要侧重在国民生产总值的总量、增长速度,招商引资金额等方面。这些考评指标的最大缺点就是只计经济目标,不计实现目标的付出,只计发展成果,不计发展成本。这种考评制度引发了不少地方的"形象工程""政绩工程"和虚报浮夸之风,结果又造成更多的损失与浪费。

按照孙冶方"最小-最大"理论的精神,在领导干部绩效考核制度的制定和实

---

① 《列宁选集》(第4卷),人民出版社1995年版,第370页。
② 《马克思恩格斯选集》(第2卷),人民出版社1972年版,第136页。

施过程中,一个很重要的方面是既要考核发展成果,又要考核发展成本。然而,现实的情况是在发展是硬道理的语境下,一些地方重视了发展目标的制定、发展成果的考核,但忽视了发展成本的考核和发展成本的控制。

以招商引资为例。招商引资行为是各地经济发展的重要措施,理所当然地要考虑投入产出比。然而,不少地方政府似乎看不到招商引资本身是需要成本的,显得非常之阔气,大方。有人觉得,一个项目几十上百亿,花点小钱搞好关系是划算的。其实这个账算的有问题,因为所招项目最终未必都能落地,每个项目都要花大成本,手头上松惯了,天长日久下来,最后一算都是天文数字。

诚然,涉及发展的投资项目,无论企业投资还是政府投资,总要付出相应代价实现发展目标。必要时宁肯付出局部的损失,也要换取全局目标的实现。然而必须认识到,就全局而论,项目效益终归要大于项目成本。如果局部损失太大而全局又无法给予补偿,则要慎之又慎。

这些年,对于环境气候问题的关注度提升了,不少地方对危害环境气候的项目实行一票否决制,但是对于如何全面准确地计量环境气候成本,并将之纳入项目评估进程,并没有从根本上得到解决。目前,尚未将包括环境气候成本在内的成本效益分析正式纳入制度体系,这一短板弱项有待及时补上。在各地绿色发展中,无论政府投资还是企业投资项目的可行性分析,都应当明确添加一道程序——环境成本效益分析。不能只讲经济效益,不讲环境成本。环境成本比经济成本更具有长期性和隐秘性,万一失策很难挽回,甚至陷入万劫不复之境,宁可多斟酌,不可有轻忽。

如果将成本效益分析付诸经济工作实践,一个极其重要的结果便会显现:那些效益看起来不小,但扣除包括环境成本在内的所有成本后可能微不足道,甚至得不偿失的项目,便可被过滤掉。那些表面看起来很重要、很必要,但存在环境隐患,甚至有可能危及环境气候安全的操作,应加以排除,从而更契合高质量发展的需要。

完整、准确、全面评估项目投资得失,推动绿色低碳转型,成本效益分析是绕不开、躲不过的,必须摆上制度建设日程。凡事必做成本效益分析,这事关人与自然和谐共生,事关经济社会发展全局和全面建设社会主义现代化国家进程,应成为贯穿高质量发展的基本原则。

三、处理好有效成本和无效成本的关系,堵住无效成本的漏洞

就政府行政工作而言,一般来说,凡是在全局范围、长期发展中有利于行政机关正常运行,且有良好的质效,有利于地方和国家经济社会发展和人民生活水平提高的,应该说都是有效成本;反之,则是无效成本。就经济工作而言,凡是一切能够促进经济发展,改善社会民生的,使广大人民群众有获得感、幸福感的,就是有效成本;反之,则是无效成本。

行政成本中的有效成本与无效成本的比例关系,是衡量和考察行政成本效益率的重要指标。在运用这项指标时,应注意这样一个问题,即成本主体应力求自己的支出是正向性的、能取得积极效果的,但这并不排斥在某一阶段、某一方面、某一措施上的负向性支出和无效性使用。在这里要区别的是:这种负向性、无效益性的费用支出,是临时性出现还是趋势性变化。如果是趋势性变化,就应检讨行政的理念、体制和方法是否妥当,要进行根本性调整;如是临时性出现,则应分析环境与原因,检查这样的代价是否必要,是否可以避免。如果是必要的,也不能因其存在一定的合理性而听之任之,应尽量减少其支出,缩短其运行时间;如果是可以避免的,则应采取"刹车"措施,实行强有力的行政干预,调整其运行方向,力求将无效性降到最低。

四、处理好有形成本和无形成本的关系,杜绝无形成本的浪费

所谓有形成本是指在行政过程中各级行政主体支付和承担的可以计算的费用,如行政管理费、工资、利息、补贴、专项资金、培训费用等。无形成本不仅是指在行政活动中消耗的资源以非物质形态出现,而且指在行政过程中支付的各种成本没有取得预期结果,导致行政成本的无效甚至负效益,从而在无形中削弱了行政的基础与能力。如经济发展与人民生活水平的下降、自然环境的破坏、刑事犯罪率的上升、腐败现象的蔓延等。这些问题冲抵了政府行政的功绩与努力,导致政府行政资源枯竭,社会群体对政府行政的合法性、认同度下降。

所谓无形成本是指难以用市场价值直接表现的成本,它们通常是隐形价值,

涉及政府、社会、经济等多个行业。世界上任何一个政府行政过程的各种支出,都难以避免地会产生这样那样的无形成本。但是,作为共产党和人民政府,应该力求将这类无形成本降到最低点,使行政成本的效益不断提升,让人民群众从中获益。因此,我们不仅要力求每项行政成本的费用支出都符合科学、合理和节俭的原则,而且要让民众参与对费用支出产生的经济效益与社会效益的综合评估。同时,在行政成本中要增加对既存问题(如刑事犯罪率上升、腐败现象蔓延、社会道德滑坡等)治理的投入。这些问题处理好了,行政成本中的这类无形成本才能不断降低,行政成本的效益才会不断上升。

运用经济分析的方法,行政成本中有形成本与无形成本的比例关系是可以测定的。有形成本是可以准确计算的,无形成本中的相当一部分,如环境污染、刑事犯罪和腐败等造成的损失也是可以统计的。因此,有形成本与无形成本之间的比例关系,也就可以成为测定行政成本效益的一个参考指标。无形成本与有形成本的比率高,行政成本的效益率就低,反之亦然。加强政府的行政能力建设,我们要一只手抓行政成本的科学、合理、节俭使用,另一只手抓无形成本的控制与减少。这样不仅可以大大提高行政效果与行政成本效益,更重要的是有利于政府行政资源和社会资源的"保值""增值"和可持续发展。

对社会做出合情、合理、合法的管理,其管理成本就可能较低;如果管理不合情、不合理,甚至不合法,弄得怨声载道,事故频仍,其成本就可能大得使政府难以承受。

1958年无锡农村调查的史料价值和认识意义
——兼论孙冶方对社会主义经济理论的探索

汤可可[①]

无锡、保定农村经济调查(简称"无保调查")是20世纪20年代末至21世纪初叶中国农村的一项系列调查。90年代,前后共进行4次定点调查,即1929年、1958年、1988年、1998年的调查,以及2011年后的跟踪调查。如果加上目前正在筹划的第五次调查,其历史跨度将长达百年。其中1958年调查是中华人民共和国成立后的一次上规模的农村典型调查,它延续了1929年(无锡)、1930年(保定)调查的村庄选点,调查时间处在开启农村合作化和建立人民公社的重要历史节点,调查内容回溯了20世纪30年代、40年代的历史时段,因而其调查结果具有特别重要的史料价值和认识意义。第一次无保调查由无锡人陈翰笙领导,第二次无保调查由同为无锡人的孙冶方、薛暮桥主持。如果说第一次调查以及相伴随的中国社会性质大论战,为中国新民主主义革命确立了实证和理论的支点,那么,第二次调查虽然以资料性成果为主,但也为孙冶方、薛暮桥等人的社会主义经济理论探索开拓了路径。

一、1958年无保调查的进行

1957年,在中国科学院社会科学学部经济研究所(现为中国社会科学院经济研究所)保存的原中央研究院档案中,发现了1929—1930年由陈翰笙领导的无保调查的部分原始资料。经济所所长孙冶方(兼任国家统计局副局长)立刻意识到这批资料的重要和珍贵,认为需要对这些资料进行整理,并且有必要在此基础上

[①] 汤可可,孙冶方经济科学研究院学术委员会主任、无锡市经济学会原副会长。

对无锡、保定两地的原有村庄进行延续调研。①这一年年底，国家统计局和中国科学院经济研究所成立联合调查组，由薛暮桥、孙冶方共同主持，决定对无锡、保定的原调查村开展一次系统调查。经中共江苏省委、河北省委同意，"两省统计局分别组织人力，于那年夏季在无锡保定原来的村庄，用同样的方法第二次进行调查"②。

第二次无保调查是1929—1930年调查的延续，但社会已跨入新的时代，调查的背景和内容都与第一次调查有着很大区别。关于第二次调查的中心内容和基本目标，孙冶方作了认真思考。在他看来，这次调查的重点在于历史材料的搜集。一般的调查，是为了掌握现实情况，分析实践中遇到的突出问题，然后通过研究寻求解决问题的办法。而1958年的无保调查，重要的是要回溯历史，积累历史资料，这构成本次调查的一个基本特点。根据这一设想，调查的对象仍为农户，而不是正由高级社走向人民公社的农村集体经济；调查的内容主要是选定村庄的农户经济状况，具体内容尽可能与前一次相衔接，这既便于纵向贯连，也能够用于横向的比较研究。孙冶方曾说："今天土地革命已经完成了，用不到同各种反革命论点进行论战了，为什么我们还要进行二十七年来农村经济的调查呢？如果是调查当前农业生产合作社的经营管理、生产水平、消费情况，那就完全用不到我们这次调查，国家统计局、农业部、农村工作部及其他有关部门在这方面做了很多工作，有丰富的材料。""我们之所以要进行这次调查，主要是偏重于解放前材料的搜集。"特别是搜集"生动活泼具体的材料"，积累可供历史研究的"原始的资料"。③应当说，孙冶方的见解具有深远的历史洞察力，为持续近百年的无锡、保定农村调查明确了定位和方向。具体而言，1958年无保调查具有以下意义：

一是研究历史变迁。对近现代中国农村经济社会的历史变迁，以往的研究大多是概貌性描述和个别例证，缺乏翔实、可靠的资料支撑。"过去在这方面的资料是缺乏的，即有，也是材料不全，或者只有最后结论，缺乏原始的资料。"通过典型调查，特别是系统、深入的调查，将有助于全面、确切地认识中国农村、农业和农民

---

① 孙冶方：《孙冶方文集》（第10卷），知识产权出版社2018年版，第289页。
② 陈翰笙：《前言》，《解放前后无锡保定农村经济》（专辑），《当代中国农业合作化》编辑室：《中国农业合作史资料》，1988年增刊第2期。
③ 《孙冶方副局长关于保定农村经济调查的报告》，此为1958年4月21日孙冶方在河北省统计局就无保调查启动对调查干部所作的报告，据记录整理，刻印油印本，原件存中国社会科学院经济研究所资料室。

的实际情况及其兴衰起落的演变情况。调查获得的资料,加上历史上调查形成的资料,可以用来"说明廿七年来四个不同时期(第二次国内革命战争时期,抗日战争时期,第三次国内革命战争时期及新中国成立以后)的变化,从而说明中国共产党领导土地革命的伟大历史意义"。①

二是认识现实问题。虽然这次调查重点着眼于历史研究,但"研究历史是为了更好地说明当前的现实问题"。按照孙冶方的设想,通过调查"了解到过去各阶层占有多少土地,怎样进行轮作,各种作物种植的比例,成本高低,副业的情况,这些对于改善我们当前的经营管理和发展多种经营都有着现实意义"。当时的中国农村正在经历从合作社向人民公社、从自然经济向计划经济的转变,农业生产经营也正由农民个体决策向农村三级集体和基层政府决策转变,利用基于实际调查的历史资料,可以说明现实经营、管理所遇到的一些问题。所以"这次调查也正是为了今天的社会主义建设"②。

三是把握发展规律。两次无保调查跨越了一个历史时代,按照当时的设计,第二次调查的重点在于揭示"解放前农村受压迫、受剥削、破产没落的情况",同时也反映"解放后欣欣向荣、发展繁荣的情况",借以作"今昔对比,说明非革命不可,说明今天的可贵"。而孙冶方的认识不止于此,他设想通过调查获得的历史资料,进而"研究社会经济发展的规律"。他说,"记住过去的苦难,不要忘本,对于个人来说是很好的";而"对于整个社会来说,研究一下过去,将能帮助我们认识社会发展的客观规律"。"我们为了认识社会的客观发展规律,就应该研究历史。"③这成为1958年无保调查的基本主题。

第二次无保调查延续了第一次调查的选点。1929年的无锡调查选择了22个自然村,1958年调查时统一为无锡、保定各11个村,此后的第三、四次调查均延续这22个村。第二次调查设定了观察年份,相应作回溯和补充调查。所谓观察年份,设在与重大历史事件相关的时间节点,即全面抗战爆发前一年(1936年),新中

---

① 《孙冶方副局长关于保定农村经济调查的报告》,此为1958年4月21日孙冶方在河北省统计局就无保调查启动对调查干部所作的报告,据记录整理,刻印油印本,原件存中国社会科学院经济研究所资料室。
② 《孙冶方副局长关于保定农村经济调查的报告》,此为1958年4月21日孙冶方在河北省统计局就无保调查启动对调查干部所作的报告,据记录整理,刻印油印本,原件存中国社会科学院经济研究所资料室。
③ 《孙冶方副局长关于无锡农村经济调查资料运用问题的讲话》,此为1958年6月孙冶方在江苏省统计局就无锡农村调查对调查干部所作的讲话,据记录整理,打字油印本,原件存中国社会科学院经济研究所资料室。

国成立前(保定 1946 年,无锡 1948 年),同时对 1929 年、1930 年的调查资料进行核对、补充和整理。通过回溯调查,形成自第一次调查至第二次调查 4 个年代的系列历史资料。其中无锡还增加了 1952 年作为观察年份。第二次调查与第一次调查一样采用入户调查的方式,其中无锡 11 个村共 1100 户(1929 年为 1204 户),保定 11 个村共 3178 户(1930 年为 1773 户)。第三、四次无保调查时因为调查村庄人口增长,改为抽样调查。由此形成"中国近现代农村调查史上绝无仅有的对同一地域的农户经济实况长时段的连续追踪调查"①。

1958 年的无锡农村调查,由孙冶方、薛暮桥主持,刘怀溥、张之毅、秦柳方等具体负责,从江苏省和无锡市统计局抽调干部,加上基层工作者共 82 人,分成 11 个工作组,分别进驻 11 个村展开调查。当年 4 月 10 日,集中调查人员进行理论、业务和方法的学习研究;4 月 16—17 日进入调查村,开展宣传、动员和调查工作。调查人员白天与农民一起劳动,晚上串门调查统计,空闲时走访闲聊,由于不断摸索、认真总结,在实践中取得经验,调查工作总体进展较为顺利。至 6 月底调查结束,完成资料的登录、汇总、审核工作。②

调查结束后,江苏省统计局曾按调查村汇总编辑了《1929—1957 无锡农村经济调查资料》,11 个村每个村 1 册,加上 1 册综合表,一共为 12 册。同时由刘怀溥执笔,张之毅、储雪瑾参加,撰写形成《江苏省无锡县近卅年来农村经济调查报告》,分经济关系变化、农业和副业生产水平、人口和劳动力变化、物质文化生活、两种不同政权的作用等 5 个部分,对调查资料作了初步的分析、比较研究。但是由于种种原因,无锡、保定调查的两种资料和两个调查报告当时都没能发表。直到 1987 年,在薛暮桥的提议下,两个调查报告才以《中国农业合作史资料》增刊的形式(陈翰笙、薛暮桥、秦柳方合编)得到发表。而两种调查资料,在 2021 年中国共产党建党百年之际,由中国社会科学院经济研究所和江苏省、河北省统计局,以《无锡、保定农村调查资料(1929—1957)》为题正式出版。③

---

① 赵学军、隋福民:《城镇化中的农户——无锡、保定农户收支调查》导言,社会科学文献出版社 2017 年版,第 2—3 页。
② 刘怀溥:《无锡、保定农村经济调查情况介绍》,《统计研究》1958 年第 7 期。
③ 隋福民:《序言》,中国社会科学院经济研究所等:《无锡、保定农村调查资料(1929—1957)》,社会科学文献出版社 2021 年版,第 6—9 页。

二、无锡调查资料的整理及其史料价值

无保调查选点相对集中,具有重要的地域代表意义。列入调查范围的农户达上千户,并且持续数十年追踪调查积累了可供观察中国近现代农村和农户经济发展演变的极为珍贵的第一手资料。其中1929年第一次无锡调查的部分资料被用于研究,写成论文和调查报告,参加了当时的社会性质大论战;而保定(清苑)第一次调查的3个村500个农户的资料,加上1935年的补充调查资料,则由刚从武汉大学经济系毕业的张培刚整理运用,写成《清苑的农家经济》一书,于1936—1937年发表,成为当年利用无保调查资料写成的唯一一部学术著作。[1]除此以外,因各方面的原因,第一次无保调查的其他资料都被封存了起来,未能得到整理应用。

第二次无保调查结束后,在孙冶方指导下,刘怀溥等人撰写了无锡农村经济调查报告,河北省统计局提交了保定农村经济调查报告。按照孙冶方的设想,还将利用两地的调研资料,在两个报告的基础上形成一个总报告。为此特地将刘怀溥从国家统计局借调到中国科学院经济所,在孙冶方直接指点下进行研究写作,并形成了部分初稿《无锡、保定两地解放前近二十年中农村社会经济的演变》。但初稿中某些结论与当时的主流观点不相符合,在1959年"反右倾"运动中受到批判,总报告的写作和相关资料的整理因此而中断。1964年,中国科学院社会学研究所的张之毅曾打算修改这部初稿,并延伸做后续部分的研究,但很快又被政治运动所打断。[2]

第二次无保调查的资料,作为基础资料的入户调查资料分为两类,一类是入户调查形成的农户经济调查表,另一类是根据各户调查表制作的分户卡片。因历史变迁,现存的无锡农户经济调查表,仅有黄土泾桥和白水荡两个村,每户1册,共计207册。与同期的保定调查资料相比,内容基本完整,十分可惜。现存的无锡农户分户卡片,为每户一套5张,分别为1929、1936、1948、1952、1957年的主要数据资料。由于种种原因,这些卡片资料也大部分流失,现在经整理录入电脑的仅有白水荡、曹庄、马鞍村、吴塘村4个村的分户调查数据资料(其中还有缺失),

---

[1] 史志宏:《无锡、保定农村调查的历史及现存无保资料概况》,《中国经济史研究》2007年第3期。
[2] 史志宏:《无锡、保定农村调查的历史及现存无保资料概况》,《中国经济史研究》2007年第3期。

如果根据原始表补录黄土泾桥资料,也只有 5 个村的资料,不足总数的 50%。相比之下,保定的卡片资料则 11 个村基本齐全。以村为单位的资料,江苏省、河北省统计局在 1958 年调查结束后,曾对各村的调查数据按村进行汇总统计,每村 1 册,另有 1 册综合资料,共各 12 册。2021 年中国社会科学院经济所和两省统计局联合影印出版的就是这一部分分析汇总资料。[①]相比较而言,无锡汇总资料的数据较之保定要简略一些,并且没有做分年度的汇总。

虽然有残缺,以及数据汇总、整理存在不足,1958 年无锡调查资料还是有其独特的重要史料价值。具体可以从以下几个方面加以认识:

一是典型性。1929 年的农村经济调查,重点在于中国经济工业化及其对农村经济的影响,所以一开始的选点就放在当时工业化程度最为突出的三个沿海省份——广东、江苏、河北,同时确定相关省份中民族工商业最为发达的城市。广东为番禺,后因故未能完成调查。江苏当然是无锡,它介于南京与上海之间,水陆交通便捷,农产品商品化程度高,农村副业也很兴盛,工商经济的发达程度在国内中等城市中首屈一指。河北原计划选点大同,后由于时局变动,改为保定。保定为京汉铁路沿线的重镇,与北京、天津相近,有水陆路连接天津海港和山西、内蒙古、东北等地,工业虽未有大的启动,但商业地位重要,又是著名的高阳手工织布区,对农村经济发展有一定带动作用。在选定的县域范围里,又通过初编调查划定几个片区,在各片区内选择农副业发展各有特点及与中心市场联系程度各不相同的村,作为调查村。[②]这样选定的调查对象,具有某种类型的典型意义,能够通过典型的鲜明特征反映特定地区的基本特质和发展趋势。20 世纪 50 年代、80 年代、90 年代的几次调查,虽经时代变迁,无锡、保定及其所在区域的情况发生了巨大变化,但两地作为中国南方水田耕作区和北方旱地耕作区成熟典型的情况没有改变,并且在工业化、城镇化加速推进中的典型特征更为明显,所以继续作为调查对象仍然是适宜的和有代表意义的。调查所取得的资料,不仅能用于研究中国新民主主义革命和社会主义改造的性质和特点,而且有助于剖视中国式现代化进程中乡村振兴战略的一系列内在关系。

二是系列性。正如前文已经述及的,无保调查前后进行过 4 次,加上后续的

---

① 前引隋福民《序言》,同书第 9 页。
② 陈翰笙:《中国的农村研究》,《国立劳动大学劳动季刊》创刊号,1931 年,第 3 页。

追踪调查,时间跨度长达 90 年,这样在同一调查点的长跨度典型调查,积累了从近代到现当代反映农村、农业、农民生产生活演变发展的系列资料。而这个世纪跨越,正是中国农村发生翻天覆地历史巨变的百年,时代变迁以及由此带来的农村和农户经济内质和外部联系的改变,可以从两地 20 多个村庄的变化以小见大地得到展现。在孙冶方看来,一个县份选择 11 个村进行调查,数量还嫌不足,所得资料还是"局部的",而扩大选点范围的话,调查力量的投入难以做到。唯一的补救办法就是拉长调查的时间跨度,从而扩大"研究历史的对比,这样才能显示出我们调查的意义"①。从现有积累的无保调查资料来看,前后数十年的连续调查,正好可以真实而完整地展示中国农村从传统农耕社会到现代化建设的深刻转型。其中不仅包括抗战前后、中华人民共和国成立前后的历史对比,而且经历了从生产资料私有到集体公有、人民公社,再到农户家庭承包乃至多元经济组织并存的巨大变革,反映出改革开放前后和世纪之交前后的历史变迁。这一份历史资料的连贯性、系列性,足以形成一条贯串近百年的农村经济数据链。这样的调查成果,是其他单项或多项专题调查所无法比拟的。

　　三是详尽性。系列性的无保调查不仅形式多样,包括入户调查、专题调查、抽样调查、综合调查,点面结合,突破了一般意义上的田野调查方式,而且设计周详、条理清晰,涉及农户经济的方方面面。第一次无保调查分为村概况调查和农户调查两个层次,其中村概况调查设计了 60 多张调查统计表格,130 多道各方面的问题;共 27 页农户调查表,41 张表格,调查内容覆盖土地、农具、种植、养殖、副业、农产品买卖、税捐、田租、借贷、消费等若干大类,每一大类下又设若干项目。这一调查框架结构为以后几次调查所沿用,同时又根据时代的演进不断改进完善。第二次无保调查除了设计框架和调查口径与第一次调查保持一致外,还侧重于农村户数、人口、职业、文化程度,土地占有与使用,其他生产资料占有与使用,农村阶级成分变化,主要农作物面积和产量,畜养及副业收入,农业劳动雇佣,粮食产销消费,农民负担等 9 个方面的情况调查,注重情况记录和数据统计并重。②第三、四次调查进一步完善了农村集体经济制度改革、农业双层经营、乡镇企业发展和改制、

---

　　① 前引孙冶方在江苏省统计局关于无锡农村经济调查的讲话,1958 年 6 月。
　　② 无保调查小组:《无锡、保定农村经济调查方案(初稿)》,1957 年,原件存中国社会科学院经济研究所资料室。

村民委员会职能、村财务公开、环境保护和治理等方面内容,要求调查周全、记录详细。①正因为调查的深入、细致,调查资料的采集汇总全面、详尽,才赋予这一系列调查丰富的内涵和较高的价值,并为系统深入地研究打下扎实的资料基础。

四是可靠性。历次无保调查都注重调查研究方法的改进,孙冶方称之为"调查的副产品"。特别是1958年的第二次调查,注意把村概况调查与农户调查有机结合起来,提高调查研究的质量和可靠性。调查开始时首先搞好村概况调查,对该村的基本情况和主要问题有一个轮廓上的了解,用以指导农户调查,在入户调查时就能更好地把握调查重点,增强对调查情况和采录数据的判别能力,减少遗漏和错讹。同时运用农户调查的资料来补充、印证村概况调查,校正可能出现的偏差,也通过分户资料的汇总相互比较、核对,避免误记和差错。②这一次调查还特别提出对第一次调查资料的校核、整理,纠正错误,填补缺漏。主要是考虑旧时代的农村调查难以获得农民的完全信任,加上基层配合调查人员的认知偏差和文化水平不足,可能导致调查资料的不完整、不真实。所以孙冶方在调查动员和调查总结时,都着重说到第一次调查资料的复核要求,反复强调调查资料的正确性和可靠性。实际操作中,遇到两次调查结果有出入的必须加强查对,在有旁证的情况下进行订正,否则作存疑处理。这一要求还得到组织措施的保障,即以调查村为单位设立调查小组,小组在完成调查资料搜集的同时,加强资料的汇总、分析以及集体审核,通过互查互纠确保文字记录和数据统计的可靠。③一些运用1958年无保调查资料进行研究的学者认为,调查主持人和工作者的科学态度"保证了数据有相当高的可信度",这为"以数据说话"的定性研究和定量分析准备了条件。

三、无锡农村调查的认识意义

无保调查资料的整理、研究,既遵循其特别设定的目标指向,又因为资料内容的丰富而得到深入挖掘,因而有着多方面的认识意义。以政治的视角看,无保调

---

① 武力:《前言》,中国社会科学院经济研究所"无保"调查课题组:《中国村庄经济——无锡、保定22村调查报告(1997—1998)》,中国财政经济出版社1999年版,第6页。
② 张之毅:《无锡、保定农村调查和土地制度的演变》,商务印书馆2019年版,第11—13页。
③ 刘怀溥:《无锡、保定农村经济调查情况介绍》,《统计研究》1958年第7期。

查的成果曾被用来论证中国半殖民地半封建的社会性质,进而确定土地革命的必然性;同时也用来作新旧社会的历史对比,证实社会主义社会的巨大优越性,"从而鼓起大家建设社会主义的更大干劲"。以社会的视角看,根据无保调查的资料可以分析农村的社会结构及其变迁,包括人口迁移流动和从业结构、收入结构等的变动,乃至社群离散和整合的状况;也可以由此透视农民生活水平和消费结构,从个体到群体的不同层面认识不同时代的农民生活形态。以经济的视角看,无保调查涉及农村和农户经济的各个方面,正如陈翰笙最初对农村调查的设计,其分村、分户、农户抽样及与城镇市场联系的调查内容,分别对应农村生产、分配、消费和交换(流通)四个方面,以期全面"反映农家经营中的各种经济关系"[1],全方位地揭示百年间中国农村经济社会转型的历史轨迹。

就实证研究和规范研究而言,1958年无锡调查资料至少在以下方面具有相应的认识意义:

(一) 人口和户口

人是社会生产的主体,也是经济运行的目的所在。无锡调查将人口、户口和劳动力的变动,作为调查的重点,形成调查统计的基础资料。在无锡,人口的自然变动,即人口的出生增长,反映了社会经济的起落变化。但生育过多带来的家庭生活困难和青壮年劳动力不足导致生产收缩、收入下降的情况,也引起了调查者的关注,"有计划进行生育"和"农业生产合作"被作为对策提出。相较而言,近代以来,无锡农村人口外出的情况尤为明显,构成了无锡农村人口变动的基本特点。人口,特别是青壮年人口流动外出不断增加,折射出苏南地区人多地少的突出矛盾;外出人口的多行业就业,反映了当地工商经济的发达和文化教育的提升;外出人员往家里汇款的增长,则为农村经济发展注入了活力和实力。但农业劳动生产率的提升与劳动力的充分就业,以及人口流动带来的农民"离农"倾向,寄回钱款转化为土地和高利贷资本的情况,也引起了分析研究者的困惑。[2]

---

[1] 陈翰笙:《中国农村经济研究之发轫》,陈翰笙、薛暮桥、冯和法:《解放前的中国农村》(第二辑),中国展望出版社1986年版,第6页。
[2] 刘怀溥:《江苏省无锡县近卅年来农村经济调查报告》,前引《解放前后无锡保定农村经济》(专辑),《中国农业合作史资料》,1988年增刊第2期,第44—46页。

（二）土地和生产工具

无保调查以马克思主义为指导思想，在第一次调查时更多关注生产关系问题，用生产资料的占有和劳动成果的分配关系来说明农业生产水平和农民生活状况。无锡农村的土地制度，即不同社群对耕地的占有、分布、流转，以及土地典卖、抵押、租佃及其变动情况，一直是研究者的研究重点，封建土地制度的黑暗、衰败和土地革命的必要性，乃贯穿其中的一条主线。而无锡和苏南地区的永佃制和地权分离，尤其引发经济和历史学者的热烈讨论。[①]中华人民共和国成立和土改完成后，农村调查的重心发生了某种程度的偏转，生产力要素组织特别是生产工具的改良越来越多地受到关注。孙冶方特别谈到无锡农村机器排灌（戽水船）普及和人力翻地滞后的问题，强调要用历史发展的观点看待这一问题。1958年无锡农村经济调查报告中，也对农村车水工具（人力戽水、畜力提水、机械打水）、耕地工具、脱粒工具、农船运输乃至兴修水利、化肥农药使用等，做了一定的梳理、归纳。[②]对农业合作化与机械化的关系问题开始形成新的认识。

（三）租佃关系

这是传统土地制度的核心部分，不仅关系到生产要素的配置，也决定土地产出的分配，从地租形式到租额及其比率，是研究农村经济的基本命题。旧时代无锡农村的预租、押租、撤佃加租等都引起了研究者的注意，孙冶方也曾提到无锡的麦租与种麦的关系问题。[③]土改和合作化之后，土地私有制转为公有制，租佃和地租已成为过去。但1958年调查因为要对历史作回溯调查，加上思维惯性，阶级分析法仍作为调查研究的主要方法，包括财产和收入、外出人口及寄家汇款、消费水平、文化程度等都是按阶级划分进行分析的。不过，研究中国农户经济的变化，特别是无锡地区人口和生产资料、生活资料流动显著背景下的社会分化，也促使一部分研究者开始关注阶层分析，注意到农户的阶层升降变化，即从阶级的剥削、抗争，转向研究农户富裕、贫困程度变动及其内外条件，"把复杂的阶级关系简明化

[①] 前引张之毅：《无锡、保定农村调查和土地制度的演变》，第195—197、202—203页。
[②] 前引刘怀溥等：《江苏省无锡县近卅年来农村经济调查报告》，1988年增刊第2期，第15—19页。
[③] 前引孙冶方在江苏省统计局关于无锡农村经济调查的讲话，1958年6月。

和条理化"。①

(四) 借贷关系

高利贷借贷是旧时农村与租佃、地租相并列的又一重剥削关系,所以同样在农村经济调查中被列为一个方面。调查涉及贷借双方的阶级成分、借贷方式、利息率、偿还方式等,与此相关的还有资本积聚和土地集中等问题。旧时代无锡地区的钱贷、谷贷、放青苗等形式和"粒半利"、预扣利、过手利等的利息率,以及资本积累对工商业的投资等,都是地域农村经济值得探讨的问题。中华人民共和国成立后农村的资金流入、流出,对于农户和集体经济组织的生产经营有了新的含义。农村调查在这方面留意不多,但对银行、信用社发放农业生产贷款和农副产品预购定金,还是给予了肯定。②

(五) 农业生产水平

生产关系变革能对生产力的解放起到重要促进作用,是无保调查的核心课题。1958年无锡、保定的调查报告都就农业生产概况和农业生产水平列出专章,对中华人民共和国成立前后的变化情况进行对比分析。无锡调查分别从生产工具、技术和管理水平、种植结构、收成情况等方面展开,记叙土改、合作化打破封建生产关系,扭转生产水平的长期停滞状态,从而论证改变传统小农经济格局、走集体经济之路的必然性和正确性。③但基于整个调查的重点在农户经济,这一次调查对农业生产合作社的生产组织、经营、管理等未列入内容,也就没能留下更多历史资料。

(六) 农村副业

无锡的农村副业在农村经济中占十分重要的地位。这一调查报告也以较大篇幅浓墨重彩加以记述。其中包括蔬果栽培、畜禽饲养、蚕桑经营以及纺织、编织、砖瓦、铸冶、建筑、运输、农副产品加工等,1929—1957年,无锡农民家庭收入结

---

① 前引张之毅:《无锡、保定农村调查和土地制度的演变》,第22页。
② 前引刘怀溥等:《江苏省无锡县近卅年来农村经济调查报告》,第3—5页、第56页。
③ 前引刘怀溥等:《江苏省无锡县近卅年来农村经济调查报告》,第7—8页、20—21页。

构中农业占42.2%—51.1%,副业(种养)占21.1%—25.9%,非农业(工业、商业、交通、运输)占27.6%—33.7%。这与保定调查的数据分析相比,更具特色和亮点。无锡调查报告还专门列出一节,对副业生产的相关问题进行探讨,高度肯定了发展副业和多种经营的必要性和可能性,探索副业生产集体经营与家庭经营的具体方式,提出在积极发展合作社经营副业的同时,促进发展社员家庭副业,实现多快好省发展农村副业。并且主张采取自力更生的原则,争取城市的必要支持,"土洋结合、先土后洋",发展"乡社办工业",走出"我国农业机械化和乡办工业的具体道路"。①这无疑是来自基层实践、倡导发展合作社生产队(乡镇)工业的先声。

(七) 农户收入

农民收入是反映农民物质文化生活的综合性指标,也是无保调查的重点之一。但1958年无锡调查报告并未像保定那样将农民收入单列一节,而是在人口和劳动力、农业、副业等各节中分别叙述收入情况,而在"物质文化生活的变化"部分加以综述。综述包括各调查、观察年份的总收入、平均收入以及不同阶层人群的收入比较,重点关注贫农、雇农中华人民共和国成立前后收入的增长。根据孙冶方研究农户收入要"看经营情况,看收入和成本"的意见,调查统计中引入了人均纯收入的概念。②2011年,中国社会科学院经济研究所在无保调查历史资料整理的基础上,又组织对无锡、保定原选点的4个村401户农户的收支情况进行追踪调查,研究80年间农户的收支水平、收入和消费结构、不同时期的收支消费特征,及其变化的地域经济、社会背景,成为中国农民家庭经济研究的一个重要案例。③

(八) 农民生活水平

在物质生活方面,1958年无锡调查主要从粮食消费、布的消费、主要日用品的购买和拥有(钟表、热水瓶、手电筒等)来反映变化;在文化生活方面,则从受教育

---

① 前引刘怀溥等:《江苏省无锡县近卅年来农村经济调查报告》,第22页、31—33页。
② 前引刘怀溥等:《江苏省无锡县近卅年来农村经济调查报告》,第47—48页。
③ 赵学军、隋福民等:《城镇化中的农户——无锡、保定农户收支调查(1998—2011)》,社会科学文献出版社2017年版,第8页。

程度、传染病防治、影剧巡演放映以及长途电话通话、邮件递送等方面做历史的比较;此外,还以旧社会农民负债(高利贷)和新时代农民的储蓄存款、购买公债的数据,来说明历史的进步。①后续的无保调查在此基础上又有扩大和延伸,除了生产状况、收入状况的分类分析外,还增加了农户资产状况(包括土地、房屋、生产性固定资产)、消费支出状况(包括耐用消费品、大型家具家庭设备、交通通信、能源和水、文化教育娱乐及其他服务支出)、借贷状况(包括数额、结构、用途、出借和偿还)等调查项目,分别加以分类和历史对比分析,以其典型性、全面性和调查内容的连续性,客观地反映中国农村经济发展的艰巨性和不平衡性。②

(九)商品流通和价格

1958年无保调查中,商业流通并未作为一项内容专门进行调查和研究,但农村副业、多种经营必然地与市场和商品流通相联系。其中蔬果、畜禽及蛋类可以通过本地交换和基层集市买卖实现价值,而纺织、编织、酿造、豆粉加工、农具制作等则需要依托地方和区域市场或专业渠道实现销售,至于蚕桑茧丝的生产经营则与国内和国际市场的供需密切相连。这正是第一次调查陈翰笙提出要选择相邻的中心市场"加以概况调查,借资参考"的原因。在第二次调查中,孙冶方十分强调价格问题的重要性,说:"价格不仅是计算的工具,而且对生产生活都发生影响",价格机制问题"值得单独研究一下"。③虽然,因为当时"以粮为纲"的指导思想以及限制"自由市场"的政策取向,不可能对农村副业及其市场经营进行专题调研,但在1958年无锡农村经济调查报告中,还是以突破小商品生产和自发资本主义性质为前提,明确主张发展副业的集体经营和家庭经营,走社会主义经济制度下农副结合、城乡合作的经济发展之路。更难能可贵的是,报告在阐述农村副业经济时,直率地提出"解放后价值规律仍然起重要作用"的观点,④体现了孙冶方经济思想的鲜明棱角。

---

① 前引刘怀溥等:《江苏省无锡县近卅年来农村经济调查报告》,第48—51页。
② 中国社会科学院经济研究所"无保调查"课题组:《无锡、保定农村经济调查统计分析报告:1997》序,中国财政经济出版社2006年版,第2—3页。
③ 前引孙冶方在江苏省统计局关于无锡农村经济调查的讲话,1958年6月。
④ 前引刘怀溥等:《江苏省无锡县近卅年来农村经济调查报告》,第31—32、36页。

四、无锡农村调查对孙冶方经济学研究的启示

孙冶方是1958年无保调查的主要主持人,从调查主题确定到调查内容、方法的设计,从调查启动、动员到调研报告起草,都予以具体的指导。调查成果凝聚了他的思虑和智慧,也给他的经济学研究提供了丰富的滋养。有研究者将孙冶方关于社会主义经济的理论观点归纳为10个方面,其中最重要的"一线四论"主要在20世纪50年代中期至60年代初期形成。[①]孙冶方的经济学理论是马克思主义学说与中国社会经济实际相结合的产物,既有从新民主主义革命到社会主义建设历史经验的总结,也包含了从城市到乡村人民群众奋斗实践的创新探索。他通过调查考察、理论思考、学术论辩加以融会综合,而无保调查是这一时期他参与的最具规模也最为重要的调查研究活动之一。分析无保调查对孙冶方经济理论锻造的触发和影响,将帮助后继者更好地学习、传承他留下的那份宝贵理论遗产。

(一)思想观念方面,彰显思想批判的锋芒

孙冶方经济理论有着鲜明的思想批判的特点,这基于他对马克思主义经济学说的钻研,也出于他对苏联经济体制的反思,更多的则是对中国社会主义建设实践的调查研究。50年代末,他在深入学习马克思经济学原著和多方面调研各地经济建设实情的基础上,就社会主义政治经济学的某些理论观点和现实经济体制的弊病提出批评。他认为国内国民经济管理体制的弊端和经济政策的失误,主要源于经济理论的唯心主义——"唯意志论"和形而上学——"自然经济论",不解决这两个方面的问题,就不可能建立起富有效率的经济体制,就不能实现国民经济的健康运行。孙冶方的这一深刻反思,正是在1958年无保调查,以及陪同外国经济学家到武汉、南京、无锡、上海等地讲学结合调查研究之后提出的。针对各地各级关于稻麦产量"放卫星"的浮夸报道和小高炉土法上马砸锅炼铁的"大跃进"做法,他直言不讳地指出:这是"唯意志论这股歪风造成的恶果",是"三十年代苏联经济

---

① "一线四论"指一条红线——用最小的劳动消耗取得最大的经济效果;四论——价值论、流通论、企业论、利润论。见冒天启:《孙冶方社会主义经济理论的基本观点》,载《孙冶方纪念文集》,上海人民出版社1983年版,第115、131页。

学界中自然经济的流毒"。[1]唯意志论认为经济过程可以由人的意志和国家的政治权力随意摆布,自然经济论则把社会主义经济看作如同原始共产部落和封建主庄园那样的内部分工,可以由部落首领或一个集中统一的计划机关来领导全社会的经济活动,统一安排全部生产、分配和消费。以此为理论指导的经济体制、经济政策,不仅不能带来经济运行效率,还可能造成国民经济的严重破坏。[2]对高指标、浮夸风之类,只要深入实际调查,真正了解实情,就不难判别,而要能上升到理论的高度进行分析、批判,除了较高的理论站位,还与孙冶方尊重实践、崇尚科学、努力探求经济运行规律密不可分。

(二) 理论观点方面,突出理论思索的务实

这一时期孙冶方诸多具有思想闪光的理论观点,固然是他理论钻研和理论思辨的结果,而深入实际调查研究也是触发他理论认知的重要条件。也正因为植根于群众实践的沃土,使得他的理论认识具有鲜明的实事求是的思想特质。

1. 经济主体论

传统的社会主义经济理论和经济体制的一个核心,就是把社会主义经济看成一个大工厂,只为使用价值而生产,内部也只有不同车间、不同工段的技术分工,而不存在不同经营主体的社会分工,因而可以用一套计划经济体制加以控制。孙冶方从理论和实践的结合上批驳了这一观念的错误,清醒地认识到社会主义经济是社会化大生产,存在着千千万万相对独立的经济主体,在根本利益一致的前提下,也还有着具体利益的种种差别和矛盾。必须确认不同企业、经济组织乃至集体经济组织中的农户,都是具有相对独立经济利益的经济主体,全社会的生产、流通、分配、消费都必须以这一基本事实为依据。这一理论观点显然得到他农村调查的现实状况的支撑,浮现在他脑际的,正是由不同部类、不同财产主权、不同利益享有的经济主体有机结合的经济体系。20多年后中国的经济体制改革,包括企业独立核算、分散决策、自主经营,乃至两权分离、资产委托、出租经营等,很多都

---

[1] 沈树正:《孙冶方年谱》1958年50岁,锡山市政协:《锡山市文史资料》第16辑,2000年9月,第140—142页。
[2] 孙尚清、吴敬琏等:《试论孙冶方的社会主义经济理论体系》,《中国社会科学》1983年第3期。

基于孙冶方的这一理论观点。①

2. 价值论

价值论和价值规律论是孙冶方经济理论的重要基石。1959年孙冶方发表《论价值》的长篇论文。这是继他1956年首次发表关于社会主义经济中价值规律依然起作用的论文，1957年遭遇严厉批判之后的又一次系统阐述，以阐明"价值"在社会主义以至共产主义政治经济学体系中的地位。1964年，面对批判者的激烈指责，他更是旗帜鲜明地声言：千规律，万规律，价值规律第一条。这一论点正是基于不同经济主体生产的产品，同样具有使用价值和价值的两重属性，不同所有制经营主体之间乃至同为国营企业之间的产品交换，也必须按照等价交换的原则转移所有权。他在理论上论证了产品价值由社会必要劳动时间决定，交换比例由价值调节，丰富了社会主义经济学关于劳动价值、商品价值和价值规律的理论内涵。论述中不难看到他对城乡之间、工农之间、多种所有制之间商品交换情况的熟悉，例如1959年发表的《要用历史观点来认识社会主义的商品生产》，论证了理论逻辑与历史和现实的吻合，并指出：这"是我国当前的一个重大政治问题，是能否处理好城乡关系和工农关系的关键所在"。而这恰恰基于无保调查和其他相关的农村调查。②

3. 价格论

在阐述价值和价值规律的基础上，孙冶方进而探讨了社会主义经济中产品价格的决定。他提出以生产价格，即产品的成本价格加平均利润，作为理论价格的基准。这样就把利润概念引入社会主义经济中，这对于加强企业的经济核算，不仅核算劳动消耗的效果，而且核算资金占用的效果，具有重要意义。而在理论上，这也使价值规律的作用及其实现方式，即通过价格围绕价值上下波动来实现对生产的调节，得到了落实。借助理论研究，孙冶方还提出若干具体的政策建议，其中重要的一条就是提高农产品价格，逐步缩小工农产品价格的"剪刀差"。因为其实质是一种不等价交换，是国家对于农民索要的"超额贡税"，应通过调整，使农民在向国家交售农副产品时，能在等价交换中得到应得的劳动价值。无锡调查时，他

---

① 黄范章：《积极倡导经济管理体制改革的经济学家——孙冶方》，《经济研究》1983年第2期。
② 前引沈树正：《孙冶方年谱》1958年50岁，第145—146页。

特别提示要关注农民生产和生活中的价格因素,说:"价格方面的问题……也是很重要的","这个问题值得单独研究一下"。①1959年他所写的《论价值》长文中明确提出,在人民公社化后,国家与公社之间、工业品与农产品的交换必须遵循等价交换的原则,这也正是他当年在石景山公社、韩城公社实地调查切身体会的理论凝练。②值得一说的是,20多年后的价格改革和农副产品购销体制改革,采纳了孙冶方提出的价值论、价格论观点,开始把生产价格作为测算商品理论价格的方法之一,在价格改革中逐步缩小剪刀差,并向商品的等价交换演进。③

4. 流通论

不同类型独立核算经济主体的产品交换,必然发生商品流通。但苏联经济学教科书却否认社会主义经济中存在流通,而是用计划分配(配给)取代流通,这一"无流通论"曾广泛影响中国经济学界。孙冶方是最早对社会主义经济"无流通论"提出批评的中国经济学家。他坚定地认为,流通是社会化生产和再生产的物质代谢过程,是价值规律运行的必然要求,因而主张通过包括生产、流通、分配、消费的全社会生产总过程分析,来认识社会主义生产关系的运动。正如国内的"无流通论"与警惕和防止小生产者的自发资本主义倾向紧密相连,总是把小农经济及其商品交换流通作为资本主义的"温床",孙冶方对"自然经济"观念和"无流通论"的批判,也是从农产品的商品交换和市场流通中获得的启迪,从而认识社会再生产过程中流通的作用。他在担任国家统计局副局长期间,部署了全国农户收支调查,要求观察农户生产、交换、分配、消费和积累的全过程。并于1957年抽出一个多月的时间,到江苏扬州、镇江、苏州三个专区,无锡、苏州两市,走访了国家统计局设立农家收支调查点的4个农业合作社和1个手工业合作社,了解农户销售农副产品和购买生产、生活资料的情况,与省、市及基层干部广泛交换意见。④在经济研究所工作期间,有赴外地蹲点调查的青年研究人员,给所领导写信和报告,主张放开农村自由市场,取消公社集体食堂,这类建议与当时的主导观念和政策设定存在巨大反差,但孙冶方顶着很大的政治压力,以"所提意见不失为一家之言",

---

① 前引孙冶方在江苏省统计局关于无锡农村经济调查的讲话,1958年6月。
② 陈修良:《孙冶方革命生涯六十年》,知识出版社1964年版,第148—149页。
③ 孙尚清、吴敬琏等:《评孙冶方的经济改革设想和经济政策建议》,《经济研究》1983年第2期。
④ 前引沈树正:《孙冶方年谱》1957年49岁,第127、129页。

将来信、报告打印分送有关部门参阅。他本人也接连写出 10 多份调研报告,分别呈报主管经济工作的中央领导,总数不下数十万言,围绕商品流通、等价交换、价格管理、为农服务等提出切中时弊的诸多意见建议。①

(三)治学方法方面,坚守追求真理的品格

孙冶方始终坚持"不唯书、不唯上,只唯实"的治学态度,讲话、著文、写报告都立足于实际,实事求是,绝不人云亦云,更不逢迎投好。对不同意见包括别人的批评质疑虚心听取,从不把自己的观点强加于人;但对自己认定的正确看法则信守坚持,绝不轻言放弃,也不接受任何强加于他的东西。即使遭受最严厉的批判斗争,甚至被投入监狱,也毫不退让,坚守真正共产党人追求和捍卫真理的精神品格。孙冶方的本色和底气,来自人民、来自实践。不仅工作时,而且平时只要有一点可以灵活支配的时间,他就到工厂、农村、基层单位走访调研,踏实细致地了解真情实况,详细搜集可供研究的第一手资料。他的朋友、学生曾说,在其后半生的 30 多年时间里,他"写的调查报告,比他写的文章要多得多"②。对于无保调查这样由他发起并参与主持的调研活动,更是亲力亲为,结合理论思考,将调查所得的感性认识上升到理性认识,形成一定的理论见解。1962 年,在他倡导下,中国社会科学院经济研究所提出一项报告,旨在解决经济学研究理论脱离实际的问题,避免脱离实际的学院式研究,所提的措施中包括:呈请中央批准,经济所由国家计委和中国社会科学院双重领导,指派研究人员参加国家计委和国务院经济部门的调研工作,在河北省昌黎县设立农村调查研究的"试验田"等。③立足实践、深入实际,赋予孙冶方的经济理论研究实事求是的棱角和品质。他的研究不跟风、不媚俗、不屈从于任何压力,因而也从不隐瞒自己的观点,不歪曲真相、捏造事实,不做违心的检讨,体现了一名社会科学工作者忠于事实、坚持真理的襟怀和境界。

1958 年的无锡农村调查距今已经 60 多年,孙冶方离世也已 40 周年。中国的现代化建设已经翻开新的历史篇章,当初调查的村庄更是发生了翻天覆地的历史巨变。当年无锡农村调查时孙冶方最关注、说得最多的两个问题,一是农业耕作

---

① 邓加荣:《孙冶方传》,山西经济出版社 1998 年版,第 207—209 页。
② 马洪:《在孙冶方同志纪念会上的讲话》,《经济研究》1984 年第 4 期。
③ 前引孙尚清、吴敬琏等:《试论孙冶方的社会主义经济理论体系》,《中国社会科学》1983 年第 3 期。

的机械化,二是农村副业多种经营,他希望通过调查,"今昔对比,从历史发展的观点来说明这些问题"。[①]现在经过联产承包和土地流转经营,已经一定程度上达到农业生产规模化、机械化、智能化;农村多种经营则经过合作社生产队(乡镇)工业创业和民营经济转型发展,走上了多元投资、科技创新、进军国际市场的发展之路,推动无锡的乡村振兴继续走在全国前列,足可告慰先哲的嘱托和期望。

[①] 前引孙冶方在江苏省统计局关于无锡农村经济调查的讲话,1958年6月。

孙冶方对西方经济学理论的认识与发展
——读《经济工作者必须认真学习〈资本论〉》

周及真 陈 甲[①]

孙冶方是我党老一辈无产阶级革命战士、坚强的共产主义者,是我国优秀的马克思主义政治经济学家。缅怀孙冶方先生,不是要重复孙冶方在特定历史条件下形成的具体观点,而是要充分发挥孙冶方经济思想和治学理念对当今社会转型所起的作用。

长期以来,中国的经济学研究主要分为两大范式:一种是新古典理论范式下形成的西方经济学,另一种是马克思主义理论范式下形成的政治经济学。需要承认的是,多年来,我国的经济学研究一直受西方经济学话语体系的影响。作为一名优秀的马克思主义政治经济学家,孙冶方对西方经济理论有着充分的认识,其核心观点比较概括地收录在《经济工作者必须认真学习〈资本论〉》一文中。该文发表时间距今已有 40 余年,但重读之下,依然对当今我们认识经济学的本质、深化经济学研究乃至于构建经济学研究话语权有着极强的指导意义。

一、孙冶方对西方经济学价值的认识

西方经济学起源于新古典经济学,新古典经济学解释市场现象的运动规律有值得学习之处。一方面,其理性个人主义假设与市场经济中"彼此陌生"的基本个人关系大体吻合,所强调的一般均衡分析方法也与市场经济"普遍的社会物质变换"的总体格局相对应。另一方面,西方经济学对经济运行规律和现象的分析有科学的成分,例如西方经济学中的供需理论、产权理论等对中国经济发展中制度

---

① 周及真,无锡市委党校教育长、教授,孙冶方经济科学研究院特邀研究员;陈甲,无锡市委党校经济学教研室博士。

安排有相当的借鉴价值。特别是,西方经济学重视实证分析方法的运用,新古典经济学的鼻祖亚当·斯密在《国富论》中的研究即是规范性与实证性的统一,既运用了抽象演绎的方法,也运用了现实归纳的方法。[①]演变至今,西方主流经济学强调价值中立、数学范式等理性主义,提倡经济学解释现象的"科学性"。[②]

孙冶方认为,西方经济学有很多有用的东西,我们应该汲取,特别是经济计量学、部门经济学、企业管理学等方面的东西,我们应尽可能的向他们学习,他们在经济管理方面有很多好的经验。[③]事实上,无论是西方经济学还是马克思主义政治经济学,在理论与分析逻辑上有共通之处。比如,一方面,马克思主义政治经济学的价值规律理论与西方经济学的完全竞争理论,都假定活动主体的行为动机是追求自身物质利益。价值规律理论通过研究人与人之间的物质利益关系,揭示了物的生产和交换表象下的生产关系,所以其研究主体是"经济范畴的人格化",而自利目的是活动主体的特征。完全竞争理论最基本的假定则是"经济人"的假设,即市场主体存在利己的行为动机。可见,"经济人"与"经济范畴的人格化"内涵是一致的。另一方面,尽管马克思主义政治经济学是运用唯物辩证法研究生产关系,其研究方法与研究对象和西方经济学有着本质区别,但同样都是以研究经济运动规律为主要目标,最终揭示经济现象本质的学说。同时,西方经济学强调实证分析方法运用,马克思在《资本论》的写作中,也多有运用数学工具的精彩阐释。数学作为规范化的分析工具,在经济学研究中进行普及和推广确有积极的意义。

中国改革开放40余年的成功实践充分证明,西方经济学在中国特色社会主义市场经济具体管理中发挥了一定的作用。孙冶方认为,搞学术不应该求同存异,而应求异存同。这就是为什么改革开放以来我国要引进和吸收西方经济学,使其有益成果为我所用。西方经济学对市场现象的规律性总结不仅具有理论价值,在社会主义市场经济的改革和发展中也具有应用价值。中国社会科学院原院长李铁映先生也指出:"西方市场经济符合社会化大生产、符合市场一般规律的东西,我们要积极学习和借鉴。"从这点来看,孙冶方具有开放包容的经济学研究视

---

① [英]亚当·斯密:《国民财富的性质和原因的研究(上)》,商务印书馆2017年版,第46页。
② 孙圣民:《经济学理论、实践与本土化——兼谈中国自主的经济学体系构建》,《经济研究》2023年第58卷第12期,第185—202页。
③ 孙冶方:《经济工作者必须认真学习〈资本论〉》,《经济问题》1983年第3期,第1—3页。

野,也反映了改革开放初期我国经济学研究领域海纳百川的学术宽容。

二、孙冶方对西方经济学理论缺陷的认识

西方经济学理论在指导我国经济建设中起到了一定的作用,但需要充分意识到,尽管西方经济学一直强调科学性和意识形态性是对立的,其发展史上也经历了去意识形态的过程,但就本质而言,源于新古典经济学范式的西方经济学是一种资产阶级意识形态。它的研究聚焦以供求矛盾、均衡价格为主线的市场现象,但拒绝探究价值关系等经济现象背后的本质。这种理论范式立足于个体主义方法论,把复杂的经济关系单一地归结为人类追逐财富的欲望。并且,在"经济人"假设基础上建立市场一般均衡模型,定义经济效率和社会福利,以此证明私有制市场经济天生和谐、天然合理。然而,这种理性的"经济人"是资本主义经济社会中抽象出来的假定,西方经济学把实现自身效用最大化的利己行为视为"理性的",鼓励个人追求利润,并强调在个人利益满足的基础上可以实现社会利益的最大化,其根本目的是为资本主义私有制提供合理性。[1]

可见,这种观念与以公有制为主体的社会主义基本经济制度相冲突。作为资产阶级主流经济理论,它在上百年时间里不断对理论硬核修补完善,对外围保护层进行巩固和加厚。哈耶克、弗里德曼、萨缪尔森、马歇尔等知识精英特别关注经济现象的数量关系,利用"边际""弹性""均衡""帕累托效率"等标志性概念,将理论的数理化运用推进到当今世界所有经济学流派的前面。百余年来,西方经济学已经在全球范围建立了学术霸权,更是在社会科学界形成了所谓的"经济学帝国"。[2]

但是,西方经济学拒绝透过市场现象去研究不同市场主体之间的本质关系。相比之下,马克思主义政治经济学以资本主义社会为研究背景,以生产关系为研究对象,运用唯物辩证法,按照经济现象、经济本质及两者的统一这一路径,揭示

---

[1] 周文、何雨晴:《西方经济学话语特征与中国经济学话语体系建设》,《山东大学学报(哲学社会科学版)》2022年第1期,第52—61页。

[2] 朱富强:《基于知识契合的经济学发展历程及其问题——兼论经济学帝国主义运动的误区》,《财经研究》2011年第37卷第4期,第80—91页。

了资本主义经济运动的规律、人类社会经济运动的一般规律以及社会主义社会运动的主要规律。特别是，马克思透过市场现象发现的本质关系——劳动价值论与剩余价值论，在社会主义市场经济下仍然适用，也是被中国经济建设和改革实践反复证明了的科学。从马克思主义政治经济学的理论基础出发，能够证明以公有制为主体的市场经济相比于以私有制为主体的市场经济更有效率，且在分配机制上更加公平，这是从西方经济学出发不可能推导出来的结论。正如孙冶方所认识的一样，西方经济学的有益成果可以为中国特色社会主义所用，但必须批判性地吸收与选择性地应用。

三、孙冶方对中国经济学研究方向的指引

2015 年 11 月，习近平总书记在中央政治局集体学习时提出"开拓当代中国马克思主义政治经济学新境界"。2023 年 7 月 2 日，习近平总书记在中央政治局集体学习会上进一步强调："开辟马克思主义中国化时代化新境界是中国共产党人的庄严历史责任。"马克思主义政治经济学是能够深刻揭示经济现象本质的学说，《资本论》中建立的劳动、价值、剩余价值、资本等概念是中国经济学的理论基础。其关于生产关系的论述，包括公有制和私有制在内的各种所有制形式及其特征，以及对各类经济规律的概括应成为中国经济学理论体系中的核心范畴。遗憾的是，近年来伴随中国经济的全面市场化，以及经济学教学和研究的国际化，西方经济学的思维模式和科学方法已经成为多数经济学家的共同语言和主要研究手段，并在经济学研究中占据了主流的话语权。但是，从国家层面来看，中国特色社会主义政治经济学、当代中国马克思主义政治经济学和中国经济学这三个概念是具有同一性的。中国经济学理论是对马克思主义政治经济学理论的继承和发展，其概念与范畴也必然源于马克思主义政治经济学。事实上，早在 40 年前，孙冶方就深刻地指出：无产阶级政党的"全部理论内容是从研究政治经济学产生的"。而政治经济学的经典著作就是《资本论》。我们应该一遍又一遍地读《资本论》，一遍又一遍地研究。[①]

[①] 孙冶方：《经济工作者必须认真学习〈资本论〉》，《经济问题》1983 年第 3 期，第 1—3 页。

同时,也需要认识到的是,随着时代的进步,我们需要进一步挖掘《资本论》的深刻内涵。孙冶方指出:我们不能把马克思的著作(包括《资本论》在内)生搬硬套,马克思、恩格斯非但没有看到社会主义,就是今天资本主义经济的某些新事物,他们也没有看到。我们应该根据马克思主义的基本原理来说明这些新现象、新问题。众所周知,孙冶方的核心学术观点是对价值规律的认识,"千规律,万规律,价值规律第一条"。在当时的历史条件下,孙冶方在坚持社会主义经济制度的前提下,结合经典论述从事实出发对价值规律的内涵进行了探索,明确地指出应把计划工作建立在价值规律的基础上。但是,孙冶方对价值规律的认识是建立在产品经济,而非商品经济的基础之上。[1]孙冶方的挚友薛暮桥就指出:孙冶方认为社会主义价值与价格是一致的,但其在论述中抽象掉了社会必要劳动量的统计过程。事实上,被抽象掉的价值计算的技术细节正是一个难以克服的问题。

现阶段,中国特色社会主义政治经济学的一个重要研究议题就是市场与政府的关系。市场机制并不是无所不能的,其在资源配置方面存在盲目性和不确定性等弊端。因此,我们发展中国特色社会主义市场经济,要特别重视发挥政府在宏观经济平稳运行中的积极调控作用,政府的调控本质上就是一种计划的手段。《礼记·中庸》提出,"凡事预则立,不预则废"。现代经济社会中,单个企业需要做年度计划和年度目标,国家和政府也需要制定发展规划。邓小平同志就明确地指出:"计划和市场都是经济手段"。特别是在当今世界面临百年未有之大变局的背景下,不能继续完全按照市场经济的逻辑,片面追求经济高速增长,需要更好地理解计划、规划的历史现实,从而促进经济高质量发展。可见,未来我们也许仍然能从孙冶方的思想中挖掘更多具有时代价值的智慧光芒,从而更好地构建中国特色政治经济学的理论大厦。

---

[1] 刘召峰:《孙冶方的价值理论:一个批判性剖析》,《当代经济研究》2021年第2期,第33—44、112页。

孙冶方改革开放思想与中国开发区模式创新

李耀尧[①]

中国开发区(本文特指国家级经济技术开发区和国家高新技术产业开发区这两类开发区)建设发展是中国改革开放战略与全球化互动的重大成果,自中国1984年创办经济技术开发区、1988年创办高新技术产业开发区以来,国家级开发区至今已经走过近40年历程。继经济特区之后,作为中国改革开放第二梯队,国家级开发区大胆探索、勇于担当,在体制改革、对外开放、经济发展模式中创造了可贵的中国经验,这已构成中国改革开放及经济发展理论与实践的重要组成部分。本文考察了孙冶方改革开放思想及中国开发区改革开放实践,试图找出二者之间的关联及其规律性认识,坚持用孙冶方改革开放思想推动新时代中国开发区模式创新,为高质量发展提供新思路新途径并践行国家战略。

一、理论综述:孙冶方改革开放思想的内核

老一辈无产阶级革命家孙冶方同志是中国著名的经济学家、改革家和开放派代表人物,他的改革开放思想在中国的改革开放进程中发挥了重要作用。孙冶方改革开放思想,总结苏联传统经济模式与我国建设发展的实践,其思想内核是强调价值规律内因论的市场机制作用机理。深刻理解孙冶方改革开放思想内核,有助于我们解读中国国家级开发区,并在新起点上创造开发区发展新思维、新模式。

一方面,孙冶方用市场经济理念探索中国经济体制改革。基于我国20世纪50年代以来借用苏联模式的经济思潮,虽然孙冶方同志没有直接用市场经济表述他的经济思想,但是他针对当时我国经济建设中暴露出来的种种问题,大胆探索

[①] 李耀尧,广州高新区高质量发展研究院院长、广州知识城海丝创新研究院院长、经济学博士、孙冶方经济科学研究院特邀研究员、全国开发区人大研究会副会长。

改革原有的高度集中的计划经济体制,试图建立适合我国实际情况的新经济体制,本质上是运用了市场经济理念。他把他的经济学思想归纳为一句话:价值规律内因论和商品生产外因论,特别是在商品生产和价值规律理论、价格理论、统计改革理论等方面都做出了卓越的贡献。比如,孙冶方"最小-最大"理论,即用最小的劳动消耗取得最大的有用效果;孙冶方价值规律理论,即价值规律是价值存在和运动的规律,社会主义经济作为社会化生产同样存在着价值规律发生作用的机制;孙冶方企业发展理论,即企业扩权理论(强调企业是独立的经济核算单位)和利润理论(强调利润是考核企业经营好坏的综合指标、要用利润来牵牛鼻子);孙冶方流通理论,强调要使社会主义流通(产品、商品)成为有计划的经济过程。孙冶方市场经济理念的思想提出,在当时中国需要有巨大的理论勇气,是中国经济体制改革的重要思想来源。

另一方面,孙冶方用市场经济理念探索中国开放型经济。孙冶方重视社会主义国家对外经济关系。1978年,改革开放开始时的中国正面临着许多严峻的经济社会问题,如生产力低下、经济结构不合理、社会福利不足等,急需进行经济体制的改革和结构调整。而孙冶方全部的经济学观点,就是在突破"自然经济论"禁锢并批判"无流通无交换"理论与制度基础上形成的。他特别强调必须研究流通中的各种具体问题,包括流通渠道、购销形式、网点设置等。孙冶方强调开放引领发展。他主张打开国门,与世界各国开展广泛的经济技术交流和合作,借鉴和引进外国的先进技术和管理经验。他提出,应以开放促改革,以改革促发展,通过吸引外资、引进外技、拓展外贸,推动中国经济的现代化进程。孙冶方强调实事求是的思想。他认为改革开放应以中国实际情况为出发点,既要借鉴外国经验,也要注重中国特色。他主张要根据中国的实际情况,灵活探索和实施改革开放的策略和方法,避免照搬外国模式,确保改革开放的稳定和顺利进行。

再就是,孙冶方改革开放思想来源于实践中思考。在从事理论工作的六十个春秋中,孙冶方经常深入工厂、农村做国情调查,从中提出重大的研究课题,并寻求解决问题的答案。然而他绝不把实践中调查获得的素材,按政治气候和政策要求简单地加以堆砌和描述,而是力求准确完整地按照马克思经济理论基本方法加以研究,掌握社会主义经济的客观规律。他非常重视理论与实践相结合,深知中国革命和建设理论准备不足,因此下大力气研究马克思主义经济理论,敢于对"俄文版的马克思主义"进行甄别，剔出不符合中国国情的"条条框框"，按中国国情去检验、评审"舶来品"的真伪和适用性，认为只有市场经济才能激发社会生产力，推动经济社会发展，在批判和独立思考中形成自己的经济思想体系。他倡导的中国经济改革本质上就是必须贯彻市场经济理念，这毫无疑问对中国改革开放起到了非常重要的推动作用，特别是对作为中国改革开放第二梯队（第一梯队是经济特区）的中国国家级开发区改革发展来说更是重要推力。

二、孙冶方改革开放思想与开发区改革模式

孙冶方改革开放思想对中国开发区产生与发展十分重要。因为孙冶方全部的经济学观点，本质上贯穿着市场经济理念，尊重价值规律本质上是尊重市场经济规律，这对于探索市场经济发展的开发区来说是一种思想的重大促进，客观上促成中国进入改革开放第二梯队——开发区的产生与发展，中国开发区模式实际上贯穿着一条中国式改革创新的逻辑主线。

（一）孙冶方价值与效率思想促进开发区改革创新

中国开发区模式之所以开创发展先河并且取得高效率发展，本质上在于运用孙冶方价值规律，特别是"最小-最大"理论。在孙冶方看来，"用最少的劳动消耗取得最大的有用效果"是社会主义政治经济学的红线，也是经济体制改革的最高准则。他所提出的一切经济体制改革的主张都是以保证和促使企业实现"最小-最大"为出发点和归宿点的。而开发区显然做到了尊重价值规律、遵从市场法则，以获取最大效率，这包括园区建设、企业服务和制度创新等各个改革创新方面。开发区是一种综合性功能的特定产业发展区，即指这样的区域：一个国家或地区，为了实现一定的经济社会发展目标，由政府主导或者市场主导，通过市场机制、政府调控和各个经济主体行为，在所划定的区域范围内，实行有别于其他行政区的特殊经济政策以及相应的特殊管理，发展具有前沿领域的先进产业、特色产业和创新产业，以加速辐射、带动、促进本国或本地区经济社会发展。开发区之所以成功，就在于开发区的空间集聚特征，使得大量优势资源得以整合运用，从而产生高度集约集群效应。正因为如此，世界许多发达国家充分运用开发区模式，中国改

革开放以来就突出用好开发区这个政策工具。到目前为止,中国国家级经济技术开发区达到232家、国家级高新技术产业开发区达到175家,再加上各类国家级功能区,开发区总数超过1000家,在改革开放及创新发展中发挥了关键性作用。

(二) 孙冶方价值与效率思想促进开发区制度创新

开发区模式成功的关键在于开发区优越的体制机制框架创新。制度是建立在一定社会生产力发展水平基础上并反映该社会的价值判断和价值取向、由行为主体所建立的调整交往活动主体之间以及社会关系的具有正式形式和强制性的规范体系。开发区制度性框架一般包括管理体制和管理机制两方面。一方面,从管理体制上看,绝大多数开发区自主创新、勇于探索,实行"小政府、大社会"模式,即按照社会主义市场经济体制改革取向,率先与国际接轨,探索实行不同于计划体制、以管理委员会为主的准政府型管理体制,享受市一级经济管理权限,不仅为自身发展提供了强大的制度动力,而且也推动了母城的经济管理体制改革和对外开放。另一方面,从管理机制上看,中国开发区积极用好用足中央赋予的经济管理权限与扶持政策导向,通过先行先试,在各自权限范围内制定出台一批符合市场经济体制要求的亲商、招商、营商政策,构建起具有较强竞争力的政策环境优势。开发区许多体制机制不仅首开先河,而且复制推广到所在城市体制改革中,成为中国经济体制重要变革之源。国家的政策支持,加上开发区制度框架探索创新,使得绝大多数中国国家级开发区的运行机制更具发展活力。

(三) 孙冶方价值与效率思想促进开发区路径创新

在开发区改革、制度创新作用下,中国开发区贯穿孙冶方经济思想推进开发区园区建设路径与区域整合创新。首先在开发建设模式上,国家级开发区创造与一般行政区不同的途径与办法,从土地规划与开发、产业布局与实施、城市规划与治理上予以创新,区域治理从单一产业功能区到产城融合发展,再到新时代创新城区的功能提升。例如在融资上,开发区探索出负债开发、引进外资开发商、项目融资、土地批租等路径,在投资建设上探索出按照招商需求分期分批开发的路径,实现开发一片、建成一片、收益一片,最终达到资本大循环和综合收益最大化的目标。例如,首批14个开发区在本阶段完成近30平方千米土地开发,建成500多万平方米的工业厂房及配套生产、生活服务设施,形成了交通较为方便、水电通讯有保障的生产经营条件。其次在产业建设模式,开发区把集聚发展范式运用得非常成功,先后经历了比较优势集聚阶段和竞争优势集聚阶段,目前正向创新优势集聚阶段转化,未来的重要发展方向是财富优势集聚阶段。可以说,孙冶方经济理论和思想对中国开发区改革创新产生了深远影响,尤其是他对开发区改革模式的理论指导,通过设立开发区,可以在有限的地域内尝试更深入的改革措施,探索市场经济运行的规律,为中国开发区和中国经济的飞速发展奠定了良好基础。再就是区域融合与整合模式,即以国家级开发区为核心,实现功能区与行政区联动及融合发展新模式。在开发区的改革创新上我们还不得不提到开发区的人大工作,这也是一项开拓性制度创新,除了综合型开发区有行政区人大工作外,在单一功能区运作上也探索出人大工作新模式。

三、孙冶方改革开放思想与开发区开放模式

孙冶方全部的经济学观点始终贯穿了市场经济理念。而市场经济理念从根本上来看,它是同自给自足、闭关自守的小生产者的自然经济完全相背的一种开放的经济理念。孙冶方提出并坚持价值规律"是推动社会前进的基本规律"的论断,提出要处理好社会主义国家的对外经济关系,不仅是社会主义各国而且是与资本主义世界的经济关系,肯定对外贸易的重要性,主张发展国际经济贸易。所有这些,都直接或间接地体现了孙冶方改革开放思想。可以说,中国开发区模式也贯穿了孙冶方改革开放思想。

(一)孙冶方对外开放思想有助于理解开发区开放内涵

开发区创建之初就明确提出"三为主一致力"的办区方针,即"以工业为主、以吸收外资为主、以拓展出口为主、致力于发展高新技术产业"。这必须贯彻市场经济、法治经济与开放经济的开发区理念。为此,开发区努力吸引外资发展工业,试图切入全球价值链,以此探索对外开放的基本模式。在对外开放的过程中,开发区以低层次的"三来一补"(来料加工、来样加工、来件装配及补偿贸易)起步,之后以产业高度化与生态化为目标,用外源集聚、内源集聚和混合集聚构筑创新型产

业集聚，不断提高开发区的全球分工与价值份额地位，这就是从切入全球价值链，到融入全球价值链，再到引领全球价值链的开放过程。开发区"三为主一致力"方针既是国家兴办开发区战略意图的核心体现，又为开发区扩大外贸、吸引外资、引进技术、创新管理等方面指明了方向，开发区以后提出的"三为主二致力一促进"和"三并重二致力一促进"方针，都是指引开发区对外开放发展内涵提升的坐标，这实际上成了中国对外开放理论与实践的重要组成部分，如果没有开发区探索则难以有更大的开放成效。

(二) 孙冶方对外开放思想有助于理解开发区开放路径

孙冶方重视社会主义国家的对外经济关系研究，他认为除了社会主义国家阵营之间有对外贸易，与资本主义国家也要打交道。自20世纪80年代起，第二次世界大战后的第三轮国际产业转移开始启动，逐步形成前所未有的生产全球化、服务业全球化新格局，为我国承接产业转移提供了千载难逢的机遇。国家级开发区抢抓机遇，充分利用国家赋予的优惠政策，发挥资源禀赋优势，率先构建国际产业转移承接平台，积极主动参与国际产业分工体系，在国际竞争的大环境下，不断提升开发区产业的国际竞争力。开发区从1986年的"三为主一致力"办区方针，到2004年的"三为主二致力一促进"（以提高吸收外资质量为主，以发展现代制造业为主，以优化出口结构为主，致力于发展高新技术产业，致力于发展高附加值服务业，促进开发区向多功能综合性产业区发展），再到2012年的"三并重二致力一促进"方针（先进制造业与现代服务业并重，利用境外投资与境内投资并重，经济发展与社会和谐并重，致力于提高发展质量和水平，致力于增强体制机制活力，促进国家级经济开发区向以产业为主导的多功能综合性区域转变），最近几年来加入自贸区并提出构建开放型经济新体制，率先实现全方位对外开放，开发区实际上在对外开放的路径完成了转型，即从初期的积极融入全球化，到中期的参与全球化，到现阶段的推动全球化，再到未来的引领全球化。可以说，开发区对外开放的路子越走越宽，也为中国对外开放理论和实践提供了良好的发展样本。

(三) 孙冶方对外开放思想有助于理解开发区开放模式

中国开发区对外开放首先从外源集聚起步，由政府主导构筑国际投资环境，形成外向型经济发展动力;之后推动本土内源性自主创新,形成高端内源产业集聚;然后是促进外源与内源双向嵌入,以外源性产业与内源性产业相互融合与竞合,构筑开发区产业发展的集成动力,推动开发区产业价值链提升,形成具备可持续发展能力的创新型与生态型产业经济。其中,开发区外源集聚是以跨国公司外来资本、技术、管理等高素质产业要素集聚为核心、由跨国公司主导推动的产业集聚发展模式。外源集聚的核心主体是外国直接投资 FDI,其作用机理是:开发区提供创新性条件(筑巢引凤)→FDI 产业集聚→要素驱动作用→产业效应作用(后向效应、前后效应、旁侧效应、协同效应)→产业创新发展(上游产业、下游产业、关联产业)→产业结构优化→产业内部及产业之间整体升级。通过 FDI 产业集聚的前向效应,以竞争、合作与示范作用对下游产业如市场营销、物流等产生诱导作用;通过后向效应对集聚区内及周边上游产业的技术、标准、质量等提出要求,促使其改进技术、提高效率,同时对于产业自身的业务关联起到促进作用;而通过旁侧效应与协同效应,来对集聚区内相关支持性、辅助性、配套性产业产生推动作用。孙冶方作为中国改革开放的重要理论家和实践者,对开发区开放模式的理论建构有着深远的影响。他的思想主张在推动中国开发区对外开放中起到了重要思想作用。

四、孙冶方改革开放思想与开发区发展模式

孙冶方改革开放思想内生于中国改革开放逻辑。他强调,千规律万规律,价值规律是第一规律,尊重价值规律是推动财富增长的基本前提。他关于社会主义价值规律的精辟论断十分丰富,在当时"左"倾思想盛行、实行高度集中的计划经济年代,不仅需要非凡的洞察力和远见卓识,而且需要有过人的勇气,这大大超越了同时代学者,突破了传统的社会主义经济理论。尊重价值规律对于中国开发区建设发展十分关键,开发区过去践行国家战略是因为运用了价值规律,未来发展同样需要用好价值规律,走出中国式现代化新模式。

(一) 用孙冶方改革开放思想推动中国开发区内生机制创新

开发区模式是中国经济改革创新的成功模式,凡是重视开发区发展并且成功运用好的地区,都会具有生机与活力,毫无疑问地成为改革开放热点地区和发展

迅速之地。以上海、江苏、浙江、广东及东北地区为例,这些地方高度重视开发区模式运用及内生机制创新,尤其是江苏省成为国家级开发区集聚最多的省份,其改革开放及经济成就最为显著。新时代借鉴开发区模式,我们更要推动改革开放再突围,提升开发区模式创新内生机制。新时代要推动改革开放再出发,加强顶层设计和摸着石头过河相结合,使得开发区在深化改革、扩大开放和转型发展中继续先行先试,成为实施国家发展战略的示范区。建立更加高效的体制机制,加强管理模式探索创新。在开发区发展规律和现有模式基础上,研究建立包括法定机构在内的更高效的管理体制,以提升服务效率,优化投资软环境,增强园区吸引力。加快转变政府职能。构建服务型政府,保持精简机构,简化工作程序,形成权责明晰、务实高效的运行机制,构建更高水平的开放型经济新体制。

(二)用孙冶方改革开放思想推动中国开发区集聚机制创新

孙冶方同志的"最小-最大"理论、价值规律理论、扩权理论、利润理论和流通理论,有效指导了园区及其企业经济发展。开发区发展本质上是集聚经济模式,新时代新征程需要创造性地用好孙冶方改革开放思想,进一步提升开发区开发开放模式并推动创新集聚发展,将国家级开发区列为我国集聚发展战略实施的核心载体加以统筹规划,在区域发展乃至国家层面进行宏观协调,建立有效的协同集聚发展机制。开发区要确立主导产业集群发展体系,开发区现阶段仍然离不开高端制造业,关键是建立开发区各具特色的主导产业集聚平台,加快主导产业与配套、辅助性产业关联,形成创新型产业集聚群。而按照区域发展类别、行业发展特色,将国家级开发区进行主导产业集群发展规划,应突出各类开发区产业集群特色。同时,强化开发区产业集群与集群之间的产业关联和区域协同,提高开发区产业集群升级的效率。

(三)用孙冶方改革开放思想推动中国开发区开放机制创新

新时代新征程需要提升开发区模式实施开放创新。开发区模式提升,关键是要以改革开放思维实施创新驱动发展战略,使得开放式创新成为新常态、新机制。以实现科学发展和打破路径依赖为目标,深入实施自主创新战略,坚持"开放协作、创新引领、转型升级、辐射带动"的原则,以开放式创新为主线,以国家级开发区自身许多重大载体为平台,以构建知识产业体系为主攻方向,以构建开放型区域创新体系为重要动力,以构建高端服务体系为重要支撑,通过机制创新、网络构建、全球链接、资源整合,实现创新环境开放、创新主体开放、创新要素开放、创新应用开放,努力提升区域自主创新能力、产业竞争能力、辐射带动能力,将国家级开发区打造为推动中国创新发展与转型升级的重要引擎,打造为我国开放创新先行区、转型升级核心区,使得开发区再次成为新时代深化改革的试验田和扩大开放的排头兵。

(四)用孙冶方改革开放思想推动中国开发区营商环境创新

新时代新征程需要提升开发区模式并优化营商环境。国家级开发区投资环境提升需要以国际化和专业化的视野,关键是以改革开放思维,结合区域自身的发展情况和资源禀赋,通过差异化的投资环境建设,实现国家级开发区整体平衡发展,继续发挥自身的区域经济和投资环境的带动作用。以国际一流水准提升投资硬环境。加强配套基础设施建设,加快开发区内生活配套设施建设并注重功能差异化,增强城市功能载体建设。完善交通配套能力,构建开发区智能交通平台,积极发展公共交通和推进先进交通技术的应用,提升运作效率。加快构建功能配套完善、运行安全高效的通信网络设施,全面提升信息化服务水平,将开发区打造成为智慧城市的重要载体。新时代国家级开发区更要主动担当国家使命,以改革开放和协同发展的思维,实现开发区自身及其周边区域的发展。开发区在加快推进产业优化升级的同时,要加快实施新型工业化带动新型城镇化,推动城乡统筹、区域协调和社会和谐发展。进一步优化调整产业结构,改造提升传统产业,协同发展先进制造业和现代服务业,培育壮大战略性新兴产业,为推动地区产业转型升级提供内生动力。

五、结论及若干政策建议

孙冶方改革开放思想是在中国改革开放之前、改革开放初期产生的重要思想成果,这有巨大的理论勇气,也有深厚的思想原创,本质上是改革创新的探索,这恰好符合中国开发区精神。从开发区践行国家战略、担当国家使命的视角看,孙冶方改革开放思想值得受到高度重视与弘扬,在中国式现代化新征程中开发区仍然要继承原创思想,由此创造更大辉煌。

(一)坚信原创思想永放光芒

孙冶方改革开放思想集中体现在他的价值规律理论、效率理论、扩权理论、利润理论和流通理论等思想内核之中,形成了中国经济体制改革最先探索的经济思想体系。这些经济思想影响深远,不仅在国内产生了广泛的影响,而且在国际上也具有重要的影响力,孙冶方也因此成为影响中国经济体制改革十大经济学家之一。孙冶方的改革开放思想最大成就在于,他创新性地将马克思主义经济学理论与中国的实际情况相结合,提出了一套符合中国特色的改革发展理论。他提倡以改革精神、价值理念、开放心态对待中国经济发展与融入全球化,并以创新的精神推动中国社会主义现代化建设,他的思想对中国改革开放的深入推进起到了关键性的指导作用。而在开发区实践中,孙冶方虽然没有直接论述开发区,但他的改革开放思想在开发区得到了有效运用,为中国开发区改革开放并践行国家战略提供了很好的理论指导和思想启迪。

(二)用好改革开放关键一招

中国经济发展实践证明,改革开放是决定中国建设发展命运的关键一招。可以说,在全球经济发展和中国经济转型升级的大背景下,孙冶方的改革开放思想为开发区提供了宝贵的理论指引,直接推进了中国改革开放实践。孙冶方的改革开放思想强调了开放和创新的重要性。在当前全球化的背景下,国家级开发区需要继续深化改革扩大开放,更加深度地融入全球经济,加速现代化经济体系建设,不仅要发展战略性新兴产业,而且要创新关键核心技术,构筑高水平的开放型经济新体制。这需要创造性用好孙冶方改革开放思想。在继承和创造孙冶方改革开放思想前提下,中国开发区正在积极构建开放型经济,推动经济全球化,这仍然需要用好改革开放关键一招。

(三)明确改革开放永无止境

一个时代有一个时代的问题,一代人有一代人的使命;改革开放只有进行时,没有完成时。孙冶方改革开放思想虽然有当时政治经济发展的特定条件，但是其思想内核仍然没有过时，而且能够持续推进改革开放，开发区的改革开放也没有过时。在当前中国深化改革的背景下，开发区需要更加坚定地走向市场化、规范化、国际化道路，这正是孙冶方改革开放思想的核心理念。坚持孙冶方改革开放思想内核，中国开发区才能在积极深化制度改革，推动市场机制在资源配置中发挥更大的作用。孙冶方的改革开放思想对现阶段中国开发区的影响深远。他的思想内核为开发区的持续改革开放提供了重要的理论支撑和实践借鉴，对于推动中国开发区高质量发展，提升开发区在全球经济中的竞争力，具有重大的现实意义和长远价值。

（四）推进改革开放决胜未来

新时代新征程中国开发区仍然需要更高水平的改革开放，改革开放中的矛盾只能用改革开放的办法来解决。面对当前开发区的困难和问题，仍然可以用孙冶方改革开放思想指导开发区未来建设发展，用改革开放的办法加快开发区高质量发展，用改革开放的精神决胜开发区未来。决胜开发区未来，重点是决胜开发区未来产业、未来科技、未来城市、未来社会、未来价值。为此，必须坚持孙冶方改革开放思想，始终尊重和运用价值规律办事，贯彻"最小-最大"理念，紧扣高质量发展这一首要任务，强调科技创新的核心地位，突出经济产权的重要作用，用好经济运行的内生机制，打好开发区开发开放品牌。同时，中国开发区要贯彻创新驱动、"双碳"发展等国家战略，用好创新驱动总抓手，倡导绿色发展与环保理念，推进开发区创新城区建设，积极参与"一带一路"建设，主动参与全球化并引领全球化，代表中国掌控国际经贸与科技话语权。

孙冶方为马克思主义经济学中国化所作的艰苦探索与理论贡献

那张军[①]

2023年是我国改革开放45年,也是孙冶方先生诞辰115周年。评述孙冶方修正马克思主义政治经济学说的理论勇气和贡献,对于在中国式现代化进程中领会新质生产力的内涵特征和发展重点具有现实意义。自从社会主义国家制度在中国建立以来,马克思主义政治经济学说如何继承、怎样发展的问题,一直困扰着我国经济学界。本文试图梳理孙冶方"关于生产力定义"的争论,发扬其求真务实的学术精神。

一、衡量生产力的质的标准和量的标准

孙冶方在1980年《经济研究》第1期发表的《什么是生产力以及关于生产力定义问题的几个争论》(简称《争论》)一文中,把马克思在《资本论》所说的"劳动过程的简单要素"修正为"生产力基本要素"[②]。劳动过程是由劳动者、劳动资料和劳动对象三要素组成的,这就是生产力的最本质的要素。他的理由是:"因为生产力作为生产水平或劳动生产率,是劳动过程的结果。而作为生产力的要素,又形成劳动过程的要素。"所以,生产力的要素与劳动过程的要素是吻合的。《争论》的这种推理,就是引领我们进行问题的另一方面讨论:由诸要素组成的生产力的概念与生产水平、劳动生产率或劳动过程的结果是有联系又有区别的。

的确,在劳动过程中发挥出来的生产力的大小,我们能借助劳动的结果用生

[①] 那张军,国家高新技术产业开发区发展战略研究会研究员、无锡国家高新区发展研究院研究员、孙冶方经济科学研究院特邀研究员。
[②] 《马克思恩格斯全集》(第23—25卷),人民出版社1975年版。

产水平或劳动生产率表示出来。在狭义上,如果把这一劳动过程的劳动生产率与当时社会上的这类劳动的平均劳动生产率相比较,我们就会知道这一劳动生产率是高还是低;在广义上,把这个一定历史时期的社会平均劳动生产率与另一个历史时期的社会平均劳动生产率相比较,就会得出这个时期的社会平均劳动生产率是高还是低,或者说生产水平如何。由此可见,劳动过程的结果,通过用劳动生产率或生产水平来表示,便作为衡量劳动过程中的生产力的量的标准。孙冶方强调的是,衡量生产力大小的量的标准,不能代替生产力的质的要素,这就是《争论》的实质。以往说的生产水平、劳动效率,只不过是抛开了生产力的质的要素,笼统地从量上说明生产力的大小罢了,然而孙冶方敢于修正伟人学说,道出了我们需要的是质的要素。

劳动者和劳动资料构成了生产力的质的要素,劳动对象是作为反生产力的质的要素而存在的。两者互为前提,失去了一方,就构不成劳动过程。《争论》提问得好:"帝国主义宗主国由于掠夺殖民地而发展自己的生产力,岂不就是因为它们不仅剥削了殖民地的廉价的劳动力,而且也剥削了丰富的自然资源即劳动对象吗?"所以,若无劳动对象这一反生产力的质的要素,生产力各要素是无用的,谈不上发展生产力,更谈不上掠夺什么财富了。《争论》把劳动对象拉入生产力基本要素,指出了它们的相互作用性,是合乎辩证法的。

说到高质量发展生产力,就要把生产力诸要素与劳动对象的相互作用加以阐明。在生产过程中,人们利用劳动资料组成的作用力量和劳动对象本身的抵抗力量是成反比的。随着生产力诸要素力量的增大,劳动对象的抵抗力相对减小;随着生产力诸要素力量的减小,劳动对象的抵抗力相对增大,其表现都反映在劳动成果的数量和质量上。劳动成果所吸收的劳动能量,是与生产力诸要素在生产过程中所发挥出来的能量相等的。正因为这样,我们便能够用劳动生产率或生产水平来从量上反映生产力。[①]

二、生产力的基本要素与其他因素

孙冶方认为:构成生产力的三要素为基本要素,影响生产力的东西很多,只能

[①] 参阅孙冶方最后一篇文章《二十年翻两番不仅有政治保证而且有技术经济保证》,《人民日报》1982年11月19日。

看作是影响生产力的因素。诚然,当今世界倘若生产力诸要素不受到各方面的限制和影响,就不会有什么先进生产力出现,也无从说什么发展生产力的问题了。人们总不能在没有约束的条件下一锄头就把地球挖穿。我们只要把生产力放入社会问题上来研究,就会看到影响生产力的不仅有劳动对象、生态环境,还有生产关系、上层建筑等,我们能说这些都算作生产力的要素吗？当然不能。影响生产力的不一定就是生产力的要素。生产力不是处在真空中,而是处在普遍联系的世界中。影响它的因素是多方面的,有来自自然的或社会的,有直接的也有间接的。同时影响也各有不同,有促进的也有阻碍的,有提高的也有抑制的。凡此种种规定了生产力是在矛盾运动中发挥和发展的。《争论》列举的关于美国南北战争时,美棉不能到欧洲,欧洲各国特别是英国纺织工业只好采用埃及、印度质量差的棉花,因而影响棉纺织业的劳动生产率,这正好说明由于作为劳动对象的原料质量差,在生产过程中相对减少劳动生产力,从而使劳动产品在数量和质量上受到削弱。

综上所述,劳动过程的简单要素不能与生产力的基本要素画等号。马克思劳动过程简单要素的观点失之简单,斯大林关于生产力二因论的概括失之片面,孙冶方生产力基本要素的理论,站在前人的肩膀上有所创新。

三、将马克思"制造生产工具的原料"经典说法提升为甄别生产力是否先进的标准之一

为了证明劳动对象是生产力的要素,《争论》对劳动工具是由原料制成的,以及这些原料在历史上的变革给生产工具革命带来的作用,进行了充分论证。在论证这个问题时,孙冶方批评了斯大林对生产力的定义,把劳动对象从生产力要素中排除是错误的。斯大林在《联共党史简明教程》第四章第二节《辩证唯物主义与历史唯物主义》中说:"生产物质资料时所使用的生产工具,以及因有相当生产经验和劳动技能而发动着生产工具并实现着物质资料生产的人,这些要素总和起来,便构成社会主义生产力。"[1]显然,斯大林主张生产力二要素论,忽略了"劳动对

---

[1] 斯大林:《苏联社会主义经济问题》,人民出版社1961年版。

象"这一不可缺少的要素,摒弃了马克思"制造生产工具的原料"这一经典要素。孙冶方对此做了驳议,他认为,生产力基本三要素观点是对马克思"劳动过程的简单要素是,有目的的活动或劳动本身,劳动对象和劳动资料"的修正。因为劳动过程即生产力运动的过程,所以劳动过程的简单要素就是生产力的基本要素。①生产工具确实十分重要,但是,没有原材料,生产工具也是创造不出来的,最早的旧石器、青铜器、铁器时期的划分,与其说是按生产工具的不同,倒不如说是按制造生产工具的原材料的不同。无论是资本主义的发展史,还是社会主义现代化建设,采用不同的原材料都会出现不同的生产效率。当前科技革命中一个重要内容就是不断创新"原材料",比如从钛合金到锂电池、硅片。特别是合成材料的出现,直接影响着生产力的发展。因此,孙冶方早在20世纪五六十年代根据国民经济中原材料品质低劣、种类不齐、型号不全以及物质供应体制不合理而影响生产发展的事实,认为斯大林的生产力二因论是错误的。"制造生产工具的原料"——新能源材料、高科技开发,是"先进生产力"重要因素。斯大林把劳动对象及原材料排除在生产力要素之外,是对马克思关于劳动过程三要素观点的倒退;孙冶方对生产力基本要素理论重新做出科学论证,是对马克思关于劳动过程三要素观点的修正和发展。

孙冶方赞成关于生产力自身内部矛盾的观点,认为生产力的发展并不完全依赖于生产关系的反作用。生产力的运动规律是在生产力和生产关系的矛盾统一中演进发展的,审慎地把握二者的动态关联十分重要。

四、孙冶方关于"劳动对象革命"独特的理论创新

研究生产力是为了更清楚地认识它,揭示和掌握它的发展规律,为现代化建设服务。《争论》在谈到现在人们议论的工业革命时,批评一些人士只注意劳动工具的革命,却不注意或很少注意劳动对象的革命。这是孙冶方关于"劳动对象革命"的理论创新。对于批判那种把发展生产力仅仅看作改革劳动工具的形而上学的观点,认识劳动对象在发展生产力中的质的要素作用是有积极意义的和有杰出

---

① 《马克思恩格斯选集》(第2卷),人民出版社1975年版。

贡献的。《争论》把劳动对象看作生产力"质的要素",与生产水平结合起来,阐明了劳动对象革命的必要性和重要性。

《争论》把科学技术革命、劳动工具革命等用一个"劳动对象的革命"来概括,是有实例依据的。例如,在谈到合成材料,特别是工程塑料的出现时,孙冶方说它们可以"毫不愧色地称之为劳动对象的革命,它和原子能、电子计算机自动化装置在一起,构成了当代工业革命的重要内容"。合成材料、工程塑料的制成,标志着技术革命的成功,在制作中必须有一套与之相适应的改进了的设备,这些都属于"劳动对象革命"的范畴。当它作为原料被应用来制造各种产品代替钢铁等原料时,其"劳动对象革命"特征就相当明显了。当它成为产品并与原子能、电子计算机自动化装置在一起用于生产时,又属劳动工具革命了。这种产品是属于劳动资料范畴,它与其他产品一起构成自动装置这一劳动工具的质的本身。《争论》把已装在自动化设备里的工程塑料产品等,还看作劳动对象(原材料),是有事实依据的。苏联钢的产量超过了美国,但由于苏联工程塑料的生产远远落后于美国,20世纪60年代在原料方面美国远超过苏联。还有当下的中美"芯片革命""稀土大战",开发新能源,也再度说明了"有技术革命引领的劳动对象革命"。

综上所述,劳动对象革命问题不可回避! 劳动对象革命的真正意义是在劳动过程中取代了其他原料并对劳动工具的进一步革命和产品的改观提供了条件。然而完成了劳动对象革命,不等于完成了生产力的革命,它还得与劳动过程中生产力诸要素相匹配,才能发挥作用。我们的经济宣传中,当某一种劳动对象刚刚出现变革时就大吹大擂,殊不知它与其他生产力要素的匹配还有一个过程,在尚未成功匹配之前,它的作用还无法彰显,反而让许多不明底里的人对它产生怀疑,故恳望媒体在此少安毋躁,把握分寸和时机。

五、先进的生产力不一定要有先进的生产关系相配套,但必须合乎"价值规律"

在论到社会主义全民所有制经济时,有人总是否认价值规律、否认流通过程、否认企业是独立的核算单位以及它们之间不同的物质利益关系,用自然经济观点来观察社会主义社会。我国在改革开放前商品经济很不发达,用"铁饭碗"、"大锅饭"、平均划一的思想看待社会主义,加上家长式唯意志论的存在,严重阻碍着社会主义政治经济学这门学科的发展,给社会带来了很大的恶果。20世纪50年代,孙冶方尖锐批判斯大林把价值规律和计划经济对立起来并否认价值规律作用的错误时指出:要"把计划和统计放在价值的基础上""作为价值实体的那个社会必要劳动量的计算,以及它的调节作用和支配作用",在未来先进制度的社会仍然存在,何况在社会主义初级阶段极不完善的全民所有制经济内部,它的调节、支配作用更是显而易见的。[1]他比较系统全面且又联系实际工作地批判苏联领导人的经济论,从批判的时间来说,孙冶方最早;从批判的深度来说,孙冶方最深刻。

六、为"科学技术是第一生产力"的论断预埋了伏笔

孙冶方认为科学会推进生产力变革,但科学不是生产力中的独立要素,因为科学只有通过劳动者技能的提高、生产工具的改善、原材料范围的扩大和品质的改进以及三个要素的有效结合,才能转化为社会生产力。离开生产力三个基本要素,科学还只是知识形态上的生产力,即潜在生产力,而不是现实生产力。[2]

然而,科学这个潜在的生产力,对实际生产力的推进力是巨大的。我国在"五四运动"以前不知道世界上已有近现代自然科学,更不懂得科学这个潜在的生产力,于是在请来"德"先生的同时也请来了"赛先生"。但在我国现代史上有几度反复,有人以为从"勾股定理"到"四大发明"就是科学,不晓得我们在科学领域与西方世界的差距,更不知科学如何与劳动者技能、生产工具相结合。孙冶方去过西方国家,他看到了近现代科学在经济、社会发展中的巨大推进力,故而多次强调发展生产力一定要十分重视吸收西方近现代科学成果。在技术层面,他多次强调技术改造,反对复制"老古董"。

无论在自然科学中还是在社会科学中,一种富有创意的观念提出来,总会向其他领域悄然渗透,潜移默化。孙冶方关于科学对生产力的巨大的潜在的推进力,在我国的学术界、科技界、政界广泛而深刻地震动视听。1988年9月5日,邓小平在会见捷克斯洛伐克总统胡萨克时提出"科学技术是第一生产力",把科学与

---

[1] 孙冶方:《社会主义经济论稿》,中国大百科全书出版社2009年版。
[2] 孙冶方:《什么是生产力以及生产力定义问题的几个争论》,《经济研究》1980年第1期。

技术捆在一起说,大概率是直接或间接吸收了孙冶方的观念。

孙冶方的经济学思想,主要贡献如下:

(一)系统批判"社会主义计划经济",提出了"社会主义半商品经济"到"社会主义商品经济"阶段论,奠定了"社会主义市场经济"的理论基础。

(二)先进政党能够代表先进的生产关系,但未必能代表先进的生产力。孙冶方所列举的苏联"康拜因"拖拉机、机械化大生产,习近平"新质生产力"、人工智能等,与政党的关系都不大。

(三)资本属生产力基本要素,应正当地发展;滥权则是落后生产关系的产物,应加以遏制。恰恰这一点,不少同志没有认识到。最近震惊全国的"恒大案",正好说明生产关系脱离生产力的发展,管理者脱离法律和制度的约束,权力无人监督,也不会监督。

(四)脱离生产力孤立地研究所有制问题是有害的。公有制如果过度地超越生产力水平,超越政府对生产资料及资源的管理水平,超越干部及普罗大众的觉悟水平,就会对生产力造成破坏。

缅怀价值规律的大学校长孙冶方
——孙冶方价值规律再认识

高云澄[①]

通过研究孙冶方先生经济理论的核心——价值规律,我们可以发现孙冶方先生秉持着严谨的治学态度和标新立异的治学理念,通过长期在学术上的深耕和调查研究,从对已有的经济学原理、体系的认识、消化和吸纳,转而成为符合中国国情、中国道路和中国经验的理论体系,这一过程对当今"建构以马克思主义为指导的中国特色哲学社会科学的中国特色经济学"仍然有着重要的意义。因此,有必要对孙冶方的价值规律理论建构过程进行历史还原,进而对其价值规律的内涵和外延分析、释读、理解和再认识。

一、作为基础的"价值规律"

(一) 1956 年 11 月 28 日《把计划和统计放在价值规律的基础上》[②]

据孙冶方在文后的记载可知,文章是由其在国家统计局为研究计划指标而召开讨论会的演讲稿、马克思《资本论》第三卷中关于价值决定的论述,以及在苏联中央统计局交流时有关价值规律和计划统计的记录,故而此文是结合了理论探究和实践经验之作。

文章罗列了理论界对价值规律的定义,厘清了价值规律和商品经济两者之间的关联。对马克思的劳动价值规律和价值规律在商品经济中的作用进行了解释:价值规律在商品经济中起着促进技术进步和生产力发展的作用;价值规律便自发地起着生产调节的作用,执行了分配社会生产力的任务。价值规律在社会主义经

[①] 高云澄,上海社会科学院经济研究所博士后。
[②] 孙冶方:《孙冶方文集》(第 4 卷),知识产权出版社 2018 年版,第 56—68 页。

济中的作用在于计算社会平均必要劳动量的重要性,目的在于分析如何以社会平均必要劳动量的计算来提高劳动生产率,以达到增加物质财富的最后目的。企业不盈利是价格政策违反价值规律的不良后果,生产过程仍然需要价值规律调节。故而,当下应当注重如何把握和发扬价值规律,在社会主义制度下,把握、保留并发扬积极建设的一面。

文章对理论界误读价值理论的原因进行了分析。一是忽视了马克思在《资本论》中具有重要启示性的论述:"在资本主义生产方式消灭以后,但社会生产依然存在的情况下,价值决定仍会在下述意义上起支配作用:劳动时间的调节和社会劳动在各类不同生产之间的分配,最后,与此有关的簿记,将比以前任何时候都更重要。"孙冶方以为忽视如此重要的论述原因仍是否定或低估价值规律在社会主义经济中的作用,并且列举了在马克思和恩格斯的著作中其他的相关论述。

孙冶方指出任何理论和学科在发展的过程中都有误读的情况发生。价值规律的重要性在于高度发展劳动生产率以保证最大限度地满足社会需要,前提是掌握价值规律。在计划和统计方法上多抓价值的一面,多注意劳动量消耗的计算,为的是促进生产率的发展。国民经济的有计划按比例发展只有建立在价值规律的基础上,才能实现。

此文提出了研究价值规律的必要性和其在社会主义经济建设中的基础作用。

(二) 1956年《价值规律和改进计划统计方法问题》[①]

文章中孙冶方阐释了价值规律在社会主义中如何作用和具体解决问题的方式以及路径,并以价值规律如何将计划统计指标和财务会计记账相联系为例,进行了论述。

文章再次提出了马克思的劳动价值规律的三个基本内容:1.商品的价值量由劳动时间决定。2.商品价值由社会平均必要劳动时间决定,价值规律在商品经济中起着促进技术进步和生产力发展的作用。3.价值规律起着生产调节者的作用,执行了分配社会生产力的任务。

就以上三个基本内容孙冶方提出,"价值"无须与商品概念共存亡。否定和低

[①] 孙冶方:《孙冶方文集》(第4卷),知识产权出版社2018年版,第100—120页。

估价值规律的作用就是否定了根据社会平均必要劳动量的计算来改造落后企业，价格政策违反价值规律的不良后果，故而价值规律在社会主义社会仍然起着作用。

　　文章强调了，在计划和统计方法上多抓价值的一面，多注意劳动量消耗的计算，为的是促进生产率的发展，这与生产以增加物质财富为目的是完全不矛盾的。基于承认价值规律对社会主义经济的意义可得出：1.正确的价格政策应该是以价值为基础的。2.应该多注意对固定资产的核算。3.要真正精确地计算商品的价值，做好经济核算工作，最后必须有正确的折旧政策。这也意味着应通过社会必要劳动量的计算推动社会劳动生产率的增长问题的解决。

　　以上两篇文章分别阐释了价值规律是社会主义计划经济研究范畴，在解决具体细节和整体全面的问题上都起到不可忽视的作用，这是由价值规律内涵和外延的深度和广度决定的。

二、"价值规律"之"价值"

　　（一）1958 年 6 月 17 日《要懂得经济必须学点哲学——再谈学习毛泽东同志〈关于正确处理人民内部矛盾的问题〉的几点体会》[①]

　　文章提出了否认或者轻视客观经济规律的观点，把政治同经济对立起来的现象，是学界对价值规律种种误读的原因之一。

　　形而上学观点主要表现在把未来的共产主义社会经济，以及社会主义社会中的全民所有制经济的内部关系，看作像原始共产主义社会一样的实物经济，即没有抽象劳动、价值、价格和货币等概念的自然经济。上述这些概念被当作资本主义商品经济的专有物，同商品市场交换、交换价值、资本、危机等概念一起。从社会主义经济学的范畴中被清除出去了。

　　形而上学观点的经济学者并不一般地否认经济中的矛盾。相反，他们可能一般是承认有各种各样具体的经济矛盾，但是往往把各种各样的具体矛盾看作偶然性现象的堆积，并不认为它们之间有什么内在的联系，以及共同的、较深远的

---

① 孙冶方：《孙冶方文集》（第 4 卷），知识产权出版社 2018 年版，第 258—282 页。

根源。

而价值和使用价值的矛盾统一的存在,绝对不是一个同实践无关的抽象的理论问题,而是同当前的社会主义经济实践密切相关的重大问题。

文章指出了要发展经济科学,使理论能为实践服务,必须肃清政治经济学界的唯心论形而上学观点,插上唯物辩证法的红旗。孙冶方所说的经济工作者需要懂点哲学,指的是需要正确认识和理解矛盾统一,再实践。

(二) 1959 年 4 月《关于商品生产和价值规律的一些问题(报告)》[①]

文章对苏联经济学界有关"价值规律"观点进行了梳理、思考。苏联经济学界关于商品生产价值规律问题的讨论,并非只是抽象概念的讨论,而是进入实质问题,特别是对利用价值规律有关的重大经济问题的讨论,如价格形成、投资效果、经济核算等。随着向共产主义过渡,这种意义上的经济核算将逐渐消亡,而在计算社会必要劳动量、比较先进与落后意义上的广义的经济核算将获得越来越大的意义。孙冶方以他者的眼光审视以为广义的经济核算将来是存在的,有逐渐重视它的必要。

(三) 1959 年 8 月 2 日《论价值——并试论"价值"在社会主义以至于共产主义政治经济学体系中的地位》[②]

文章对价值规律进行梳理,第一次的讨论是第一个五年计划刚开始时,价值规律和资本主义经济和个体经济的自发势力相联系,得到了价值规律为资本主义经济规律,强调对价值规律的限制。

第二至第三次文章强调了发展商品生产和等价交换,要尊重价值规律。可以看出从限制到尊重,虽然人们对价值规律逐渐有了较为全面的认识,但是作为商品经济的规律且主要是资本主义的经济规律,大多学者仍然是保持警惕、加以限制和控制的态度。

这里,孙冶方提出:价值规律作为客观的经济规律是离开主观意志而独立存在的。对价值规律的误读主要有:一是价值规律是价格对价值的背离,对某一产

---

① 孙冶方:《孙冶方文集》(第 4 卷),知识产权出版社 2018 年版,第 291—293 页。
② 孙冶方:《孙冶方文集》(第 4 卷),知识产权出版社 2018 年版,第 308—356 页。

品的生产和消费所发生的刺激或抑制作用,特指其自发性的调节者作用。二是价值规律为国家计划的对立物。

孙冶方指出,价值规律的核心是价格向价值靠拢而非背离。对于当时过分的解读即在于物价的急剧涨落意味着价格应该急剧地背离价值这样的观点,再次提出社会主义社会,应该通过计划,主动地使价格和价值靠拢。

在这篇文章中孙冶方明确了价值规律是价值这个客观范畴的存在和运动的规律。价值是"形成价值实体"的社会必要劳动的存在和运动规律。

就方法论上来说,对共产主义社会的价值和价值规律的认识需要从纯粹的资本主义经济的角度,又从纯粹的共产主义经济的角度来观察社会主义的价值规律,也必须从共产主义社会的角度来认识价值规律的问题。目的是回答全民所有制经济的内部规律,回归到经济研究本身。

回到需要"价值"的两个依据,一是现在社会还没有直接占有全部生产资料,现在还存在两种所有制,他们中间还需要商品交换,故而需要强调"价值规律"。二是现在社会还不能直接计算劳动,所以不得不迂回地求助于有名的"价值"。

就以上两点孙冶方指出,产品的全部劳动消耗(包括直接和间接的消耗)是完全可以办到的。学者讨论的商品交换的"价值规律"实际是"交换价值",这在社会主义中已经不存在,共产主义中也不会有。分清"价值"和"交换价值"的必要性在于"价值"是物化在产品中的社会必要劳动本身,并非商品经济特有。

在分清马克思所说的"价值"和"交换价值"的前提下,进一步提出研究"价值规律"的意义在于,马克思肯定了共产主义社会里还保留有"价值"这个重要范围和"价值"这个概念,以及在共产主义社会中,"价值"这个范畴,在劳动时间的调节和社会劳动在各类生产间的分配这个意义上仍然起支配作用,而且会比以前任何时候更重要。

文章最后做了总结即价值规律是价值的存在和运动的全部过程的规律,价值决定是该规律的基础,亦是该规律的起点。价格和价值的背离以及通过这种背离所发生的作用只是该规律在个体经济和资本主义经济时代的一种作用方式。重视"价值"概念,意味重视经济效果。研究经济效果(最后归结为时间的节约)是社会主义价值规律问题的核心。

从以上三篇文章的论述中可以看出,价值规律在具体运用的过程中,存在对其名词的误读和在具体实践的错误运用。故而厘清价值规律的内涵和外延,有助于对价值规律的边界范畴的再确定,是价值规律在社会发展各个阶段展开的前提。

三、"价值规律"再认识

(一) 1964 年 12 月至 1964 年 3 月《要全面体会毛泽东同志关于价值规律的论述》[①]

当时,价值规律虽然已经被公认为是社会主义建设中不可违反的客观经济规律,但是学界对价值规律的定义仍有三种:一是通过价格的调整,即通过提价或压价来调节供求关系,从而间接地调节生产。价格不背离价值就没有价格政策。二是从工农业产品额等价交换的角度来谈价值和价值规律,强调价格对价值的相符、相一致。三是"时间经济以及有计划地分配劳动时间于不同的生产部门"的规律。孙冶方认为这是价值规律的三种不同的作用。一和二是商品价值规律的作用,三直接发生在生产过程中,它不仅在社会主义的商品生产的过程中起着作用,而且在非商品性的产品生产过程中也起着作用,在未来的共产主义社会中,没有商品交换了,但是价值规律的第三种作用也将存在着。

《教科书》对于价值规律作用的解释是:"国家利用价值规律来刺激某些产品的生产调节它们的需求""价值规律的作用在生产领域中是通过经济核算制表现出来的,经济核算制建立在价值及其形式的作用上。由于有了经济核算,就能够利用价值规律的作用来刺激提高劳动生产率,采用新技术、降低成本和提高盈利。"

这篇文章再次引用了 1844 年恩格斯在《德法年鉴》上发表的《政治经济学批判大纲》的原文:"价值是生产费用对效用的关系。价值首先是用来解决某种物品是否应该生产的问题,即这种物品的效用是否能抵偿生产费用的问题。如果两种物品的生产费用相等,那么效用即确定他们的比较价值的决定因素。""不消灭私有制,就不可能消灭物品本身所固有的实际效用和这种效用的决定之间的对立,

---

① 孙冶方:《孙冶方文集》(第 6 卷),知识产权出版社 2018 年版,第 31—51 页。

以及效用的决定和交换着的自由之间的对立;而在私有制消灭之后,就无须再谈现在这样的交换了。到那个时候,价值这个概念实际上就会愈来愈只用于解决生产的问题,而这也是它真正的活动范围。"

(二) 1978 年 10 月 28 日《千规律,万规律,价值规律第一条》①

文章指出当时已经认识到价值规律是不以人们主观意志为转移的客观经济规律。孙冶方在这里对价值规律是一切经济规律中的第一条规律做了解释。时间节约的规律就是社会平均必要劳动量的规律,也就是价值规律。规律不是分析研究的出发点,而是分析、研究的结果。

文章还道明了在认识价值规律这个客观规律后应当如何做,即通过自觉地不断改进经营管理、革新技术的方法来节约时间,使我们的各行各业(包括非物质生产部门在内)能以最小的劳动消耗取得最大的经济效果,使我们的社会主义社会能够不断飞速前进。应该主动地、自觉地按照节约时间的规律,即价值规律办事。对整个社会主义生产来说,起决定作用的是"时间节约"意义上的那个价值规律。

(三) 1980 年《价值规律的内因论和外因论——兼论政治经济学的方法》②

文章再次明确了两点,一是价值规律是客观存在的,顺应客观规律的要求。二是价值规律在社会主义经济中存在的客观必然性。

价值规律的作用有三个,一是价值规律即商品(产品)价值由社会平均必要劳动时间决定的规律。价值规律的节约时间的作用。二是价值规律是商品(产品)交换在它的纯粹的形式上是等价交换原则。价值规律要求价格向价值靠拢。三是对生产的调节和对社会生产力的比例分配。价值是历史范畴,它反映着社会化生产中人们之间的社会关系。

对社会主义经济的客观运动过程的研究方法,首先需占有大量的资料,在此基础上,对经济现象加以分析、研究和概括。

《资本论》并没有把规律一条一条地来排队,而是从生产过程、流通过程、社会生产的总过程进行分析,把资本主义社会发展的各条规律讲得清清楚楚。对社

---

① 孙冶方:《孙冶方文集》(第 7 卷),知识产权出版社 2018 年版,第 48—53 页。
② 孙冶方:《孙冶方文集》(第 7 卷),知识产权出版社 2018 年版,第 287—308 页。

主义生产关系的研究也要以历史发展的客观经济过程为对象,从具体事实出发,揭示问题的本质。

通过以上三篇文章可知,价值规律作为客观存在的规律,需要在实践中不断认识、反思和再认识,将客观规律性和主观能动性相联系,重视理论学理化和系统化,无限接近真理;反过来,再将理论充分运用在实践之中,才能发挥其在社会建设中的重要作用。

四、结语

本文通过对孙冶方关于价值规律的思辨、反思、回应和归纳,以及演绎即理论建构的过程进行耙梳,认识到如何理论本土化这样一个普遍性的难题。孙冶方在撰写文章的过程中反复提出认识一个名词或是理论需要全面和准确的认识。首先,只有统一理论的内涵和外延,才能进行理论建构和运用。其次,只有在正确认识的基础上才能够分析目前在何阶段、如何使用和如何适用。这不仅要求向内排除形而上学的观点,而且也要求向外借鉴和反思已有经验。最后,要主动使用,经典中没有谈及预设未来共产主义的价值规律,故而从经典中来,再回到经典中是要求坚持理论与实践相结合,需要代代努力才能够建构出符合中国国情、中国道路和中国经验的理论体系。

对孙冶方先生价值理论的一点认识

孙子思[①]

时光流过半个多世纪,今天捧读孙冶方先生代表作《论价值》,仍倍感亲切与震撼。

价值理论是孙冶方先生经济理论体系的核心,贯穿于他的整个经济思想中。尤其是他强调的"千规律,万规律,价值规律第一条",短短 13 个字,在我国经济界振聋发聩,影响深远。

孙冶方先生认为,价值规律存在于社会中,并且它的作用非常重要。他解释说:"我所说的价值规律不是指一般人所体会的商品价值规律或交换价值规律,不是指那个以价格背离价值,并通过这种背离来刺激或抑止生产的物质刺激论者的价值规律;而是指价值实体本身的规律,即马克思所说的集体生产的首要经济规律——劳动时间节约规律。"

也就是说,我们可以把孙冶方先生的观点概括为"两种价值规律":一是"狭义价值规律",即商品经济下的价值规律,发生在交换和流通过程中,对生产过程的调节作用通过流通过程间接实现;二是"广义价值规律",即"价值实体本身的规律",其发生在生产过程中,直接对生产过程进行调节。

孙冶方先生经济理论体系的精髓是用最少的劳动消耗来取得最好的经济效果(也就是利润),这是贯穿政治经济学的一条红线。现在来看,这是理所当然,但在实行产品经济的当时,那是大逆不道。单从这一点上,就彰显了孙冶方先生高远的学术见识和极大的学术勇气。他把重视利润比作"牵牛鼻子",把编制各种生产计划、分配计划等比作"抬牛腿",非常形象地说明:只有牵住利润这一"牛鼻子"才能使牛走起来,才能理顺各种经济关系。

[①] 孙子思,四川省新闻工作者、高级编辑,曾任《发现》杂志社原副总编,现任四川省广元市质量品牌协会执行会长兼秘书长、首席质量官,孙冶方经济科学研究院特邀研究员。

价值规律作为商品经济的基本规律,同其他任何规律一样,是客观的,是不以人的意志为转移的。价值规律的作用是调节生产资料和劳动力在各生产部分的分配,刺激商品生产者改进生产技术,改善经营管理,提高劳动生产率,促使商品生产者在竞争中优胜劣汰。

价值规律的作用,一般而言是两个结果,一是像无形的手,指挥经济资源合理配置。二是在竞争的作用下实现资源的高效配置。从价值规律作用的结果讲:第一,调整双方矛盾;第二,节约成本、提高劳动效率。这是价值规律的正面作用。至于价值规律的反面作用,那就是利用和限制的问题。在生产和流通过程中,分为不同情况,不同时间、空间和条件,有时要利用,有时要限制。价值规律的反面作用,只有在竞争和生产无政府状态下才能充分发挥。在社会主义制度下,有国家宏观调控发挥强制作用,所谓的价值规律的反面作用不可能形成气候,也不会成为遵循价值规律办事的障碍。

孙冶方先生从20世纪50年代起就倡导经济体制改革,其根本出发点就是提高经济效果,也就是我们今天说的提高整个经济活动的效益。

历史已经证明,孙冶方先生的价值理论,无论在我国计划经济时代还是在党的十一届三中全会以来40多年的经济体制改革实践中,都得到了越来越有力的验证。特别是1992年10月党的十四大确定我国经济体制改革的目标是建立社会主义市场经济体制以后,孙冶方先生的上述理论概括,其现实意义就更大了。由此,不难看出孙冶方先生始终是我国坚持学习和发展马克思主义基本理论,并将其应用于中国特色社会主义经济实践的代表性学者之一。

党的二十大报告中明确指出,要加快构建新发展格局,着力推动高质量发展,强调"高质量发展是全面建设社会主义现代化国家的首要任务","要坚持以推动高质量发展为主题"。完整、准确、全面贯彻新发展理念,就要着力把握好这个"首要任务"和"主题",推动中国经济再上新台阶。

对于推动高质量发展,报告给出了五个关键的着力点:构建高水平社会主义市场经济体制,建设现代化产业体系,全面推进乡村振兴,促进区域协调发展,推进高水平对外开放。这五个方面是未来高质量发展的重心,是中国式现代化的坚实基础。其中,建设现代化产业体系是高质量发展的重要支撑。报告强调,建设现代化产业体系,要坚持把发展经济的着力点放在实体经济上。

发展实体经济,从理论上看,发展是量变和质变的辩证统一,量的合理增长是质的有效提升的重要基础,质的有效提升又是量的合理增长的重要动力,应该说两者相互作用、相互推动,构成了高质量发展的实现路径。从实践上看,过去社会主要矛盾是人民日益增长的物质文化需求同落后的社会生产之间的矛盾,主要解决的是量的问题。进入新时代,社会的主要矛盾发生了变化,需要解决的是发展不平衡不充分的问题,重点是要解决好质的问题。

高质量发展关系我国社会主义现代化建设全局。党的二十大报告强调"没有坚实的物质技术基础,就不可能全面建成社会主义现代化强国"。这番表述,既表明高质量发展是中国式现代化的底色和支撑,又表明高质量发展是一个完整的体系,而不是局限于经济范畴。也就是说,高质量发展是经济运行质量、社会治理水平、人的文明素养、生态环境标准都提升的发展,是全面建设现代化国家的综合表现。

在这个阶段,无论经济建设还是社会发展,我们不能简单以生产总值增长率论英雄,必须实现创新成为第一动力、协调成为内生特点、绿色成为普遍形态、开放成为必由之路、共享成为根本目的的高质量发展,推动经济社会发展质量变革、效率变革、动力变革。

孙冶方先生一贯主张的建立在尊重价值规律基础上的新经济体制,其本质特征是讲求经济效益。他说:"社会主义经济更注重经济核算,更注重劳动生产率,更注重以最小的劳动消耗取得最大的经济效果,这是价值规律的核心问题。'不惜工本'是违背价值规律的。"孙冶方先生的这些观点和主张,不仅适用于经济领域,还适用于社会领域。其实质就是今天全国上下、各行各业所倡导的高质量发展的理念,极具现实指导意义。

或许是职业习惯,几十年来,笔者始终关注着经济社会的发展。在我们的经济社会中,以高投入、高能耗拉动所谓的经济增长的现象屡见不鲜,这实则是重产值不重价值的表现。更为可怕的是,这种以牺牲生态环境为代价的"成就"严重影响了可持续高质量发展。无数事实证明,高产值并不等于高利润(价值)。记得很多年前江苏就提出了"不以产值论英雄"的发展理念,当时在全国经济界曾引起反响。仔细想想,"不以产值论英雄"的发展理念与孙冶方先生的"千规律,万规律,价值规律第一条"有着异曲同工之妙。

新时代,新征程。我们有理由坚信,学习并科学运用好孙冶方先生的价值理论,加快构建新发展格局,必将推动中国式现代化高质量蓬勃发展,以中国式现代化全面推进中华民族伟大复兴。

孙冶方成本理论对企业高质量发展的现实意义

无锡国家高新区发展研究院课题组[①]

一、孙冶方成本理论的基本内涵

孙冶方成本理论是孙冶方"最小-最大"经济理论的重要内容，也是孙冶方经济理论体系中的核心。孙冶方成本理论主张在社会主义经济体制下，企业应以生产成本为基础，实行等价交换，同时企业应当在保证质量的前提下，努力降低生产成本，提高利润效益。孙冶方的成本理论主要包括以下几个方面。

（一）生产成本观念

孙冶方认为，成本是经济活动中各种资源的价值表现，包括生产成本、管理成本、销售成本等，它是衡量企业经济效益的重要指标。他主张从原材料采购、生产制造、产品销售等各个环节全面控制成本，提高企业的利润率。他强调要从全面的角度来看待成本，不仅关注生产环节付出的成本，还要关注其他环节付出的成本。

（二）成本核算的重要性

孙冶方强调，成本核算是企业管理的基础工作，是提高经济效益的关键。企业要建立健全的成本核算制度，确保成本核算的真实、准确。通过精细的成本核算，企业可以准确地了解生产、管理、销售过程中各种成本的构成，为成本控制和产品定价提供依据。企业要准确计算成本，合理控制成本，才可以实现最大化的经济效益。

[①] 课题组组长：黄胜平；课题组成员：沈丽珍，无锡市经济学会信息部副主任、孙冶方经济科学研究院办公室副主任、国家开发区践行全过程人民民主研究中心常务副主任；汤卫卫，无锡国家高新区发展研究院办公室常务副主任、无锡市经济学会秘书处副处长、全国开发区人大研究会秘书处副处长。

(三)成本控制

孙冶方主张,企业应采取目标成本法、零基预算法、技术革新等现代成本控制方法对生产成本进行控制。包括采用新技术、优化生产流程、提高劳动生产率、提高设备利用率、降低物耗、能耗等。通过成本控制,企业可以在市场竞争中取得优势,实现效益最大化。

(四)成本与价值的关系

孙冶方认为,成本是价值的物质承担者,价值是成本的社会化身。在生产过程中,劳动者通过劳动实践创造出使用价值,并在商品交换中体现为价值。成本和价值的关系是内在的、有机的联系。

(五)成本与价格关系

孙冶方认为成本是价格的基础,价格是成本的反映。产品价格应体现生产成本和价值规律。在市场经济中,价格受供求关系影响,围绕成本波动。因此,企业要熟悉行情,紧盯市价,合理制定自己产品的价格,以实现利润最大化。

总之,孙冶方的成本理论强调从全面、动态的角度看待成本,关注成本与价值、成本与价格的关系,为企业提高经济效益提供了理论指导。在我国社会主义经济建设过程中,孙冶方的成本理论对企业的成本管理和经济效益的提高产生了积极影响。

二、孙冶方成本理论对企业高质量发展的现实意义

孙冶方的成本理论主张企业在社会主义经济体制下,通过成本核算、成本控制、技术革新等途径,降低生产成本,提高市场竞争力和经济效益。这一理论对于我国企业优化资源配置、提高管理水平具有重要的指导意义。

在当前经济不确定性加剧、市场寒意明显的背景下,众多国有企业因历史积累的管理问题而陷入困境。随着经济形势的严峻,各行业普遍出现发展乏力的现象,促使企业开始重视"修炼内功""向内挖潜",试图控制成本,以确保平稳过渡到下一个经济周期。对于国有企业来说,如何在新的挑战下正确实施成本控制和效

率提升，显然是一大考验。

近几年来，无锡国家高新技术产业水务有限公司（简称"高新区水务公司"）经营集团，在实践中摸索出了一套切合本公司实际的"降本增利"策略，有力地诠释了孙冶方成本理论的应用价值，助推国有企业稳健应对当前困境。

无锡市高新区水务公司作为无锡国家高新区一家公益性国有企业，有着强烈的成本意识和效益意识，近几年来该企业高度重视生产成本核算、成本控制，结合企业的行业特点，确定以技术创新和工艺创新为切入点，大力组织吸收、引进新技术和新工艺，持续不断地营造绿色节能、高效低碳的生产场景，扎扎实实地开展企业节能减排、降本增效，取得了显著的成绩。

无锡高新区水务公司组建于2007年11月，是由无锡高新区管委会授权，特许经营区内污水收集及处理业务，开展再生水回用、管网运维等业务的环境保护型服务企业，是集投资、建设、运营、管理于一体的国控水务企业，目前公司注册资本为50950万元。2016年无锡高新区进行国企改革，高新水务由二级公司（原新发集团管理）升格为区直属公益类一级国资公司。其主要职能是承担全区污水处理事业的筹资、建设、营运和管理；开展污水管网和中水管网养护的特许经营；配合开展全区水环境整治、水污染减排等工作。

水厂污泥处理是一个全国性难题，也是世界性难题。该公司是如何闯出一条低成本、高效益的路子的呢？[①]

（一）狠抓污泥减量，从源头上节约成本

污水处理厂处理污水的过程中会产生大量污泥，污泥的后续处置费用占水厂运行成本的30%以上，几十年来一直是污水处理厂的"老大难"，大多是集中运往偏远的山谷，一倒了之。这不仅花费运输污泥的开销，还造成山谷周遭的空气和地下水的污染。为减少污泥处置费用，高新区水务公司于2019年7月至12月在硕放厂二期MBR[②]系统开展污泥减量试验。公司通过多次试验，反复探索，使产泥率下降50%以上，节约污泥处置费约114万元。试验取得了良好的成果，2021

[①] 无锡市经济学会、无锡国家高新区发展研究院课题组：《无锡高新区水务公司高质量发展的奥秘在哪里？》，载《决策咨询要报》2023年第12期。

[②] MBR又称膜生物反应器，是一种由活性污泥法与膜分离技术相结合的新型水处理技术。

年起在下属三厂(新城厂、梅村厂、硕放厂)推广开展污泥减量项目。较之2017年至2019年的平均污泥产生量,2021年度三厂污泥共减量12899吨,节省费用510万元;2022年新城厂、硕放厂污泥共减量16080吨,节省费用635万元。值得一提的是,由于2021年起三厂执行更严格的太湖流域DB32标准和准三类水标准,药剂投加量有所增加,但产泥量却不升反降。

无锡高新区水务公司下属单位年减泥量及节支效果表[①]

年份(年)	年减泥量(吨)			减泥量(吨)	节支(万元)
	新城厂	梅村厂	硕放厂		
2021	5571	2139	5189	12899	510
2022	10187	—	5893	16080	635
累计	15758	2139	11082	28979	1145

(二)实施精确曝气,提高工艺能效

曝气是在污水处理过程中向污水中强制通入空气,加强池内有机物与微生物及溶解氧的接触,促进有机物进行氧化分解,并防止池内悬浮物体沉积。传统曝气系统存在管理粗放、过度曝气等问题,往往造成资源浪费。精确曝气控制系统采用溶解氧作为目标控制信号,根据污水处理厂实际进水负荷的变化,及时、准确地调整气量,可将溶解氧波动控制在上下0.5毫克/升以内。溶解氧的恒定控制,不仅可以节约电耗,还能优化活性污泥性状,降低碳源等药剂投加,稳定出水水质。2020年起高新区水务公司在新城厂四期精心组织精确曝气生产性试验,项目投入运行后年节电13万度,年节约电费近9万元,预计全面推广后年节约电费超百万元。

(三)引进磁悬浮风机,节能效率大增

曝气鼓风机是污水处理过程中的核心设备和主要耗电设备,直接决定污水处理的效果与能耗。高新区水务公司瞄准风机节能技术创新,经过多方调研,在风机更新换代中注重引进具有能耗低、噪声低、维护简单等优点的磁悬浮鼓风机。

[①] 无锡市经济学会、无锡国家高新区发展研究院课题组:《无锡高新区水务公司高质量发展的奥秘在哪里?》,载《决策咨询要报》2023年第12期。

2020年新城厂二期MSBR[①]工艺引进磁悬浮鼓风机,与原有多级离心风机相比节能率达36%,年节电76万度,年节约电费52万元;2022年,新城厂三期MBR工艺引进磁悬浮膜擦洗鼓风机,与原有多级离心风机相比年节电161万度,年节约电费109万元。

(四) 研发智慧加药系统,运行一举多得

高新区水务公司联合相关高校,以新城二厂提标反硝化滤池碳源投加精准控制为目标,产、学、研合作研发智慧管控系统,通过构建和应用深度学习型动态预测仿真模型,实现智慧加药控制,既提高了污水处理厂运营精细化水平,保证污水处理高效稳定,又可以更好地实现节能降耗的目标。

通过模型预测和输出反馈,新城二厂智慧加药生产性试验提标反硝化滤池单元的碳源药剂投加量,可实现10%以上的药剂投加量节降空间,为污水处理反硝化反应单元的智能控制和长效降本,提供有力保障。新城二厂17万吨日产能增加智慧加药系统后,按照10%药剂节约量,预计每年可节约碳源300余吨,年节约成本近百万元。

(五) 充分利用光伏发电,经济效益、社会效益双赢

高新区水务公司利用厂区屋顶、生化池加盖区等闲置区域,引进光伏企业建设光伏发电项目,发电主要供厂区日常使用,余电可入网。高新区水务公司下属各污水处理厂提供闲置屋顶、池面加盖混凝土共计4.9万平方米,由建设单位投资建设总装机容量2.8兆瓦光伏发电设施。高新区水务公司与建设单位签订能源管理合同,约定以低于供电公司电价的优惠价格使用项目发电,余电并网。该项目已于2023年初投入运行,两厂光伏项目年度可发电220万度,全部实现自用。通过该项目的实施,既大量使用了清洁能源,又大量节省电费,实现了社会效益与经济效益的双赢。

以前将污泥倾倒于远方荒废的山谷,造成周遭空气污染以及地下水污染,实际上是环境污染的空间转移,基本上无法处理。如欲处理,不知要花多少社会成

---

① MSBR指的是改良式序列间歇反应器,是一种更为理想的污水处理系统。

本。对空气和地下水的污染量到底有多大？处理污染物到底要花多少工本？这两笔账都还没有算过。现在减少了污泥的总量，即减少了污泥转移污染的量，就可大幅降低集中处理污泥的社会成本，具有相当大的社会效益。当然，这件事是近几年才开始的，但我们有志气继续做下去。

三、从经济效益向生态效益的跃迁

研读孙冶方的文章和讲演，我们看到许多关于成本、利润等经济效益的论述，却看不到关于生态效益的论述。生态效益的发轫，是改革开放经济发展起来后，暴露出的生态问题，由几代党和国家领导人一步步加深地提出来的。在这里，谁也不可以妄责孙冶方没有提出生态文明。列宁曾经教导过我们：看一个历史人物，不是看他有没有提供我们现在需要的东西，而是看他有没有提供他的前人没有提供过的东西。孙冶方从20世纪50年代提出利润核算、经济效益、价值规律等主张，以后形成理论体系，这正是前人没有提供过的东西。当时振聋发聩，一度横遭讨伐，现在成为常识，这正是他的伟大历史贡献，谁也不能要求他一眼望穿未来的生态效益。

从经济效益到生态效益，是经济发展到相当程度之后才会出现的跃迁。无锡的经济在全国发展得较早较快，生态问题自然也暴露得较早较快，孙冶方的后继人觉醒得也比较早比较快。早在1992年，宜兴市建立了全国唯一的国家级环保科技产业园——中国宜兴环保科技工业园，向全国各地提供先进的环保技术设备和服务。近几年，无锡高新区水务公司又以对水厂污泥的处理，诠释了经济效益向生态效益跃迁的历史逻辑。无锡人均GDP多年来居全国第一，是全国经济效益最好的地级市之一。无锡是孙冶方的故乡，我们有责任把这里的经济和生态都做到全国一流。

四、国企降本增效任重道远

高新区水务公司作为市场主体，牢牢树立强烈的成本意识，通过成本核算、成本控制和科技创新等手段，以较低的成本实现了较高的效益，这在为数众多的国企中是少数。

同时,也使我们认识到,作为国有企业,更应该讲究成本核算,讲究质量品质,讲究效益提升。这是因为,一般来说,国有企业目前缺少降本增效的强大动力,它反映在以下几个方面。

(一)制度因素

国企改革过程中,部分企业仍保留着传统的管理模式和制度,这往往导致资源配置不合理,工作效率低下。在传统的管理制度下,国企对降本增效的需求和动力不足。

(二)激励机制不完善

缺乏有效的激励机制,使得国企员工在工作中难以发挥积极性、主动性和创造性。因此,国企在降本增效方面难以取得显著成果。

(三)市场竞争压力较小

由于国企在很大程度上受到政策保护,对市场竞争的压力感受相对较浅。正如孙冶方当年在上海调研国企时所说:凡事都听命于上级指导就变得懒惰,不想降低成本提高利润,在技术创新、管理创新等方面相对迟缓,不能应对市场竞争。

(四)能源消耗和环境污染难以改进

国企在生产过程中,能源消耗和污染问题严重。部分企业由于缺乏节能减排的技术和设备,导致能耗较高,生产效率较高,而污染较重。

(五)管理层决策失误

部分国企管理层在决策过程中,仍然存在盲目投资、决策失误等问题。这会导致企业资源浪费,甚至增加成本、降低效益。

(六)人力资源管理不当

国企在人力资源管理方面存在不足,如招聘、培训、选拔等方面不尽如人意。

人才不足和人才流失现象也影响了国企的降本增效。

综上所述,国企缺少降本增效的动力,原因是多方面的。要实现降本增效,国企需要从制度机制改革、成本控制、创新能力、降低能耗等方面着手。

首先,要深化企业改革。国企需要不断推进改革,完善公司治理结构,提高企业管理水平和经营效益。例如,引入市场竞争机制,优化资源配置,提高资本运作效益。要优化组织结构,国企应该通过调整、合并低价值部门与岗位,优化企业组织结构,避免位多事少的现象,从而提高管理效率。还要优化人力资源,国企应该合理安排人力资源,提高员工素质和能力,实现人力资源的高效利用。在必要时,适度裁员也能降低企业成本。

其次,加强成本控制。国企应制定合理的成本控制方案,对预算支出进行价值评估,避免无效成本浪费。在采购、生产、销售等环节加强成本控制,降低整体运营成本。同时优化财务管理,国企应加强财务管理工作,对内部资源进行合理配置,确保资金使用效率,对预算支出进行相应的价值评估,避免无增值预算。还要优化业务流程,国企需要厘清业务流程成本的影响因素和路径,有针对性地制定成本控制策略,从而降低业务成本。

再次,要着力提高企业创新能力。国企要通过技术创新和研发投入,提升产品的附加值和市场竞争力,从而实现降本增效。

最后,切实抓好节能降耗。国企可通过实施节能降耗措施,降低能源消耗,从而降低运营成本。

通过以上主要路径的相互配合和综合实施,国企完全可以像无锡高新区水务公司那样实现降本增效,提高企业竞争力和盈利能力。

孙冶方"最小-最大"理论及其对高质量发展的指导与借鉴作用

荀华凤　黄　子[①]

老一辈无产阶级革命家、我国卓越的经济学家孙冶方,为了党的事业奋斗了整整60个年头。他为坚持马克思主义中国化进行了大量的创造性研究,提出了一系列独创性见解,其中"以最少量的劳动耗费取得最大量的社会需要的产品",是他最有代表性的思想,在新时代高质量发展中愈来愈显示出它的生命力。

一、孙冶方"最小-最大"理论是一份极有价值的经济遗产

(一) 孙冶方"最小-最大"理论产生的背景

中华人民共和国成立后,传统社会主义经济理论中的唯意志论和自然经济论曾活跃了相当长一段时间,产生了严重后果。

社会主义经济制度比之于资本主义经济制度是一个更先进、更高级的社会经济制度。这突出表现在前者应该是在更高劳动生产率的基础上发展的经济制度。但由于社会主义制度是人类历史上崭新的社会经济制度,没有现成的经验可以借鉴。科学社会主义理论需要在实践中不断经受检验。在此过程中,人们对社会主义的认识产生这样或那样的偏差,影响社会主义经济的发展,也是难免的。

传统社会主义经济理论形成于20世纪20年代初,在许多社会主义国家长期占据统治地位。当第一个社会主义国家苏联粉碎了帝国主义的武装干涉而进入社会主义建设,对社会主义经济理论的研究也相应活跃了起来。当时苏联有的经济学家认为建立在生产资料公有制基础上的无产阶级政权,既然有组织社会主义

[①] 荀华凤,无锡新尚投资有限公司产业发展部经理、副研究员;黄子,无锡市滨湖区人民政府统计局副局长、研究员。

经济的职能,也就能按照人们的自我设计来建设新型的社会主义经济。这实际上是认为无产阶级专政政权有"取消""改造"经济规律的"特异功能"[①]。

社会主义经济建设中违反客观经济规律的唯意志论曾在我国影响深重。孙冶方以马克思主义者的坚定立场,毅然奋起疾呼,要"肃清政治经济学中的唯心论和形而上学观点"。当时他指出,唯意志论的实质"就是否认或者轻视客观经济规律的观点,就是把政治同经济对立起来的那种观点,就是不用客观经济规律来说明经济现象和经济问题,而是相反,用政治和思想意识上的原因来代替客观经济规律"[②]。孙冶方的经济观点在当时虽难以扭转全局,但给人们,特别是经济学界留下了难忘的思考问题的方向。

与唯意志论同时并存的还有形而上学观,即把社会主义经济看成一种无商品、无货币、无流通的自然经济。自然经济论虽然发端于德国,但真正影响社会主义建设实践的,则始于20世纪20年代初期的苏联。苏联存在根深蒂固的"自然经济论",在中华人民共和国成立后随着我们全面学习苏联而移植到我国,且盛极一时。经过多年考察,孙冶方深感否定商品生产、商品交换,取消商品经济的"自然经济论"对我国社会主义经济建设的有害影响。他力排众议,在20世纪60年代初期就旗帜鲜明地批判"自然经济论"。

唯意志论和自然经济论的流行,在理论上妨碍人们正确地认识社会主义,阻碍了社会主义的发展;在制度上成为高度集中的以行政管理为主的经济理论基础;在实践中导致社会主义经济活动不讲经济效益,使我国经济建设受到严重损失。

(二) 孙冶方"最小-最大"理论的基本内容

孙冶方对唯意志论和自然经济论从不调和、苟同。他正是在对传统经济理论的长期搏斗和总结社会主义建设实践正反两方面的经验教训中,才逐步建立起具有自己独特风格的政治经济学理论,包括"最小-最大"理论。

[①] 王鹏程、于双庆、汪海波、彭昊《孙冶方的"最小-最大"经济理论研究》经济日报出版社1987年版,第2—3页。

[②] 王鹏程、于双庆、汪海波、彭昊《孙冶方的"最小-最大"经济理论研究》经济日报出版社1987年版,第2—3页。

孙冶方的"最小-最大"理论的基本内容大体可归纳为以下几个方面：

一是费用对效用的比较。孙冶方多次强调他的理论灵感来源于恩格斯的"费用对效用的关系"，也就是费用与效用的比较。①具体说来，就是比较投入与产出，比较生产某产品投入的活劳动与物化劳动，即劳动耗费量同生产出来的物质形态或价值形态的数量之间的比例关系。

二是劳动时间的节约。"以最小的劳动耗费取得最大的经济效果"。因为劳动耗费是多是少都要以劳动时间来衡量。所以一切节约归根结底是时间的节约。劳动时间的节约是实现"最小-最大"的必然结果。

三是劳动生产率的提高。劳动生产率的提高必然带来劳动时间的节约，而劳动时间的节约又主要依靠劳动生产率的提高。这样劳动生产率的提高以劳动时间的节约为中介，使"最小-最大"理论得以实现。

四是加速资金周转。以最短的时间、最小的耗费从生产领域进入消费领域，缩短再生产周期，加速社会生产的速度，更好地满足社会消费的需要。

五是更多更好地满足社会主义社会人民日益增长的物质和文化的需要。这是社会主义生产目的对"最小-最大"理论提出的要求。孙冶方把"最小-最大"理论与社会主义目的紧密联系在一起，指出："社会主义是为使用价值生产，不支出费用，不付劳动代价就不能取得任何有使用价值的劳动产品。要取得更多的使用价值就必须讲究节约费用，节约劳动，力求以最小费用取得最大最多的使用价值。"

六是社会必要劳动量规律。社会必要劳动规律也就是价值和价值规律。"最小-最大"理论反映了价值和价值规律的要求。最小劳动耗费的含义就社会范围而言是社会平均必要劳动，就个别生产者（企业）而言就是低于社会平均必要劳动的个别劳动。社会平均必要劳动量规律是"最小-最大"理论的重要内容。

(三)"最小-最大"理论是孙冶方经济理论体系的核心

"最小-最大"理论构成孙冶方经济理论体系的核心。在此基础上，对一系列重要的社会主义经济理论提出了自己的见解，主要为价值论、流通论、企业论、利

---

① 《马克思恩格斯全集》第1卷，人民出版社1972年版，第606页。

润论。

1. 价值论

当传统观念和经济学界不少人都把"价值"当作资本主义和商品经济遗留下的范畴,极力想把它从全民所有制的内部驱除出去的时候,当"价值"被许多经济学家理解为"流通过程中范畴"的时候,孙冶方力排众议,以他对"价值"的独创性理解,明确提出价值、价值规律在社会主义社会,以至在共产主义社会中仍将存在的观点。[1]"千规律,万规律,价值规律第一条。"[2]

2. 流通论

传统的社会主义经济理论否认社会主义商品生产和商品流通,据此得出的逻辑结论只能是:社会主义经济根本不存在流通过程。社会主义社会是否存在流通过程呢？孙冶方的回答是肯定的。他不懈地批判社会主义无流通论,认为在未来的共产主义高级阶段,可以没有商品而只存在产品,但流通过程仍将存在,商品会消亡,流通却不会消失。因为社会化大生产的特点是分工愈来愈细。只有通过流通过程才能把千千万万种劳动连成一体。人们只有走完流通过程才能进入消费领域。

3. 企业论

过去对企业捆得太死,应还给企业自主权,使其保持相对独立的地位。对此,孙冶方早已有自己的见解。他对国民经济的集中统一管理制度,即物资的统一调配、财政的统一收支、人力的统一分配等所存在的弊端,早有察觉。20世纪50年代后期和60年代初,他多次提出"财经管理体制的中心问题是作为独立核算单位的企业的权力、责任和它们同国家的关系问题,即企业的经营管理权问题"[3]。

4. 利润论

利润是什么,是不是剥削的代名词？在长时期内这是一个被弄得混乱不堪的问题,一度还成了不能冒犯的"禁区"。与众不同,孙冶方坚持提出社会主义企业应该讲利润,应该把增加利润作为社会主义企业的重要任务,"把利润作为考核企

---

[1] 《资本论》第1卷,第75页。
[2] 孙冶方:《孙冶方全集》(第2卷),山西经济出版社1998年版,第79页。
[3] 《孙冶方选集》,山西人民出版社1984年版,第242页。

业经济效果的综合指标。"①

　　社会主义社会应该讲利润,但能不能要求社会主义企业给国家提供更多的利润? 孙冶方响亮回答:"我们应该赞成企业的利润越多越好。"②社会主义企业如果能够争取更高的利润率,为什么不能给国家多上缴利润,多做贡献呢? 对社会主义国家来说,全民所有制企业上缴的利税乃是国家财政收入的主要部分。

　　通过什么途径增加企业的利润呢? 社会主义国家不允许企业以牺牲消费者利益,即乱涨价或降低产品质量的办法来增加利润。而是要求企业改善经营管理,进行技术革新,提高劳动生产率,降本增利。

　　从这里,我们看到了孙冶方的"利润论"和他的"最小-最大"经济理论的紧密联系。没有"最小-最大"理论的指导就不会形成更多的利润,否定了"利润",当然也就无所谓"最小-最大"。孙冶方的利润观,就是以"最小-最大"经济理论为基础的。实现"最小-最大"的目的就是要取得更多的社会主义利润。他同无产阶级革命导师的一贯思想是一脉相承的。列宁说过:"劳动生产率归根到底是保证新社会制度胜利的最重要、最主要的东西","资本主义可以被彻底战胜,而且一定会被战胜,因为社会主义能造成新的高得多的劳动生产率","共产主义就是利用先进技术的、自愿自觉的、联合起来的工人所创造出来的较资本主义更高的劳动生产率"③。毛泽东也说过:"勤俭办工厂,勤俭办商店,勤俭办一切国营事业和合作事业,勤俭办一切其他事业,什么事情都应当遵循勤俭的原则,这就是节约的原则,节约是社会主义经济的基本原则之一。"他还说过:"任何社会主义的经济事业,必须注意尽可能充分地利用人力和设备,尽可能改善劳动组织,改善经营管理和提高劳动生产率,节约一切可能节约的人力和物力,实行劳动竞赛和经济核算,借以逐年降低成本,增加个人收入和增加积累。"④列宁和毛泽东关于提高劳动生产率的重要思想,也就是花费最少的劳动取得更多的产品,与孙冶方的"最小-最大"原则是一致的,并无冲突。

　　孙冶方主张企业应该讲利润,应该以最少的劳动耗费取得最大的效果,为国

---

① 《孙冶方选集》,山西人民出版社 1984 年版,第 515 页。
② 《孙冶方选集》,山西人民出版社 1984 年版,第 515 页。
③ 孟睿:《论列宁对科学技术力量的认识及现实启示》,载《当代世界与社会主义》2023 年第 5 期。
④ 《中国农村的社会主义高潮》,人民出版社 1956 年版,第 54 页。

家多提供积累,完全符合社会主义建设中客观经济规律的要求,完全符合中国共产党为人民服务的宗旨,完全符合中国最广大人民群众的切身利益。

二、孙冶方"最小-最大"经济理论对高质量发展的启示

孙冶方"最小-最大"理论作为孙冶方经济理论体系中的核心内容,作为中国经济思想史中的一份重要遗产,今天加以重温,我们深深觉得它对于贯彻党的二十大报告精神,加快推进中国式现代化建设和高质量发展的诸多方面都有一定的指导和借鉴意义。

(一)必须强化行政成本意识,优化政府建设模式的选择

中华人民共和国成立以来,随着高度集中的计划经济体制的建立,我国形成了无所不包的政府职能与庞大的政府机构,这种体制的弊端之一就是政府部门权力集中、官僚主义严重、办事成本高而效率低。改革开放以后,虽然已对计划经济体制和政府职能进行了改革,但是不讲效率、不计成本的旧体制的历史惯性依然存在,主要表现在这几个方面:

一是吃"皇粮"的人多。在现今我国行政管理中各类机构的关系尚未完全理顺,事务重复、职能交叉,浪费了行政资源,增加了行政成本。

二是财政的约束不到位。财政预算、财政制度在政府的权力面前约束力软化,一些法律法规和制度形同虚设,致使一些党政领导机关及其领导人花费"公家的钱"不受制约、不受约束,超支、透支不承担责任。

三是腐败滋生增加行政成本。以权谋私、行贿受贿、公款赌博等腐败现象,在一些地方、一些部门、一些行业相当严重,给经济造成了巨大损失,加大了国民经济负担,影响经济与社会事业的发展,引起了人民群众的强烈不满。

造成行政成本升高的原因是多方面的,一个重要的制度性原因是缺乏科学的成本核算体系和有效的成本监督制度。长期以来,一些地方对于行政活动应支付哪些成本、行政的经费从何而来、投向何方、如何投入等,既缺乏完整的信息收集、信息统计、信息披露,也无相应完备的法律法规与制度,更谈不上对其进行成本核算。同时,对行政成本的分配、使用以及能否实现相应目标取得相应效果,也缺少

专门的机构与相关的制度对其进行监督与考评。

降低行政成本、提高行政效益、实行科学行政是加强党的执政能力和政府行政能力建设的重要内容。人民政府所取得的绩效都必须支付成本,然而最基本的要求就是力求以尽量小、尽量低的行政成本来取得尽量大、尽量好的行政绩效。基于此,我们应当从孙冶方"最小-最大"理论中得到启示,采用成本-效益分析的方法,对行政成本与行政绩效之间的关系进行考察,优化政府建设模式的选择。

第一种是"服务型政府"。现代政府实质上都通过提供充足优质的公共服务证明自己存在的价值和合法性。没有公共服务就没有现代政府。社会公众在要求政府服务优质的同时,关心和着眼的就是政府服务的成本。自20世纪70年代末开始,西方发达国家为克服不断增加的福利和直线增长的政府成本所带来的财政危机,向社会发出呼声:"以更少的纳税获得更多更好的公共服务。"这呼声明确无误地要求服务型政府必须降低成本。

第二种是"均衡政府"。有人指出政府对市场的干预必须"有限""适度",从而形成均衡机制,即"均衡政府"。然而,事实上在用权任性且缺少权力制衡的情况下,很难达到"均衡政府"。政府在决策时由于缺乏竞争和比较,往往不考虑成本与收益比,可能会用巨大的干预成本换取较小的弥补市场缺陷的收益。这样,尽管在表面上达到了均衡,实际上是无效均衡。

第三种是"无限政府"与"有限政府"。无限政府也称"万能政府""全能政府"。中华人民共和国成立后我国依照苏联模式建立起高度集中统一的、由中央机关通过指令性计划,对全社会经济活动进行行政性协调的政府管理,被视为典型的"无限政府""万能政府"。历史地看,在一定时期内有其必然性,然而,当时代发展到今天,那种以高度集中统一为特点,以直接的指令性计划为手段的管理模式,显然已不合时宜。无所不为的"全能""万能""无限"的政府模式显露出诸多弊端,政府由"无限"转向"有限"是大势所趋。社会和公众批评乃至抛弃"无限政府"而倾向于"有限政府",乃是明智的选择。

(二)必须强化政绩成本意识,将成本考核纳入领导干部政绩考核体系

凭政绩用干部,考核干部重在考核政绩,本应无可非议,在人事行政领域中是通常做法。但是,这个原则如今在有些地方已出现了偏差。突出表现在干部政绩

考核中,政绩成本意识严重缺失。考核政绩只看施政成效,不计施政成本。只看GDP增加了多少,搞了多少经济活动,架了多少桥,修了多少路,栽了多少花……至于成本却很少过问,甚至有时根本不问。

政绩是领导干部运用公共权力,动用和整合部分社会资源获得的,领导干部创造政绩必须投入一定数量的经济、政治和意识形态资源。如果投入之后产生的绩效明显大于投入,国家、集体、群众确实都得到了实惠,这种政绩就是实实在在的政绩。反之,即使看起来挺显赫,可是一经计算各种成本,政绩就变成了零甚至是负数。这种政绩无论多么璀璨,都是不应该肯定的。考核领导干部政绩,一定要强化"政绩成本"意识,注意从绩效中减去创造绩效的投入,挤去"政绩"中的水分。

(三)必须增强环境成本意识,不能以牺牲环境为代价

领导干部政绩的获得不能以牺牲环境为代价。GDP的高速增长不应当破坏生态平衡。经济发达国家早就十分重视环境友好型的发展实践,对损害环境的发展挂上红灯。20世纪40年代至50年代,美国洛杉矶市发生严重的光化学烟雾污染事件,导致大量居民健康受损。在政府采取严格措施治理大气污染后,洛杉矶市的大气质量得到了显著改善。1952年,英国伦敦发生严重空气污染事件,导致数万人死亡。此后,英国政府采取了一系列措施改善空气质量,包括限制煤烟排放、推广清洁能源等。20世纪80年代,德国莱茵河流域的许多化工厂大量排放有毒废水,导致河水严重污染。这起事件引发了国际关注,促使德国政府采取严厉措施治理莱茵河。经过多年的努力,莱茵河的生态环境得到了很大程度的恢复。印度有句格言:"空气、水和土地不是父辈给我们的礼物,而是我们向子孙的借款。"我们不应当重蹈历史上发达国家破坏生态环境的覆辙。生态环境应当成为衡量领导是否合格的重要标志,认真吸取历史教训。考核领导政绩必须强化环境成本意识,要看领导干部在任期内当地经济发展效率和质量提高了没有,能源资源消耗速度下降了没有,区域生态质量改善了没有,人与自然生态环境是否协调发展,环境污染治理和清洁生产水平是否高质量达标。应具体地测定和评价原材料消耗强度、能源消耗强度、水资源消耗强度、环境污染排放强度,提高全社会劳动生产率,走可持续发展之路。

(四) 必须强化长期成本意识，杜绝短期行政行为

长期成本开始形成时一般没有明显的成本迹象，乍看起来似乎有近期"效益"，但从长期看危害甚多，其严重程度往往不敢细测，有的可能持续影响几十年甚至几百年。在经济发展中，产品的实现力，资源的再生力，资本的增值力都是长期成本问题。产品生产出来了却无法实现价值，资源利用了却无法再生，资产形成了却难以滚动发展，难以增值，短期看可能都有效益，但长期看却是成本的不断高升和效益的逐年下降，甚至亏损。强化领导干部政绩考核的长期成本意识，就是要把形成政绩的成本在时间上尽可能拉长，使潜伏的后续成本尽量表现出来，从而全面、客观、科学地对领导干部的政绩进行成本效益分析，得出公正、合理的结论。现在不少行业的重大项目或工程已实行终身责任追究制，领导干部政绩比重大工程更复杂，涵盖面更广，影响的时间也更长，更应实行终身责任追究制。应该用科学的制度对政绩进行规范，不管领导干部走到哪里，处于何种岗位，间隔多长时间，都要对其所创造的政绩负责，从而使政绩的创造、评估、使用、监督形成一种长效机制。

孙冶方价值理论对社会主义市场经济的启发
——以中国工商银行发展为例

王 安[①]

党的二十大报告围绕推进中国式现代化、全面建设社会主义现代化国家作出战略部署,这对发展社会主义市场经济提出了更新更高的要求。社会主义市场经济是将市场作为资源配置的主要手段,同时结合社会主义基本制度的一种经济体制。市场在社会主义市场经济体制下对资源配置起决定性作用,但同时也受到政府的宏观调控,以实现经济的协调、稳定和可持续发展。社会主义市场经济的基本特征在于坚持公有制的主体地位,强调政府宏观调控与市场机制相结合。与之相比,资本主义市场经济则以私有制为基础,主要依赖市场机制。两者在基本制度、资源配置方式和分配制度等方面均有所不同,反映了不同社会经济制度的本质差异。社会主义市场经济的根本目标在于实现共同富裕,其最终目的是消除两极分化与贫穷。在社会主义市场经济中,政府通过制定和实施各种经济政策,能够实行强有力的宏观调控,对经济活动进行引导和调节,以实现经济的稳定增长和社会的公平和谐。中国特色社会主义市场经济理论的创立通过将传统的社会主义经济理论同市场经济理论相结合,既是对传统计划经济的理论架构的一种突破,也是对传统市场经济理论的一种创新,是马克思主义与当代中国实际相结合的又一次飞跃。

习近平总书记在2016年召开的哲学社会科学工作座谈会上发表重要讲话时强调,哲学社会科学理论研究必须与实践相结合,特别是要立足本国实际,注重研究中国社会主义现代化建设中的实际问题。孙冶方自20世纪30年代起从事经济理论研究,将阅读经典文献和调查研究紧密结合,对社会主义经济建设中的重大

[①] 王安,中国工商银行无锡分行办公室综合经理(一级)。

理论和实践问题提出了一系列独创见解,推动了社会主义经济理论研究的深入发展。孙冶方坚持联系生产力来研究社会主义生产关系,以社会主义全民所有制的产品为出发点,把对价值范畴的分析贯穿于经济活动的各个阶段,提出了符合社会主义经济发展的价值规律。[①]孙冶方认为价值实际上可以被切割为价值实体和价值形式两部分。其中,价值实体存在于资本主义社会和未来社会,具有永恒属性,属于超历史范畴,而价值形式仅存在于资本主义社会,并将在未来社会被摒弃,具有历史属性,属于历史范畴。[②]孙冶方提出价值并非商品经济所独有的概念,而是社会化大生产的自然产物;价值规律也并非商品经济特有的规律,而是体现社会化大生产的客观规律,[③]价值规律将始终存在于人类社会中,并以价值实体本身的规律对生产活动产生直接的影响。孙冶方的价值理论是一种广义的研究社会平均必要劳动的基础的价值规律,并非一种狭义的单纯研究市场价值的规律。他强调劳动是价值的源泉,但并非唯一源泉,一切社会财富的源泉在于生产,而生产又是劳动创造的。孙冶方进一步指出,劳动产品的价值衡量不应仅基于一般使用价值,而应依据其具体的使用价值。商品不仅具有使用价值和价值两个方面,其使用价值还涵盖了商品的社会属性和自然属性。

研究社会主义市场经济与孙冶方价值理论之间的关系对于理解社会主义市场经济的本质和特点,探讨其发展方向,以及为中国特色社会主义理论体系的建设提供新的思路和理论支持具有重要意义。本文将结合中国工商银行的历史沿革,探讨孙冶方价值理论对社会主义市场经济发展的积极意义,为中国特色社会主义事业不断取得新的更大成就提供重要参考,进而推动社会主义市场经济更好地发展,实现经济效益和社会公平的有机统一。

一、计划经济体制改革与工商银行成立

社会主义市场经济理论是一个不断发展的理论体系。自改革开放以来,学者

[①] 冒天启:《价值规律内因论与商品生产外因论——〈孙冶方文集〉序》,《经济研究》,2017 年第 52 卷第 9 期,第 4—10、203 页。

[②] 张开、王腾、李英东:《孙冶方价值理论的核心命题、理论根据及其评析》,《孙冶方价值理论的核心命题、理论根据及其评析》,2022 年第 43 卷第 2 期,第 31—40 页。

[③] 孙冶方:《社会主义经济的若干理论问题(续集修订本)》,人民出版社 1982 年版。

对公有制和非公有制，计划和市场，政府和市场三大关系的理解越来越深入，思路也在不断革新，逐步产生了许多重大的理论原理和基本概念。早在党的十一届三中全会前，罗元铮在《世界经济》上发表文章，分析了南斯拉夫的经济体制，认为其计划经济的核心是将市场经济和社会经济规划相结合。[①]随后，于祖尧较早地提出并阐述了社会主义市场经济的概念，他强调社会主义经济在本质上具有市场经济的属性。[②]社会主义市场经济的定义最早出现在中国共产党的政策文件和会议中，在党的十二大上首次提出了以计划经济为主，市场调节为辅的原则。中共十二届三中全会把社会主义经济定义为以公有制为基础的有计划的商品经济，对社会主义市场经济的理解进一步加深。党的十三大明确提出要综合运用计划调节和市场调节两种手段，逐步建立"国家调节市场，市场引导企业"的机制。在这种有计划的商品经济新体制中，企业是主体，市场是基础，而国家则扮演着领导的角色，计划与市场实现内在统一，市场作为一种重要的中介被引入社会主义初级阶段的经济运行机制中。

计划经济条件下，从宏观到中观再到微观都有政府的介入和干预，政府在经济领域中无所不包。马克思在《资本论》中提出的计划价格论，同样对社会主义计划经济下的价格机制进行了深入探讨。马克思认为，在计划经济中，尽管市场机制的作用被限制，但计划部门可通过精准调整和控制产品的生产及流通过程，来有效调节价格。计划价格论的核心思想在于，基于社会总需求和总供给的平衡状况来确定产品生产数量，并借助市场价格信号引导生产者的经营活动。然而，计划价格论虽有助于发挥计划体制在社会主义计划经济中的作用，但也存在局限性，它主要聚焦于社会总需求对价格的影响，而相对忽视了供给方面的因素，以及对生产者间利益关系的全面考量。孙冶方价值理论深刻阐述了市场在价格形成中的关键作用，为社会主义市场经济中市场调节与政府调控的有机结合提供了坚实的理论支撑，为政府和企业提供了更为精确的把握商品价值和价格形成规律的依据，有助于制定合理的政策和经营策略。孙冶方认为在未来社会，价值仍然存在，但在商品经济条件下，应当将其理解为交换价值，因为交换价值是资本主义社

---

① 罗元铮：《南斯拉夫的社会计划与市场经济》，《世界经济》1978年第3期，第31—35页。
② 吴强：《社会主义市场经济从理论到实践的历史性探索——访著名经济学家、中国社会科学院荣誉学部委员于祖尧研究员》，《红旗文稿》2008年第18期，第2—5页。

会中价值的一种特殊表现形式,主要用于解决交换问题。然而,未来社会将摒弃交换价值这种价值形式,仅保留价值实体。价值是社会化大生产的共性,在商品经济条件下采取交换价值的表现形式,在共产主义社会条件下则通过计划和统计的方式直接体现。① 孙冶方进一步区分了价值规律和价格规律的概念。他认为,价值规律是商品内在的价值形成机制,而价格规律是商品在市场上实际交易价格的变动规律。这两者既有联系,又有区别。价值规律是价格规律的基础,但价格规律在实际运作中受供求关系、市场竞争等多种因素的影响,因此并不总是完全反映价值规律。孙冶方特别强调交换价值与价值的区别,他认为交换价值反映着商品生产关系的特性,只有在商品经济条件下才等同于价值,而价值则并非商品经济所特有的。②

改革开放前,我国实行的是高度集中的计划经济体制,与之对应的投融资体制以财政为主、银行为辅,金融领域主要由人民银行一家主导。随着1978年改革开放的启动,经济社会快速发展,居民收入增加,金融服务需求日益多样化,这与当时的金融体制产生了矛盾。1979年,邓小平提出"必须把银行真正办成银行"的论断,推动了金融体制改革。同年,中国农业银行、中国银行和中国人民建设银行恢复设立,同时批准成立了中国国际信托投资公司等金融机构,农村和城市信用社也快速发展。随着改革的深入,从事信贷和储蓄业务的银行作为金融市场的重要参与者,理应遵循市场规律,通过市场化手段配置金融资源,并接受政府的监管和调控,确保金融市场的稳定和金融安全。然而,这一时期我国尚未建立统一的中央银行制度,人民银行同时履行中央银行和专业银行双重职能,导致金融领域无序竞争。为解决这一问题,1983年国务院决定中国人民银行专门行使中央银行职能,不再兼办工商信贷和储蓄业务,并成立中国工商银行承接这些业务。这一决定标志着我国中央银行体制的确立,实现了银行业组织制度上的政企分离,结束了人民银行既当裁判员又当运动员的历史,是我国金融体制改革的重要里程碑。随后,人民银行与工商银行之间的分设工作有序展开。1984年1月1日起,各级人民银行机构开始加挂中国工商银行牌子,采用"一个机构,两块牌子,资金

---

① 刘召峰:《孙冶方的价值理论:一个批判性剖析》,《当代经济研究》2021年第2期,第33—44、112页。
② 王松:《新时代中国特色社会主义生产关系的改革方向——来自孙冶方、薛暮桥、于光远经济思想的启示》,《经济思想史研究》2019年第0期,第68—87页。

分开,两套账目"的过渡办法。经过一年的努力,至 1985 年初,除青海、海南外,全国大部分省市都完成了人民银行与工商银行的机构分设。工商银行的成立,标志着我国金融业进入新的发展阶段,商业银行开始根据市场供求关系、商品价格变动等因素来制定贷款政策、投资策略等,以实现资产的优化配置和风险的有效控制。这一改革确立了中央银行体制,标志着我国国家专业银行体系的最终形成,不仅加强了信贷资金的集中管理,也为宏观经济决策提供了更好的服务,对推动经济体制改革、完善市场经济体系、提高金融服务效率等方面提供了更加有力的金融支持。

二、社会主义市场经济体制的确立与工商银行转型

随着改革的深入,吴敬琏认为社会主义市场经济这一提法更能凸显当时经济体制的运行特征,于 1992 年提出了确立社会主义市场经济的呼吁,并明确指出市场是基本的社会资源配置手段。[1]紧接着,刘国光也对这一转变进行了解读,他解释商品经济是一个抽象的内容层次概念,而市场经济的概念则更为具体和表象。[2]鉴于当时经济改革的核心在于以市场配置为主导替代原先的以计划配置为主,所以"有计划的商品经济"一词已经不能完全体现这种转型的深刻内涵。这些经济学家的观点与论述,为社会主义市场经济的建立与发展奠定了理论基础。

社会主义市场经济使经济活动遵循价值规律的要求,适应供求关系的变化,而传统劳动价值论认为,商品的价值取决于生产该商品所需的劳动时间,即生产商品所需的社会必要劳动时间决定了商品的价值,而市场供求关系并不能决定商品的价值。劳动价值是指用于生产商品所必需的劳动时间,它包括直接劳动和间接劳动。直接劳动是指直接用于生产商品的劳动时间,而间接劳动指用于生产生产工具和原材料等的劳动时间。劳动价值论认为虽然在现实中存在着许多因素(如供求关系、市场垄断等)影响价格,但最终商品的价格会围绕着它的劳动价值

---

[1] 吴敬琏:《建议确立"社会主义市场经济"的提法》,《财贸经济》1992 年第 7 期,第 3—6 页。
[2] 刘国光:《社会主义市场经济理论讨论中若干焦点问题》,《社会主义市场经济理论讨论中若干焦点问题》1992 年第 6 期,第 14—18 页。

上下波动。孙冶方对传统的劳动价值论进行了深入的批判。他敏锐地指出劳动价值论虽有其历史地位与贡献,但单纯以劳动时间作为价值的唯一衡量标准,显然忽略了市场经济中诸多复杂因素的影响。在孙冶方看来,价值并非仅由劳动时间决定,供求关系同样发挥着至关重要的作用。他强调商品的价值并非固定不变的,而是随着市场供求关系的变化而波动的。当市场上某种商品供过于求时,其价格往往会下降,反之则会上升。孙冶方对马克思劳动价值论进行了深入的批判与修正,批判并完善了传统的劳动价值论,为社会主义市场经济提供了新的思路和方法。他强调,价值的形成不仅要考虑劳动价值,还应综合考虑供求关系和边际效用。这一理论突破了传统计划经济观念,指出价格形成规律不仅取决于劳动时间,更受到市场需求和供给关系的影响,这对于分析市场价格波动和变化具有重要的指导意义。他的理论既是对西方批判社会主义经济是自然经济、不讲经济效果的有力回击,又是对苏联否认全民所有制的价值规律理论的拨乱反正。经济发展水平取决于劳动效率的高低,生产每一单位产品所需要的劳动量越少,经济发展水平越高。价值范畴是研究劳动耗费即单位产品中包含多少劳动时间的问题。孙冶方认为价值规律要注重经济效果,即用最小的劳动消耗取得最大的经济效果。用最小的劳动耗费取得最大的有用效果,就是要把个别的、局部的劳动,还原为大多数的、社会平均必要的劳动耗费的复杂经济运行过程。孙冶方还强调要保证等价交换,即不能通过"剪刀差"来获取建设资金,要做到综合平衡,即获得价值的平衡,而不是使用价值的平衡。

工商银行成立之初的十年间,作为国家专业银行,通过广泛吸纳社会资金,关注新兴产业的发展趋势,积极开拓存、贷、汇等业务,调整和优化业务结构,支持劳动价值的创造和分配,成为中国第一大银行。进入企业化经营阶段后,工商银行推动了信用卡、国际业务等新兴业务的发展,有力地支持了国民经济的发展和改革开放的推进,为向商业银行转型奠定了基础。1993年后,随着社会主义市场经济体制的确立,面对市场环境的变化和客户需求的多样化,工商银行开始向国有商业银行转变,实施统一法人体制,推行了分支机构监控模式,建立健全了各项制度,并持续加快电子化、信息化建设。在资产、负债及收入结构方面,工商银行也进行了积极调整,在资源配置时需要考虑资源的边际效用:信贷资产比重逐渐降低,非信贷资产比重提高,主动性负债开始发展,中间业务收入、债券投资和资金交易收入所占比重不断提高。工商银行在国家专业银行到国有商业银行的转型过程中,通过不断深化改革、创新发展,实现了资产规模、经营效益的快速增长,进入世界企业500强行列,为后续股份制改革打下了坚实基础。

三、社会主义初级阶段基本经济制度的确立与工商银行股份制改革

党的十四大报告在市场机制作用问题上取得了重大理论突破,明确提出社会主义市场经济体制应该是由市场来实现的,即在社会主义国家的宏观调控中,市场是最基本的资源配置方式。在此基础上,党的十五大报告对基本经济制度进行了重要的理论发展,强调公有制经济为主体、多种所有制经济共同发展的制度是我国社会主义初级阶段的一项基本经济制度。

孙冶方价值理论为社会主义市场经济中多种所有制经济的协调发展提供了坚实的理论基础。他强调,价值源于客体的效用,既包含物质效用也涵盖精神效用,这两者共同构成了价值的完整内涵。在社会主义市场经济中,价值以商品价格的形式得以体现,而市场是商品经济运行的重要载体。孙冶方深入剖析了价值规律在市场调节中的关键作用,认为价值规律是客观存在的经济规律,不以人的意志为转移,通过市场的自动调节对商品交换进行控制。中国特色社会主义市场经济理论和实践的一个重要原则就是要逐步放开生产资料等竞争性产品与服务的价格,这为社会主义市场经济中多种所有制经济的共存提供了理论上的支撑,把社会主义制度与市场经济有机结合起来。在社会主义市场经济条件下,充分认识和尊重价值规律可以发挥市场调节机制的作用,促进多种所有制经济协调发展,推动经济持续健康发展,实现社会全面进步和人民共同富裕。

公有制经济为主体、多种所有制经济共存的经济制度为国有商业银行股份制改革提供了有利的市场环境。2001年,随着中国加入WTO(世界贸易组织),我国银行业迎来新的发展机遇。以工商银行为代表的国有商业银行在支持国民经济发展中贡献巨大,但长期面临资本金不足和不良资产问题,使我国银行业的深化改革迫在眉睫。2003年,为了应对开放带来的挑战,国务院成立试点改革小组,明确国有银行股份制改造目标。2005年4月18日,工商银行股份制改革方案获批准,改革进入实质阶段。同年10月,工商银行股份有限公司正式成立,工商银行

率先实施股份制改革,通过国家注资和发行次级债进行资本重组,同时剥离不良资产。此举不仅充实了资本金,提高了资本充足率,还减轻了工商银行的历史包袱,彻底改变了工商银行的管理体制和经营机制,构建了现代金融企业制度。工商银行作为公有制经济的重要组成部分,通过股份制改革实现了产权结构的多元化和治理结构的现代化,与非公有制经济形成了优势互补,在治理结构和资本实力上得到显著提升,不仅有利于其稳健经营和健康发展,更增强了其参与国际竞争的能力。

四、结论与展望

社会主义市场经济是中国共产党和中国人民的伟大创造。改革开放以来,在理论上将经济体制与经济制度分置,有力地推动了社会主义市场经济体制的建立和完善。明确社会主义基本经济制度包括生产资料所有制、收入分配制度以及市场经济体制三个方面,旗帜鲜明地强调必须坚持社会主义基本经济制度,不仅阐明了社会主义基本经济制度的内在逻辑,而且深化了对社会主义市场经济体制的认识,是习近平新时代中国特色社会主义经济思想的重大原创性贡献。党的十八大以来,社会主义市场经济理论进一步发展,反映了习近平新时代中国特色社会主义经济思想的重要内涵。党的十八届三中全会通过的《中共中央关于全面深化改革若干重大问题的决定》明确了公有制为主体、多种所有制经济共同发展的基本经济制度是中国特色社会主义制度的重要支柱,同时也是社会主义市场经济体制的根基,市场经济的一般规律是市场决定资源配置。习近平总书记在十九届四中全会上提出,要以公有制为主体,促进多种所有制经济共同发展,要以按劳分配为主体,推进多种分配形式并存,把社会主义制度和市场经济有机地结合起来,使社会生产力不断释放并发挥其巨大的优势。党的二十大报告指出不仅要毫不动摇巩固和发展公有制经济,而且要毫不动摇鼓励、支持、引导非公有制经济发展。社会主义市场经济理论在不断发展中呈现出越来越丰富的内涵。特别是习近平新时代中国特色社会主义经济思想的提出,为社会主义市场经济的理论建设提供了新的思路和路径。社会主义市场经济理论这一重要理论体系必将在实践中不断完善,推动我国经济持续健康发展。

中国社会主义市场经济的实践探索和发展成果,不仅在国内取得了显著成效,更在全球范围内产生了深远影响。这一成就的关键在于中国对市场经济体制的创新。不同于简单地模仿西方模式,中国在社会主义基本原则的基础上进行了创新,政府从直接干预转向宏观调控,更加注重通过政策、法规等手段来引导市场发展,确保市场的公平竞争和稳定运行。同时,国有企业的现代化转型也是中国经济发展的重要支撑。中国工商银行等央企成功地从计划经济模式转型为现代企业制度,提高了经营效率和创新能力,并在关键领域和基础设施建设中发挥了关键作用。此外,民营经济的崛起和外资企业的参与为中国经济注入了新的活力。民营企业以其灵活性和创新精神,推动了经济结构的优化和产业升级。外资企业的参与则促进了国际经济合作与交流,拓宽了中国经济的国际视野。数十年来,通过主动融入国际经济大循环,改革以集体经济为主的所有制结构以后的民营经济发展势头强劲,这种"有农则稳、无工不富、无商不活"的"苏南模式"创造出经济发展的一个又一个"奇迹"。[①]在区域发展方面,中国通过实施一系列战略,如"一带一路"倡议和粤港澳大湾区发展规划,促进了区域间经济的深度融合和协调发展,缩小了地区发展差距。在创新驱动方面,中国通过鼓励科技创新、引进高端人才,出台一系列鼓励创新的政策和措施,极大地推动了创新驱动发展战略的实施。值得一提的是,中国在追求经济增长的同时,也高度重视生态环境保护。通过实施严格的环保法规和推广清洁能源,中国努力实现了经济发展与环境保护的双赢,为全球生态文明建设提供了有益借鉴。在我国经济发展过程中,市场和政府在资源配置中的作用不是此消彼长,而是相互促进、相得益彰的。社会主义市场经济体制既体现了社会主义基本制度的要求,又在资源配置上实现了与市场经济的有效结合。

分析社会主义市场经济与孙冶方价值理论的关系,为我们深刻剖析社会主义市场经济的内核与规律提供了新的视角和思路。孙冶方的价值理论,不仅批判并完善了传统的劳动价值论,更强调了市场在价格形成中的核心作用,为市场在资源配置中起决定性作用提供了坚实的理论基础。面对未来,我们应继续深入挖掘孙冶方价值理论的深刻内涵,将其精髓与社会主义市场经济理论实践相结合,推

---

① 王霞林、黄胜平:《苏南经济发展模式的最新调查》,《江海学刊》2003年第4期,第77—85页。

动社会主义市场经济健康有序发展。这不仅是实现经济持续增长的必由之路,更是保障社会公平正义、提升人民幸福感的关键所在。因此,我们要不懈努力,以孙冶方价值理论为指引,深化社会主义市场经济改革,完善市场体系,优化市场环境,激发市场活力,为实现中华民族的伟大复兴奠定坚实的经济理论基础。

20世纪无锡籍经济学家对中国经济体制改革的推进
——以孙冶方、薛暮桥为例

王粤海　薛中卿　孙鹭羽[①]

纵观中国经济发展史,20世纪才是开化、发展的百年,经济发展的路径抉择、内涵萃取、动力变轨、观念扬弃过程之繁盛、缜密,令人瞩目。源于20世纪30年代的中国早期经济学家群体,为中国经济发展画下一道道安邦治国的研学轨迹。被誉为"中国经济学家的摇篮"的无锡,先后涌现出杰出的马克思主义经济学家陈翰笙、为经济体制改革破冰的一代宗师孙冶方、策划经济体制改革总体方案的薛暮桥等一大批学界精英、学术泰斗。时至今日,经济学家那些在历史的廊道中闪耀着光芒的观点、理论、思想,仍在引导着我们,滋润着我们,警示着我们,感悟着我们。

近年来,对于中国经济改革于20世纪七八十年代呈现"破冰现象"的研究中,孙冶方的"价值规律"内因论,一直是引人瞩目的。而薛暮桥"市场取向改革"视角,也越来越多地被人提起。我们认为,诞生于不同历史环境、研究背景之下的两位经济学泰斗,其理论有着诸多异曲同工之处,他们共同为推进我国经济改革和发展做出了长期艰苦的探索,做出了巨大的贡献。观察和研究这两位带有传奇色彩的无锡籍经济学家的思想轨迹和学术生涯,有助于我们追蹑前贤,昭示当下,继往开来。

一、孙冶方和薛暮桥关于价值规律作用和市场取向改革理论形成的渊源和途径

（一）中国农村调查的基础性研究,开拓了理论诞生的空间

无锡籍经济学家陈翰笙(1897—2004)于20世纪初叶开启以科学方法进行全

[①] 王粤海,无锡日报报业集团副总裁、副总编辑;薛中卿,无锡日报报业集团江南晚报传媒有限公司总经理、传播运营部主任、主任记者;孙鹭羽,江南大学人文学院中文系学生。

国农村调查的先河。1929—1935年，陈翰笙组织了一系列农村调查，取得了大量第一手资料。1933年9月，在宋庆龄的大力支持下，陈翰笙组织调查团前往广东，进行为期9个月的农村经济调查。作为调查团的一员，孙冶方与农民促膝长谈，对农村社会性质有了深刻的体认。受陈翰笙之邀，薛暮桥也对农村经济问题进行了广泛而详细的调查与研究，于1937年出版了《中国农村经济常识》一书。

20世纪50年代中后期，中国政坛和政治经济研究界存在着唯心论和形而上学观点。孙冶方感到愕然，带着理论问题继续深入农村做调查研究，写出一篇篇内部研究报告和公开发表的文章。1978年，孙冶方被任命为中国社会科学院顾问，后又被任命为中央顾问委员会顾问。他不顾70多岁的高龄，风尘仆仆，赴祖国西南、西北等地区考察，撰写文章，制定经济发展规划。长期深入农村调查，为孙冶方和薛暮桥经济理论的拓展提升了空间，找到了理论渊源、实践依据。

(二) 在经济工作领导岗位及经济研究领域跋涉的孙冶方

1923年，孙冶方加入社会主义青年团，次年转为中共党员，是无锡第一个中共支部书记；1925年，赴苏联学习；1930年归国，在上海从事工人运动和左翼文化运动；1937年，任中共江苏省委文委书记；1941年夏，赴盐阜抗日根据地从事宣传教育和财经工作。

深感责任重大的孙冶方，殚精竭虑地研究中国经济建设的一系列理论问题。如果把他的经济学观点集成、归纳，可以概括成一点，那就是坚持价值规律的内因论。他提出价值规律是社会主义经济中的根本规律。他较早提出"企业是独立核算的生产单位，利润是考核企业好坏的综合指标""要以最小的劳动消耗取得最大的经济效果，按照等价交换进行产品流通"等一整套理论观点，并据此提出对我国长期照搬苏联的高度集中的计划经济管理体制进行改革的主张。这些改革理论，从党的十一届三中全会开始就逐步被应用到中国经济改革的全局之中。因而，孙冶方被中国经济理论界称为"我国经济改革的先驱"。

粉碎"四人帮"后，孙冶方得以平反。此时他疾病缠身，仍主动申请到全国各地调查，写了《要理直气壮地抓社会主义利润》等文章。1979年秋，孙冶方被确诊肝癌，此后3年多曾4次住院。肝癌晚期的他在病痛中以口述的方式完成了《二十年翻两番不仅有政治保证而且有技术经济保证——兼论"基数大，速度低"不是规律》一文;在中青年经济学者在病榻之旁录音、做笔记等帮助下,写出了《社会主义经济论》的初稿。

1983年2月22日,孙冶方因病在北京逝世,享年75岁。

(三) 长期从事中国经济体制顶层设计的薛暮桥

薛暮桥市场经济思想的形成,源于他在经济一线多年工作的实践经验积累。中华人民共和国成立后,他是中国社会主义计划经济体制设计团队的一员。经过多年实践与思考,他开始以务实求真和勇于探索的学术精神,较早地对计划经济体制进行深刻反思。

1927年北伐战争期间,薛暮桥加入中国共产党。20世纪30年代初,薛暮桥作为中国早期马克思主义经济研究者,追随陈翰笙,加入"中国农村经济研究会"。1938年,薛暮桥投笔从戎,参加了新四军,从事干部教育工作,为学员编写教材。1943年初,他成为山东革命根据地经济工作的负责人。随后又参与筹建新中国的计划经济体制。1980年,他为国务院体改办主持起草《关于经济体制改革的初步意见》。同年12月,薛暮桥作了题为《再论经济结构和经济管理体制的改革》的报告。他提出要建设多种经济成分并存的社会主义经济。在当时,这是思想观念层面的重大突破。

2005年7月29日,薛暮桥逝世,享年101岁。

二、孙冶方和薛暮桥共同的学术探索路径

(一) 深受"实学实用""经世致用"文化传统和严谨治学理念的影响

无锡历来有崇尚"实学实用"的文化传统,无锡学人一贯秉承"经世致用"的务实精神。薛暮桥、孙冶方深受无锡文化传统的影响,处事严谨实在,学风朴实无华,务求切合实际,勇于追求真理。他们不唯上、不唯书、不媚俗、不跟风,理论以实践为依据并接受实践的检验,他们没有盲目地对上级服从,也不会随波逐流、人云亦云。

正当批判修正主义的浪潮裹挟而来的时候,孙冶方面对围攻和责难,引经据典,以马克思、恩格斯、毛泽东的论述为依据,辅以多个在基层调查时遇到的实例,

批驳了各种无限上纲、妄加攻击的言论。随后,他把这些话整理为《在社会主义再生产问题座谈会上的发言提纲》《在社会主义再生产问题座谈会上的发言纪要》《要全面体会毛泽东同志关于价值规律的论述》等文,后来收录于《孙冶方全集》。他说:"我强调利润在计划中的作用,我不回避。"他以此回应那些围攻他的人的论辞,观点鲜明,言语犀利,坚持真理无所畏惧。他说:"在我说的条件前提下(严格遵守国家计划、严格遵守企业间的合同和价格与价值相符),不可能发生追逐利润。除勤勤恳恳地少花钱多办事外,没有别的办法多得利润……他只有努力生产降低成本才能获得利润,像这样的追逐利润我是赞成的。这哪一点是修正主义、右倾机会主义呢?"他以此批驳那些认为以利润为指标就会产生因追逐利润而生发资本主义的论调,诚挚而服众,简朴而有力。

崇尚实事求是,敢于自我否定,是薛暮桥治学的品质。薛暮桥将几十年来在经济发展战略上的核心问题,归结为急于求成、盲目追求高速度,直指当时经济领域的弊病。

开放包容的宽阔胸襟,求真务实的思想品格,与时俱进的创新精神,勇为真理而献身的理想信念,构成无锡经济学家平凡而又崇高的思想道德风范。他们身上所体现的科学精神、人文精神,是所有知识分子应有的精神境界,也是中华民族生存、进步、发展的内在动力。传承弘扬这一宝贵精神财富,对于凝心聚力,开拓创新,共同建设中国特色社会主义,具有十分重要的意义。

(二)推崇马克思历史唯物主义和科学社会主义,在实践中检验真理,在结构与功能层面寻找经济改革的突破口

中共中央于1958年在经济领域掀起群众运动,大炼钢铁,大办公共食堂,等等。对此,孙冶方并不以为然。1958年6月17日,时任中国科学院经济研究所代所长的孙冶方提出要"肃清政治经济学中的唯心论和形而上学观点"。他认为唯心论观点"是否认或者轻视客观经济的规律"。他指出了一个形而上学的观点,就是把未来的共产主义视为类似于原始的共产主义社会的实物经济。孙冶方还提出了流通理论,尽管这是在完全实行计划经济的背景下提出的,但恰恰是这个理论,为以后的对外开放政策预埋了伏线。

薛暮桥一生追求真理、拒绝平庸、超越自我、坦荡务实。他的市场经济思想的

形成,源于他在经济一线多年工作实践的经验积累。薛暮桥在《我的经济观在实践中形成和发展》一文中说:在1966年开始的"文化大革命"的"十年动乱"中,我被剥夺了发言权,但是,我的阅读权、思考权和写作权是被剥夺不了的。我利用一切空闲时间,认真重读马列主义经典著作……从1968年至1976年的八年时间里,我一共写了六稿。薛暮桥一直坚持自己的理论观念,并酝酿《中国社会主义经济问题研究》初稿。他重视实践的风范令人敬服,仰视科学的治学追求令人敬重,淡泊名利的人格魅力令人敬仰,终于成为中国社会主义经济理论的一代宗师。

结构决定功能,有怎样的制度结构就有怎样的经济功能。孙冶方、薛暮桥正是从经济制度的改革入手,提升我国的经济功能。

(三)为我国价值规律理论奠基、为国家宏观经济管理探路

中华人民共和国成立后,价值规律问题一直受到理论界乃至决策层的关注。自20世纪50年代起,孙冶方就强调价值规律的客观性,批判了在经济工作中不讲经济核算、拒绝等价交换的谬论。至60年代初期,他仍坚守其理论立场,就计划经济与价值规律的关系写成了20余篇文章。

薛暮桥在价值规律上与孙冶方心心相印,是国内较早研究价值规律的经济学家。他于1953年发表了《价值法则在中国经济中的作用》,主张发挥价值规律在社会主义经济中的作用,从而保证各类商品生产能够按照比例发展。

1979年4月,以"社会主义制度下的商品生产和价值规律"为主题的"社会主义经济中价值规律问题讨论会"在乡镇企业开始快速发展的无锡举办。此次会议由孙冶方和薛暮桥共同主持。孙冶方在讨论会中做了题为《价值规律的内因论和外因论》的学术报告。本次讨论会与会人数多达400位,是中国经济学界的一次为改革开放作谋划的盛会,对我国的经济体制改革具有不容忽视的破冰式意义。

25日的大会上,薛暮桥做了题为《国民经济计划管理》的报告。他就"怎样进行国民经济计划管理""国家建设和人民生活的统筹安排""按比例与国民经济的高速度""中央、地方和企业之间的关系""国民经济的调整和管理体制的改革"等发表主题发言。

在26日和27日的大会上,孙冶方做了题为《价值规律的内因论和外因论——兼论政治经济学的研究方法》的报告。他说,在价值(或价值规律)问题的

讨论中,现在基本上趋于一致的意见是:价值规律是社会主义建设必须遵守的客观经济规律。孙冶方不赞成价值规律和商品挂钩的外因论。外因论容易使人误解价值规律的作用范围。应该强调产品价值规律,这和商品价值规律不同,它正确反映了生产领域中物化劳动和活劳动的比例。他还提出,我们一定要改革复制古董的冻结技术进步的固定资产管理制度。

这次价值规律的讨论,主要是研究全民所有制经济内部价值规律的作用问题。这就牵涉到生产资料究竟是不是商品,就不能不研究全民所有制的内部关系,不能不涉及所有制问题。

(四)回答等价交换、按劳分配这一现代经济发展的两个重要原则

孙冶方对于传统的社会主义经济体制和价格体制的弊病有着深刻的洞察力。他坚持等价交换应当是等价值交换。1961年,孙冶方写了《关于等价交换原则和价格政策》的研究报告,提出调配物资必须按照工厂产品等价交换,且价格必须符合由活劳动和物化活动创造的价值的建议。此外,他还强调价格符合价值是国家价格政策的基础和出发点。

薛暮桥对于社会主义经济中计划和市场关系问题也提出了深刻见解。1991年,薛暮桥指出,按照实践产生理论、理论指导实践的原则,具体道路必须由我们自己来开辟。

(五)孙冶方的《社会主义经济论》和薛暮桥的《关于社会主义经济的若干理论问题》

1960年5、6月,时任中国社会科学院经济所所长的孙冶方,计划编写社会主义经济论,并组织全所近百人对书的提纲进行了讨论。1960年10月至1961年初,孙冶方召集37名理论专家,在中央党校写成了110万字的初稿。随后,他移往香山,在那里拟定了《社会主义经济论》初稿和二稿的初步构想。《社会主义经济论稿》在一定意义上为中国改革开放政策的出台提供了理论上的依据。在改革之初提出了许多口号,如"以经济建设为中心""有计划的商品经济"等,都可以在论稿中找到其理论基础。书中提出的国民经济管理体制改革的实质是要适应生产力发展的要求的观点,是马克思主义基本理论、观点和方法在中国具体的运用和发

展,具有普遍的指导意义。

1991年春,针对质疑改革的思想倾向,薛暮桥在《关于社会主义经济的若干理论问题》一书中把对"市场经济"的认识升华到新的理论高度。薛暮桥认为,政治经济学应该是阐明社会经济发展规律的理论经济学,但现有的研究社会主义经济的理论,只能算作政策经济学,还不能科学地阐明社会主义经济发展的客观规律。由于迄今还没有一个成熟的社会主义经济模式,因而尚不具备建立完善的社会主义政治经济学体系的条件。但是这并不意味着对社会主义政治经济学的研究因此就无所作为。相反,通过总结社会主义经济发展和改革的历史经验,深化与拓展相关研究,有助于真正找到社会主义经济发展的客观规律。

(六)共同创建社会主义市场经济论

如何认识和处理计划与市场的关系,是中华人民共和国成立以来影响中国经济发展的一个关节点,也是经济学领域的一个世界性难题。早在1956年,薛暮桥的《计划经济与价值规律》就引发了经济学界关于社会主义制度下的计划与市场关系问题长达数十年的大讨论。十一届三中全会之后,在正确的思想路线的指引下,社会主义市场经济体制逐步完善。在社会主义市场经济理论研究方面做出杰出贡献的孙冶方、薛暮桥与许涤新、于光远并称为我国经济学界的"四大名旦"。

党的十一届三中全会召开以后,孙冶方全身心地投入社会主义现代化建设中,积极参加理论战线上的拨乱反正,提出了许多独到的见解。他认为研究经济管理体制,不能总是强调中央与地方的关系,那是属于国家政体的问题。这颇有见地的观点对我国经济体制改革产生了深远的影响。即使是在身患重病期间,他仍坚持整理和撰写了《关于改革我国经济管理体制的几点意见》《重视理论,提倡民主,尊重科学》《社会主义经济论》等一系列重要论著,对社会主义经济学的发展,特别是探索社会主义商品经济理论起到了极大的推动作用。

1978年,薛暮桥担任国家计委顾问,兼任国家计委经济研究所所长,到各地进行广泛的调查研究。通过长期的实践,他对计划经济体制的弊端有着切身的体验和感受。20世纪70年代末,薛暮桥就提出准许待业青年自找就业门路,支持乡镇企业,鼓励长途贩运。20世纪80年代开始,他系统地提出了财税、金融、价格、外贸、国有企业等体制改革方案。他曾针对有关社会主义经济建设的重大问题,提出了自己独特的理论观点。2000年5月,薛暮桥的《中国社会主义经济问题研究》与马寅初的《新人口论》等同获"影响新中国经济建设的10本经济学著作"殊荣。

孙冶方和薛暮桥都明确肯定了社会主义经济也是商品经济。他们的观点对中国启动市场化改革起到了先导作用。

三、孙冶方、薛暮桥对后世市场经济学的理论与实践均产生重要的影响

在《资本论》中,马克思从劳动二重性,即具体劳动和抽象劳动出发,提出和求证理论观点。100多年后的20世纪七八十年代,来自江苏无锡的中国经济学家孙冶方、薛暮桥在马克思主义经济学原理的基础上,分别以日渐成熟的"价值规律"内因论和"市场取向改革"论,直指中国经济的核心症结和发展瓶颈,打开了计划经济向市场经济过渡的经济学思想闸门,为构建中国特色社会主义政治经济学,奠定了科学、系统、全面的经济理论根基。

孙冶方首次提出社会主义企业的"分权模式":扩大再生产权力归国家,简单再生产权力归企业。他认为社会主义经济抽象掉了社会必要劳动量的统计过程,脱离了实际统计数据。他一直说,价格政策必须尊重价值规律。有统计显示,当前占全社会商品和服务97%的价格已放开由市场调节。从这个视角看,孙冶方当年的设想,正在逐步成为现实。

薛暮桥也是在中国较早提出和正确运用价值规律的经济学家。他提出要突破传统的计划体制框架,并在一些关键问题上向中央提出过重要的政策建议,发出了我国市场取向改革的先声。

作为经济学界公认的"改革先驱""学术泰斗",孙冶方和薛暮桥关于价值规律和市场取向改革在社会主义经济中的作用的观点,以及据此提出的改革经济体制的主张,被一一运用于我国经济体制改革。他们站在时代潮头,投身乡镇企业、个体私营经济、中外合资企业、国有企业的改革研究,为中国改革开放事业鼓与呼,至今仍然拥有现实指导价值。在推进中华民族伟大复兴的新征程中,孙冶方、薛暮桥等经济学家创立的社会主义经济理论,仍将在中国社会科学宝库中绽放出璀璨光芒。

美国经济学家、诺贝尔经济学奖得主萨缪尔森(1915—2009)说过:"我不在乎谁为一个国家制定法律,谁为它起草条约——只要由我来写经济学教科书就行。"他写的教科书《经济学》共计再版了19次,培养了千百万经济学人和政治人物,对世界产生巨大的影响。不知孙冶方、薛暮桥二位有没有看到萨缪尔森的这句话,如果看到的话,一定会会心微笑的。全世界的科学家、经济学家、人文学者,前赴后继地向社会、历史发布思想,而真正的力量就在于此。

对孙冶方"最小-最大"理论的理解及其现实思考

张鸣年　姚云云[①]

孙冶方是我国著名的经济学家,从 20 世纪 50 年代一直到 80 年代初他去世前,"最小-最大"理论是他反复阐述的一个理论。可以说,这一理论是他经济学理论大厦的基石。其间的合理内核,至今仍然闪烁着真理的光辉。

一、对"最小-最大"理论这一价值规律内涵的梳理

孙冶方高度重视价值规律的作用。1964 年的一次关于政治经济学理论问题的激烈辩论中,有人质问他国民经济综合平衡依据什么规律,他脱口而出:"千规律,万规律,价值规律第一条。"他后来回忆说,这句话虽然是在激动中脱口而出的,但符合他多年来长期坚持的思想。到 1978 年,他依然坚持这一认识,认为在一切经济规律中,价值规律是最基础的或第一规律,[②]价值规律是推动社会前进的动力。因为一切经济活动都得以最小的耗费,取得最大的效果,即以最小的社会劳动耗费创造最大的经济效果。这就是价值规律,他把这个规律也叫作"最小-最大"规律或原则。

孙冶方把价值规律也叫作时间节约的规律,即社会平均必要劳动量的规律。时间节约是最基本的规律,是程度极高的规律("水平极高"的规律)。资本主义采取自发势力的形式通过价值规律或节约时间的规律,促进了资本主义社会生产力的不断发展。社会主义社会里,通过自觉不断改进经营管理、更新技术的方法,来节约时间,使我们的各行各业(包括非物质生产部门在内),能够以最小的劳动消

[①] 张鸣年,中共无锡市委党校教授、孙冶方经济科学研究院特邀研究员、全国开发区人大研究会副会长、国家开发区践行全过程人民民主研究中心副主任;姚云云,中共无锡市梁溪区委党校讲师。

[②] 孙冶方:《孙冶方全集》(第 3 卷),山西经济出版社 1998 年版,第 96 页。

耗取得最大的经济效果,使我们的社会主义社会能够不断飞速前进。这就是说,我们应该主动地、自觉地按照节约时间的规律,即价值规律办事。①

"以最小社会劳动耗费创造最大效果"中的劳动,包括活劳动和物化劳动。孙冶方认为,解放生产力就是要以最小的劳动费用,获得最大的效用。②所以,他又经常用使用价值的概念来论证这一理论,并用"使用价值除以劳动量"这样的数学公式来表达他的"最小-最大"内涵。这里的最大,他界定为是和社会需要紧密相连的使用价值,即符合社会需要的量和符合社会需要的质的统一。所以,"最小-最大"中的最大效果他认为就是经济效果,就是用最少的劳动耗费,生产出最多高质量的符合社会需要的产品。

从"最小-最大"的关系可以看出,"最小"是前提条件和基础,而"最大"是希望的结果。孙冶方确信,社会主义能够比资本主义以最小的耗费取得更大的效果。他提出,价值规律是一条红线,按经济规律办事就是按价值规律办事。他明确提出,只要全国一切经济事业都按照"最小-最大"的原则,沿着讲经济效果这个道路向前走,我们就有信心,不要很多时间,我国就能赶上,并且超过一切发达的资本主义国家。这一论述凸显出他对中国共产党领导经济建设的高度自信,对社会主义制度的高度自信以及对中华民族未来美好前景的高度自信。

二、创新是新时代积极探索"最小-最大"这一课题最好的答案

孙冶方早在1956年就提出,"在社会主义社会,价值规律也在起着作用。但这是和资本主义商品经济的价值规律有完全不同本质的价值规律"。到1978年,他仍然坚持自己的观点,③"或许是存在有两个不同的价值规律,一个是资本主义商品经济的、异化的、自发势力的价值规律,一个是社会主义计划经济的、为我的、自觉的价值规律"。④他始终坚信,"我的经济学思想……可以引以为自慰的,那就是逻辑上的一贯性和系统性。我的思想的顽固性和改造的困难也在于此。"⑤作为一

---

① 孙冶方:《孙冶方全集》(第3卷),山西经济出版社1998年版,第98页。
② 孙冶方:《孙冶方全集》(第3卷),山西经济出版社1998年版,第101页。
③ 孙冶方:《孙冶方全集》(第3卷),山西经济出版社1998年版,第3页。
④ 孙冶方:《孙冶方全集》(第3卷),山西经济出版社1998年版,第44页。
⑤ 孙冶方:《孙冶方全集》(第3卷),山西经济出版社1998年版,第49页。

个理论性与实践性极强的重大课题,今天仍然有探讨的价值与意义。

世界各国各地区都有经济发展任务,自然要遵循经济发展所具有的共同规律;制度性质、资源禀赋、历史传统等不同,规律也会体现出其特殊性。要推动经济发展,在把握一般经济规律的同时,着力研究当地经济发展的特殊规律显得尤为重要。

马克思指出,我们判断这样一个变革时代……必须从物质生活的矛盾中,从社会生产力和生产关系之间的现存冲突去解释。①党的十九大对我国社会主要矛盾发生历史性变化作出了重大政治论断,明确指出,我国社会主要矛盾已经转化为人民日益增长的美好生活需要和不平衡不充分的发展之间的矛盾。②深刻揭示我国经济社会发展的阶段性特征。毛泽东同志在《矛盾论》中曾指出:"捉住了这个主要矛盾,一切问题就迎刃而解了。"这是我党在长期奋斗中形成的重要经验。很明显,我们这个时代跟孙冶方生活的时代相比已经发生了根本性的变化。但是,他的"最小-最大"理论对今天解决主要矛盾依然具有重要的指导价值。

40年前,发达国家值得我们学习的东西还较多,经过40多年不懈努力,我国科技发展日新月异,科技实力伴随经济发展同步壮大,为我国综合国力的提升提供了重要支撑。这些成就的取得,最显著的特点与最现实的途径就是我国在发展中找到并依循着经济发展的内在规律,尤其找到了创新这一秘诀。它是实现"最小社会劳动耗费"的最有效的途径。

创新是人类社会发展的不竭动力。我国历来高度重视技术创新在产业发展中的作用,特别是党的十八大以来,以习近平同志为核心的党中央把创新提高到前所未有的高度,提出"创新是引领发展的第一动力",实施创新驱动发展战略,不但加大科技研发的投入,还加强重大创新平台建设,设立了一批国家创新中心和国家自主创新示范区,科技创新能力体系建设迈上新台阶;同时,还部署实施了一批重大科技专项,瞄准制约国民经济和社会发展的重大技术瓶颈,推动重大关键共性技术创新攻关和突破应用,构建富有活力的创新生态,打造"双创"升级版,完善促进企业研发投入的激励政策,支持创新型企业发展壮大;特别重要的是,深入实施人才强

---

① 《马克思恩格斯文集》(第2卷),人民出版社2009年版,第591—592页。
② 习近平:《〈决胜全面建成小康社会 夺取新时代中国特色社会主义伟大胜利〉——在中国共产党第十九次全国代表大会上的报告》,人民出版社2017年版。

国战略,加大人才培养和引进力度,造就了一大批高水平的科技创新人才队伍。

当下,我们已经全面建成了小康社会,开启了全面建设社会主义现代化国家新征程,人民群众生活的物质基础越来越丰厚。然而,新时代要解决好社会主要矛盾,依然要做到"最小-最大",以最小的消耗,最大限度高效生产更多优质的满足人民群众对美好生活需要的物质产品与精神产品。事实证明,生产的发展、生活的改善、社会每前进一步,都是和生产的经济效果的提高分不开的。今天,生产经济效果的提高,无一不是创新的结果。

三、"最小-最大"理论为高质量发展提供直接而厚实的理论支撑

2017年党的十九大首次提出高质量发展的新表述,表明中国经济由高速增长阶段转向高质量发展阶段。党的十九届五中全会明确提出,"十四五"时期经济社会发展要以推动高质量发展为主题,以深化供给侧结构性改革为主线,坚持质量第一、效益优先,切实转变发展方式,推动质量变革、效率变革、动力变革,使发展成果更好惠及全体人民,不断实现人民对美好生活的向往。从根本上讲,高质量发展在于不断激发经济发展的活力、创新力和竞争力。

那么,如何不断激发经济发展的活力、创新力和竞争力呢?应该走"最小-最大"之路,不断调动企业主体与广大群众的技术革命和技术革新的积极性,提高劳动生产率。

1972年,孙冶方在监狱里写的《我与经济学界一些人的争论》一文中,清醒地指出了苏联模式的弊端。他指出:"压制广大群众的技术革命和技术革新的积极性,也就是压制了生产力发展最活跃的革命因素,把技术,从而把生产力冻结在建厂初期的水平上——这就是从苏联搬来的这套固定资产管理体制最落后的本质。"[①]这一带有预见性的判断,对改革开放乃至未来我国的发展打破桎梏有着极强的警示与告诫作用。

人类社会的发展经验告诉我们,决定一国经济发展和富裕程度的最关键因素是劳动生产率的不断提高。劳动生产率不断提高,预示着经济发展的活力、创新力和

---

① 孙冶方:《孙冶方全集》(第3卷),山西经济出版社1998年版,第8页。

竞争力不断被激发出来了；也就是说，一个劳动力，在一个单位时间内，生产的东西越多，价值越高，这个国家就越富裕。无论产业升级，还是产业优化，归根到底，是劳动生产率的提高。劳动生产率提高了，群众的收入才能提高，于是消费才能提高，投资才能不断增长，国家才能富强。如此，高质量发展才有了最直接厚实的支撑。

四、"最小-最大"理论在政治经济学领域仍然有着广阔的发展空间

孙冶方"最小-最大"理论纵贯他30多年的经济生涯。随着我们社会主义经济建设的发展进步，他也不断地完善着这一理论。今天，经济社会发展的基础与条件、体制机制等都发生了质的变化，"最小-最大"理论的本质要求依然没有变，只不过外在条件的变化，"最小-最大"实现的现实依据有了新的要求。只有认识到这一点，"最小-最大"理论的价值才能凸显出来，同时，才能确保这一理论始终与我国特色社会主义经济实践结合在一起，发挥其应有的作用。

"最小-最大"理论实现的关键应该在"最小社会劳动耗费"；只有实现了"最小社会劳动耗费"才能实现"创造最大效果"的目标。40多年改革开放取得的成就以及中国实现的巨大变化，无疑为实现"最小"提供了许多便利条件。然而，今天仍然有许多问题需要解决。这些问题的解决，恰恰体现的是"最小-最大"理论在政治经济学领域仍有着广阔的发展空间。如解决核心关键技术是实现"最小社会劳动耗费"的一条重要路径，这里需要解决好高层次人才的吸引、培养、留住并不断进步，以适应科技不断进步的需要与大量普通人才素质不断提升的问题；人口规模巨大的国情需要解决好就业与用人单位人力资源成本奇高的问题；大力发展服务业以最大限度解决就业与不断提高居民收入的问题；市场主体内部鼓励创新与技术改造以适应科技飞速进步需要的问题，等等。尤其在以科技创新为引擎，以新产业为主导，以产业升级为方向，通过互联网和数字技术等创新要素构建平台经济和产业数字化、数字产业化等新的经济形态，加快推动我国前沿创新产业的一体化进程的新质生产力时代[1]，尤其值得深入研究。

---

[1] 《第一观察|习近平总书记首次提到"新质生产力"》，新华社，2023年9月12日。习近平总书记2023年9月6日至8日在黑龙江考察调研期间召开的新时代推动东北全面振兴座谈会上强调，积极培育新能源、新材料、先进制造、电子信息等战略性新兴产业，积极培育未来产业，加快形成新质生产力，增强发展新动能。

我国的改革不断深化,开放的大门越开越大,经济发展的环境越来越复杂,天地越来越广阔。在新时代新发展阶段,如何才能实现"最小-最大"理论,不断提高"最小-最大"理论的实现力度,从而不断拓展"最小-最大"理论的内涵与适应性,仍然是新时代经济学人和每一个中国式现代化建设者的使命。

孙冶方企业技术改造理论及启示

方书生[①]

引言 如何实现企业技术改造?

近代中国工业化水平低下,国家积贫积弱,备受欺凌,中华人民共和国成立后,迫切需要快速实现国家工业化。可是在新中国之初,正在推行的工业化面临着严重的技术、资本、人才等方面的缺失,尤其是技术水平的不足。如何实现快速有效的技术进步,尤其是如何结合当时中国的国情实现快速有效的技术进步是一个迫在眉睫的难题。孙冶方的企业技术改造理论即诞生在这一波澜壮阔的国家社会主义现代化建设背景之下。回顾70多年来中国工业化的历程,发现与经典创新理论文献中所描述的市场主导经济下的个人或企业创新不同,在1949—1978年计划经济时期中国工业经济增长中出现了一个明显可见却被学界忽略不见的创新机制,[②]孙冶方的企业技术改造理论及其应用就是一个典范。

一、技术调整:提高固定资产折旧率

在20世纪50年代末60年代初,孙冶方发现,"我们有些同志一谈到工业现代化,往往首先想到的是引进国外新技术、建设新工厂,很少想到旧企业的改造、更新问题"[③]。故而,他在改进企业设备方面提出新的对策:提高折旧率、缩短折旧年

[①] 方书生,上海社会科学院经济研究所研究员、博士生导师。
[②] 方书生:《计划经济时期中国工业的创新机制(1949—1978)》,《上海经济研究》2021年第3期。
[③] 孙冶方:《从必须改革"复制古董、冻结技术进步"的设备管理制度谈起》,载《孙冶方选集》,山西人民出版社1984年版,第577—578页。

限,加速企业设备更新和技术改造。

从技术角度来看,当时存在三个方面的难题:[①]一是固定资产的无偿使用机制问题。在该使用机制下,"企业利润上缴任务根据生产指标确定与固定资产的实物量或资金量不发生联系"。也就是说企业增加非定额流动资金需要支付利息,增加固定资产不需要支付利息,所以各企业总是争取更多的固定资产投资。二是固定资产折旧率低下问题。因为"固定资产折旧率非常低(只有实物的有形磨损,不计算由于技术进步而引起的经济价值的下降)……计入产品成本中的折旧微乎其微"。企业则倾向于超额增添设备作为备用,造成设备闲置、利用率低下。三是固定资产折旧后的归属问题。当时的"固定资产折旧作为财政收入上缴财政部门。企业设备和建筑物的更新属于新的投资,由企业向财政部门申请",于是,老企业设备更新投资一般难以获得批准。所以,在当时企业的技术应用中存在着这些自相矛盾的"困境"。一方面鼓励企业争取投资,鼓励技术设备和资金的闲置浪费,另一方面对花钱少、收效快的设备更新,即技术革新、技术革命的费用却严格管制。

孙冶方发现企业技术管理制度中存在两个不合理之处。第一,企业固定资产折旧年限过长。鉴于20世纪50年代第三次工业革命兴起,技术进步日新月异,设备更新也在加速进行,但是"我们的固定资产更新制度仍是以不变应万变,仍旧假定现代设备的经济价值可以经历二三十年"。[②]这非常不利于技术革新和技术进步。第二,规定企业的设备更新需要分三个程序来进行,设备更新基金分作三笔互相不能融通的独立基金。其中,第一笔基金是数量最少的日常维修费用;第二笔基金是大修理费用;第三笔数量最多的基金是设备更新费用,用于新建工程或购置新设备。按照规定,日常维修费用和大修理费用这两笔基金留在企业,数量最大的一笔设备更新基金上缴国库。如此,旧设备的彻底更新,如翻修厂房,购置新设备,等同于新办一个企业,需要按照基本建设项目的审批程序逐级上报并审批,完全由国家统一安排。一般来说,这笔费用主要是创办新企业,而不是用于原来企业的改造。对老企业的基本建设投资掌握得比较严格,不容易被批准。此外,日常维修和大修理的两笔基金完全分开、不能通用。出现仅需要日常维修并

---

① 孙冶方:《我与经济学界一些人的争论》,载《孙冶方选集》,山西人民出版社1984年版,第455页。
② 鞍钢的折旧率是2.92%,也就是说折旧年限在三十年以上。

不需要大修理时,日常维修基金用完不得不大修理,这种制度被称为"合理的不合法,合法的不合理"。①在这种规则约束下,企业若进行较大规模的修理必须遵守"不增值、不变形、不移地"的原则,也就是说必须按照原样复制,不准加装设备。否则,需要按照基建程序上报并得到批准之后才能实行,这个审批手续非常烦琐。

孙冶方将当时的固定资产(主要是技术设备)管理制度称为"冻结技术进步的'复制古董'制度",并认为不改变这套制度,将会出现当时苏联已发生的情况:即使本国的创造发明,也不能在本国推广应用。"我们现在有些新设计的产品早已试制成功,但是不能很快地投入成批生产,推广比发明试制还困难。"②1979年,孙冶方呼吁"在目前的全面调整中,在工业方面就必须彻底改变仍在实行的那种'复制古董''冻结技术'的设备管理制度"。首先必须提高折旧率,缩短折旧年限。即便不能像工业先进国家的4—5年折旧,也不要低于西方国家在19世纪已经达到的10年折旧年限。他认为"把提高折旧率、缩短折旧年限看作资产阶级的挥霍浪费,那是莫大的误解"③。"不仅主张折旧年限要缩短,而且主张在这些折旧年限之内,初期的折旧率应该适当高些,后期的折旧率应当低些。"及时更新设备,提高固定资产折旧率,才能提高效率、降低成本、增强效益。④

二、组织安排:将权责全部下放给企业

在技术安排之外是一系列的制度设定和组织安排,上述而言的固定资产折旧率困境的背后是固定资产管理制度。当时"财政部门按规定比例从折旧基金中拨给企业一定款项作为固定资产的日常维修和大修理费用;但附有严格规定,大修理不准增值变形(即不准技术革命和技术革新),如要增值变形,就要由企业作为新的基建投资,向上级打报告,请求审批,而这是很难批准的"。这明显不利于企

---

① 孙冶方:《从必须改革"复制古董、冻结技术进步"的设备管理制度谈起》,载《孙冶方选集》,山西人民出版社1984年版,第580—581页。
② 孙冶方:《从必须改革"复制古董、冻结技术进步"的设备管理制度谈起》,载《孙冶方选集》,山西人民出版社1984年版,第582—584页。
③ "每一个资本家不断改进技术,以更快的速度更新自己的设备,只是为了提高劳动生产率,赚取更多的利润。""把提高折旧率、缩短折旧年限同节约和爱惜技术设备对立起来,这又是一种误会。"
④ 孙冶方:《从必须改革"复制古董、冻结技术进步"的设备管理制度谈起》,载《孙冶方选集》,山西人民出版社1984年版,第582—584页。

业的技术革新,阻碍了企业的技术进步。

这一切源于旧的固定资产管理理论和制度。孙冶方提出:"'折旧是老本,把折旧当财政收入上缴是吃老本'的论点(并从这个论点出发进一步论证了'吃老本'会损害老企业、老工业基地的生产力的理由)。"[1]除此之外,孙冶方还认为固定资产折旧费不宜上缴财政部,更不宜留在省市地方统一分配,适宜留在企业。

在1963年8—9月的内部报告中,孙冶方提出:第一,固定资产折旧基金全部下放给企业,从而设备和建筑物更新任务也交给企业,上级业务部分和上级财务部分分别从技术政策方面和财政制度方面进行监督检查。只有在某种特殊情况下(如资源枯竭)需要紧缩生产时才按预定计划抽调老本。第二,取消固定资产无偿占用制,企业利润上缴任务按占用资金来规定,多占用资金就应该多上缴利润。利润是企业为社会生产的产品,全部上缴。1963年底中央下发关于工业发展(草案)文件,也主张将折旧金留给企业。

根据对实际情况的掌握,孙冶方认为:"我们必须承认,对企业中那台设备只需要小修、小改,那台设备必须进行大修,那台设备必须彻底更新,购置新的设备来代替——对于这些问题,最有权威的发言应该属于企业里操纵这些设备的工人,以及直接领导生产的干部,特别是技术干部和财务干部,而不是离得企业远远的中央或省市的经济管理机关的干部。"[2]企业的固定资产的更新工作(当时主要是技术设备更新),应该授权企业去完成,上级财务机关和业务部门分别从财务角度和技术业务角度对企业进行指导和监督检查。

从这个维度出发,孙冶方提出折旧问题"首先是生产管理体制问题,其次才是财务管理体制问题"。"折旧问题实际上就是如何贯彻执行《国营工业企业工作条例》(草案)第七十条中关于定生产规模、定生产资金等条款,以便明确划分企业的职责,建立真正的企业独立经济核算制度,以利于生产的问题。因此,关于折旧问题的考虑,必须服从生产管理的需要,必须有利于革新技术和发展生产。"[3]苏联固定资产管理制度是整个财经体制的最集中表现(包括计划、财政、企业、物资等管

---

[1] 孙冶方:《我与经济学界一些人的争论》,载《孙冶方选集》,山西人民出版社1984年版,第457页。
[2] 孙冶方:《从必须改革"复制古董、冻结技术进步"的设备管理制度谈起》,载《孙冶方选集》,山西人民出版社1984年版,第582—584页。
[3] 孙冶方:《固定资产管理制度和社会主义再生产问题》(1963年9月3日),载《孙冶方经济文选》,中国时代经济出版社2010年版,第124页。

理体制)。"当这套落后的固定资产管理制度仍然束缚着企业工业群众、技术人员、干部的手脚的时候,固定资产管理制度问题——这个从表面上看来似乎完全是一个事务性、技术性的问题,实际是整个不合理的财经管理体制的集中表现,是少慢差费路线的物质化身。"①

三、新机制形成:更合适有效的技术进步

从一开始,孙冶方就提出一个问题:要快速实现中国工业的现代化,是依靠新建和外国引进工厂,还是依靠现有的几十万个旧企业?"即使我们今天新投产的企业都是从别国引进的最新技术,在现代科学技术突飞猛进的条件下,工业设备的面貌每隔四五年就大变样了。如果我们这些新投产的企业设备不注意更新改造,那么,即使在投产时是第一流的技术,四五年之后就会比人家落后了一个时代。……如果不设法去更新、改造我们原有的工业设备,而只看到每年新投产的不到1%的新企业,那么我们工业的全面现代化是不可能的。"②

根据对经济发展中所出现的变化,除关于国民经济管理和企业管理之外,就是"不断地进行技术革新、技术改造,而对于一切经济管理的改造、改善对于技术革新、技术改造,我们都必须从最小最大的角度,从经济效果的角度来加以测定"③。一方面发展新兴产业部门,一方面重视原有企业的技术改造。

在提倡企业大、中、小并举和土、洋并举两个方针的同时,需要采用适宜的技术政策。对于增产和节约的技术设施,需要区别对待。"在每一个行业的少数甚至极个别的大、洋企业即骨干企业中,为了赶超世界先进水平,凡是最新的科学技术革命的成果,不论是属于增加产量的措施,还是节约的措施,是节约物化劳动的措施,还是解决活劳动的措施,只要是我们能够办得到的,都应该去办,为今后全面赶超世界先进水平,创造出一个样板。……但在一般企业中,在我们今天缺资

---

① 孙冶方:《我与经济学界一些人的争论》,载《孙冶方选集》,山西人民出版社1984年版,第455—456页。
② 孙冶方:《从必须改革"复制古董、冻结技术进步"的设备管理制度谈起》,载《孙冶方选集》,山西人民出版社1984年版,第577—578页。
③ 孙冶方:《讲经济就是要以最小的耗费取得最大的效果》,载《孙冶方选集》,山西人民出版社1984年版,第741页。

金,即缺物化劳动的条件下,应该把增产措施和节约物化劳动的措施放在优先地位。"①

1959年的政府工作报告指出:"在原有企业中,通过扩充设备、增加人力、改进管理、提高设备利用率和劳动生产率,增加产量。大量的企业实行了工人参加管理、干部参加生产。领导人员、技术人员和工人群众互相结合的办法,开展了改进操作技术、改良设备、改进产品设计、合理利用原料、材料、充分利用原有设备、试制和生产新产品、改进生产组织、改革不合理的规章制度的群众运动,大大发挥了原有工业企业的生产潜力。"现存已有潜力的挖掘是有限的,但是生产和建设中技术革新和技术革命的可能性是无限的。应改良工具、改善设备、提高设备利用率、改进产品设计和建筑设计、改进操作方法和施工方法。②1964年9月中共中央、国务院提出,"我们的基本建设工作,同样必须以苏为鉴,认真地总结自己的经验,从工程设计、设备制造、施工管理等方面,彻底打破苏联那一套少慢差费的'框框'的束缚,创造一套适合我国情况的、正在体现勤俭建国精神的、多快好省的办法"。③

孙冶方进一步提出需要改变现行的计划体制和企业管理体制,需要将毛泽东提出的"大权独揽、小权分散"原则进行具体化。就企业技术改造而言,资金范围内的事务,特别是企业固定资产(主要是设备)的修理、更新工作,原则上应全部交给企业负责。在原有协作关系范围内的供(包括设备、动力、原材料的供应)、产、消(消费者——消费资料的消费者以商业公司为代表)三方面企业通过合同关系,由企业自行处理。企业利润除用作奖金和规定留给企业的基金以外,一律对应地上缴财政部或地方财政局。从经济体制角度而言,形成一种源于基层企业的供产销合同制度。由国家计委订一个计划,按中央各部门、各省市逐级下达任务和指标,改为先在基层企业搞好供、产、销平衡,建立合同制,然后在此基础上逐级汇总,形成全国计划。④

---

① 孙冶方:《我与经济学界一些人的争论》,载《孙冶方选集》,山西人民出版社1984年版,第481页。
② 周恩来:《政府工作报告》,载《建国以来重要文献选编》,1959年卷十二,中央文献出版社1994年版,第194—197、204—210页。
③ 《一切工业基本建设工作都要按照适合我国情况、正在体现勤俭建国精神和多快好省的办法进行——中共中央、国务院转发一个报告的批示》,载《建国以来重要文献选编》,1964年卷十九,第188—189页。
④ 孙冶方:《从必须改革"复制古董、冻结技术进步"的设备管理制度谈起》,载《孙冶方选集》,山西人民出版社1984年版,第585—586、590页。

四、孙冶方企业技术改造理论及启示

孙冶方企业技术改造理论诞生于我国工业化和现代化赶超的起步阶段,在当时多重困难和约束下,该理论依托我国国情并及时发现了实际情况的变化,动态地提出了适宜的更新策略,从改变最具有操作性的固定资产折旧率展开,不断拓展到企业组织和企业制度的调整与更新,以至于经济管理制度和技术创新模式的新陈代新。这是基于中国社会主义工业化实情的创造性理论发现,对当前推进国家科技自立自强和发展新质生产力具有重要的实践价值。

(一)结合中国实际的社会主义工业化理论总结

孙冶方的企业技术改造理论来源于中国国情和工业化的实践,以及现代化实践中的具体问题和具体表现。正如他所说:"在我所看到的中外经济学著作中,我关于固定资产管理体制的见解倒可以说是新的东西。然而这不是我的什么创见或发明。我的那些观点来源于实践,特别是企业干部、群众的建议和要求。我不过是……从政治经济学角度把企业干部、群众的建议和要求系统化、条理化了而已。"[1]结合国情和实践,采用更为有效的管理经济途径,调整工业企业组织与制度。后来所进行的企业制度改革与调整,以及改进操作技术、改良设备、改进产品设计、合理利用原材料、充分利用原有设备、试制和生产新产品、改进生产组织的技术层面的策略与方法,均来源于社会主义工业化和现代化的国情和实践。

(二)孙冶方企业技术改造理论的学理含义

孙冶方企业技术改造理论表现为三个维度,就技术层面而言,通过固定资产折旧率,加速企业技术改造;就制度层面而言,将权责全部下放给企业,改变阻碍技术进步的经济管理体制;就其实现机制而言,在技术创新的基础上,增加组织和制度创新以实现更为广泛的效用。其内核在于以技术创新为内生基础,引入外生的组织与制度创新,并在国家创新体系下实现综合创新,该创新机制促成了当时

---

[1] 孙冶方:《我与经济学界一些人的争论》,载《孙冶方选集》,山西人民出版社1984年版,第493—494页。

多重约束下中国工业化的快速发展。孙冶方的企业技术改造理论包括三个方面的内容：从技术调整的角度提高固定资产折旧率，从组织安排层面将权责全部下放给企业，以及在此基础上所形成的技术进步机制。这不仅与后发展国家技术进步赶超的经验基本一致，[①]也是对当代中国科技创新实践中有关技术革新、组织机制、国家创新等方面的理论化思考和总结，具有持久且广泛的内涵与生命力。

（三）孙冶方企业技术改造理论的实践启示

孙冶方企业技术改造理论的实践指向跨越时空，从微观层面上可以有效地推动技术进步和科技创新，从宏观方面上可以进一步促进新质生产力发展。2024年2月23日习近平总书记在中央财经委员会第四次会议上强调"加快产品更新换代是推动高质量发展的重要举措，要鼓励引导新一轮大规模设备更新和消费品以旧换新"。2024年3月1日召开的国务院常务会议上审议通过《推动大规模设备更新和消费品以旧换新行动方案》，以大规模设备更新为抓手推进技术进步、提高生产效率。大规模新型设备更新是推动技术创新的重要媒介，以此促进技术创新，推进我国新型工业化进程，这在当前国际形势和我国经济转型发展阶段尤其具有特别重要的实践价值。这不仅可以更好地引领国家科技创新、技术进步、科技自立自强，同时可以更好地促进新质生产力的培育发展，从微观机制和宏观绩效两个层面助力新时代的高质量发展。

[①] 赵玉林：《创新经济学》，清华大学出版社2017年版，第1—7页。邓久根、卢凤姿：《产业创新系统：创新系统的核心》，《演化与创新经济学评论》2017年第1期。

孙冶方企业技术改造理论对人工智能时代科技创新的影响

吴 曦[①]

在科技飞速进步的推动下,我们已经跨越时代的门槛,全面进入"人工智能时代"的新纪元。根据 IDC(国际数据公司)的权威统计,中国的数据规模预计将从 2021 年的 18.5 ZB[②]激增至 2026 年的 56.16 ZB,年复合增长率达 24.9%,居全球增速之首。这一趋势不仅凸显了数据作为新型生产要素的重要性,还表明人工智能在工业领域的大规模应用对于提升国有企业的竞争力具有重大意义。然而,人工智能产业的发展也面临着数据客观性和数据质量的挑战,这需要政府和企业共同努力,以确保数据的真实性和有效性。同时,这些技术的引入也标志着人工智能、

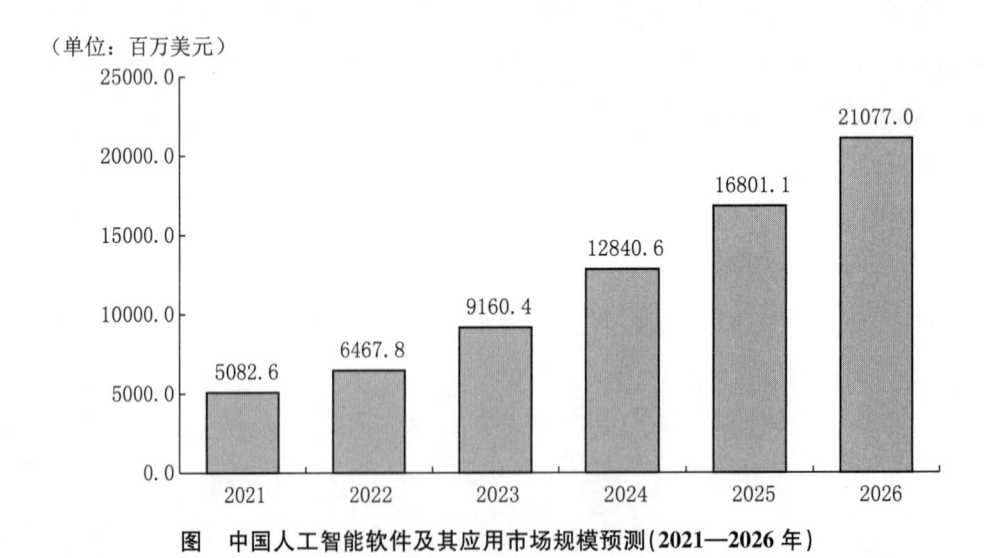

图 中国人工智能软件及其应用市场规模预测(2021—2026 年)

[①] 吴曦,上海社会科学院新闻研究所高级工程师、经济师、办公室主任,孙冶方经济科学研究院特邀研究员。

[②] ZB,译字节,是一种存储容量单位。

大数据、云计算以及物联网等前沿技术正在深刻地重塑人类的生活和工作环境。这些转变不仅对企业技术升级提出了前所未有的要求,而且对中国在科技创新方面带来了新的、紧迫的挑战。

孙冶方,作为一位享有盛誉的经济学家,其关于企业技术改造的理论对中国企业改革和科技创新产生了深远的影响。在人工智能时代,他的理论更指向了国家战略的重要性,特别是在引入人工智能到工业领域中,以提升国有企业的竞争力。他明确指出,企业应在国家战略引领下,遵循价值规律来制定经营策略,并通过正确地运用经济杠杆来优化利润指标在整体经济管理中的重要性。值得注意的是,这些观点在当前的人工智能时代不仅依然具有极高的适用性,而且具有深刻的启示意义,为我们提供了宝贵的研究和探讨方向。

一、孙冶方的企业技术改造理论回顾

孙冶方,作为中国杰出的经济学家,对国内企业改革和科技创新提出了具有深远影响的理论观点。本文将从以下几个方面系统回顾孙冶方的企业技术改造理论,并探讨其在人工智能(AI)时代的现代启示。

(一)理论核心

孙冶方的企业技术改造理论以马克思主义经济学为基础,强调企业技术改造的系统性、动态性以及国家战略引领下的经济计划。他认为,企业的技术改造应遵循价值规律,通过科学的管理和经济杠杆,达到优化经济效益的目的。

(二)国家与企业的关系

孙冶方强调国家集中领导与企业独立经营之间的辩证关系。他认为,国家应在战略层面进行宏观调控和政策引导,而企业则应在具体实施中享有充分的自主权。这一观点在人工智能时代尤为重要。在 AI 技术迅速发展的背景下,国家需要制定适当的政策支持和监管措施,鼓励企业在技术创新中的自主性。例如,通过提供研发补贴和税收优惠,国家可以激励企业加大在人工智能和大数据领域的投入。这种政策支持不仅能促进企业技术进步,还能推动整体产业结构优化。

(三) 对生产资料和生产关系的探讨

孙冶方认为,正确处理国家集中领导和企业独立经营的关系是经济体制改革的中心问题。他提出,在制订经济计划时,必须充分尊重和运用价值规律,以确保计划的科学性和可行性。他主张按资金价值量的简单再生产和扩大再生产作为划分企业小权和国家大权的标准,通过合理运用经济杠杆,提高利润指标在经济管理中的地位。

在现代经济中,数据和算法等新型生产资料的市场化已经成为趋势。例如,建立开放的数据交换平台,促进数据资源的共享和流通,可以提升整个行业的创新能力和效率。当前,许多国家和企业已经开始探索数据市场化,通过数据共享平台促进数据的流通和利用,推动技术创新和产业升级。

(四) 技术革新与经济效益

孙冶方指出,技术革新与企业经济效益密切相关。企业通过技术改造可以提高生产效率、降低成本、优化产品结构,从而实现经济效益的提升。他强调,技术革新应以价值规律为基础,制订科学的经济计划。在当代,这一观点可以延伸到数据驱动的科技创新策略上。企业可以通过机器学习和大数据分析,预测市场需求和消费者行为,制定精准的生产和销售策略,以实现效益最大化。

(五) 经济杠杆与利润管理

孙冶方强调合理运用经济杠杆,提高利润指标在经济管理中的地位。在人工智能时代,企业可以通过优化生产流程和供应链管理,降低成本,提升利润。同时,利用 AI 技术开发新产品和服务,拓展新的收入来源。例如,AI 技术在金融领域的应用,通过大数据分析、优化投资决策,提高了资金的使用效率和利润率。此外,企业还可以通过 AI 技术实现智能化生产,进一步提升生产效率和产品质量。

(六) 设备更新与技术进步

孙冶方主张改革设备管理制度,推动技术进步和设备更新换代。他认为,企业应持续投资于新技术和新设备,利用 AI 和物联网等技术,实现智能化生产和管理,以提高生产效率和产品质量。现代企业在设备管理中引入了预测性维护技术,通过传感器和数据分析实时监控设备状态,减少停机时间,提高了生产效率。例如,制造企业通过引入智能机器人和自动化生产线,实现了高效生产和精准制造,不仅提高了生产效率,而且降低了生产成本。

(七) 技术改造与创新意识

孙冶方强调,企业要进行技术改造,必须树立创新意识。企业要敢于挑战传统观念,勇于进行实践探索,不断推动技术进步和创新。企业在技术改造过程中,应根据市场需求和产业发展趋势,确定技术改造的方向和目标;加强与科研院所的合作,引进先进技术和人才;注重技术改造的规划和实施,确保项目的顺利进行;加强对技术改造成果的推广和应用,发挥其在提高企业竞争力方面的作用。

(八) 理论的现代启示

通过这些观点的分析,可以看出,孙冶方的企业技术改造理论在当前人工智能时代依然具有深远的启示意义。其理论不仅为企业技术革新提供了系统性的指导框架,也为国家在制定科技创新政策方面提供了有力的理论支持。此外,人工智能时代的技术发展和应用也给孙冶方的理论带来了新的实践意义。AI技术不仅在生产和管理中发挥重要作用,还给文化、艺术和教育等领域带来了深远影响。通过机器学习和生成设计,AI已经开始参与文化生产,如设计艺术品、制作音乐和优化用户体验等。这些新技术的引入,进一步丰富了孙冶方企业技术改造理论的内涵,使其在现代科技创新中焕发出新的活力。

综上所述,孙冶方的企业技术改造理论在人工智能时代具有重要的指导意义。其理论核心强调了国家与企业在技术革新中的角色和责任,提出了以价值规律为基础的技术革新策略,强调了经济杠杆和利润管理的重要性,以及新型生产资料的市场化和设备更新的必要性。这些观点在当前数字化和人工智能时代依然具有高度的适用性,为我国科技创新提供了宝贵的理论支持和实践指导。在未来的科技创新过程中,我们应继续深入研究和应用孙冶方的理论,以推动我国在人工智能时代的科技进步和经济发展。

二、人工智能时代的特点和挑战

（一）人工智能时代的主要特点

人工智能时代呈现出几个显著特点，包括但不限于数据驱动、广泛的应用场景、云计算支持、物联网的整合、伦理和数据隐私方面的考量，以及自主学习和智能化。

1. 数据驱动：数据在人工智能时代扮演着至关重要的角色。不仅是数据量的激增，其多样性和复杂性也为算法和模型的发展提供了丰富的"营养土壤"。具体来说，大规模、高维度和多模态的数据集是 AI 算法的训练基础，使得模型能够在多维度上进行更准确的学习和预测。

2. 广泛的应用场景：人工智能已经渗透到人类生活和工作的各个方面，从自然语言处理、计算机视觉到智能医疗和无人驾驶等。这些应用不仅提高了社会生产的效率，还推动了科技与社会的紧密融合。

3. 云计算支持：云计算为人工智能提供了必要的计算资源和存储能力，特别是在处理大规模数据和运行复杂算法时，其灵活的架构和可扩展性也让更多企业和个体能轻易地接入 AI 服务。

4. 物联网的整合：物联网（IoT）技术与 AI 的紧密结合，使得智能设备能实时地收集和分析数据，从而实现更为精准的决策和自动化控制。

5. 伦理和数据隐私：随着 AI 技术的快速发展，如何确保数据隐私和伦理方面的合规性也成了一个不可忽视的议题。

6. 自主学习和智能化：人工智能技术正在朝着更加自主学习和智能化的方向发展。强化学习、深度学习等技术使得人工智能系统能够通过不断地与环境互动，不断地优化和改进自身的性能，具备更高的认知和决策能力。

综上所述，人工智能时代的主要特点包括数据驱动、广泛的应用领域、云计算和物联网的支持，同时需要关注数据隐私和伦理问题，促进人工智能系统的自主学习和智能化发展。这些特点共同构成了人工智能时代的独特面貌，对未来社会的发展产生深远的影响。

(二) 人工智能时代的挑战

1. 数据客观性：在企业中，数据可能受到来源偏见、采集方法不当或处理错误的影响，这些都可能导致数据失去客观性。失去客观性的数据在人工智能系统中应用时，可能导致算法偏差和错误决策的产生。

2. 数据质量：数据质量问题在人工智能的应用中同样严峻，包括数据不完整、过时或不一致等问题。低质量的数据会影响人工智能系统的性能，限制其在复杂决策环境中的有效性。

3. 网络安全：随着数据规模的扩张和 AI 应用的普及，网络安全风险也随之增加。黑客可能利用系统漏洞窃取数据或进行其他恶意攻击。

4. 技术伦理：AI 算法的自主性和决策能力引发了一系列伦理问题，如算法偏见、数据隐私侵犯等。

5. 社会责任：AI 的广泛应用可能会导致劳动力市场的大规模动荡，同时其决策过程涉及的社会、经济因素也需要得到充分考量。

综上所述，人工智能时代不仅充满机会，也面临众多挑战。这要求政府、企业和学术界等多方共同努力，确保 AI 技术的安全、有效和负责任的应用。

三、孙冶方的企业技术改造理论在人工智能时代的策略建议

孙冶方的企业技术改造理论在当前人工智能（AI）时代仍具有深刻的启示性，这一理论在企业与国家关系的构建、计划与市场规律的统合，以及资本与创新效率的平衡等方面都具有策略价值。

(一) 强化企业与国家的合作

企业与国家的关系在 AI 时代更加复杂，孙冶方强调国家集中领导与企业独立经营的辩证关系。企业需遵循国家政策和法律，维护市场竞争力，同时国家应在政策层面赋予企业更多的技术创新自主权。例如，国家可以通过制定 AI 发展战略和提供研发补贴，如中国政府对"新基建"计划的投资，推动企业在 AI 领域的研发和应用，从而提升企业的国际竞争力。

(二) 推动基于数据价值的科技创新计划

数据作为新型生产要素，在孙冶方理论指导下的应用更为具体化。以数据为核心的科技创新，例如，在制定新产品开发策略时，应用机器学习模型预测市场需求和消费者行为，以孙冶方提倡的价值规律为基础，确保决策的科学性和前瞻性。利用 AI 技术优化供应链管理和生产流程，有利于实现效益最大化。又如，阿里巴巴利用大数据和 AI 技术优化其供应链管理和物流网络，显著提高了运营效率和客户满意度。这与孙冶方的"建立在价值规律基础上的计划"原则高度一致。

(三) 多维度考量资本与创新效率

孙冶方的理论指出，资金价值量的简单再生产和扩大再生产可以作为企业与国家权责划分的标准。在 AI 时代，这一观点同样适用。例如，中国科技巨头华为在研发上的巨大投入，尤其是在 5G 和 AI 技术上的持续投资，使其在国际市场上保持了竞争优势。企业应通过持续扩大再生产规模来提高生产效率和经济效益，而国家需要提供适当的资金支持，并对其使用进行精细化管理。

资金利润率将作为经济效果的关键指标，在 AI 时代资金利润率不仅继续作为评价企业经济效果的重要标准，而且在科技创新的背景下显得尤为关键。企业和政府应密切关注资金利润率，以此为依据合理配置资源和优化创新方案，确保科技创新活动能够带来预期的经济收益。

(四) 符合客观经济规律的利润最大化

科技创新应遵循客观经济规律，合理运用经济杠杆，以提高利润为目标。在 AI 驱动的经济环境下，这不仅意味着降低生产成本，还涉及如何有效利用 AI 技术开拓新的收入来源。例如，京东通过 AI 技术优化仓储和配送系统，大幅降低了运营成本，并通过提供个性化的客户服务提升了收入。

(五) 以生产成本为基础的价格策略

孙冶方的理论强调以生产价格为基础制定计划价格，这在 AI 时代同样具有指导意义。科技创新产品的定价应紧密依托其生产成本，确保企业的利润空间，并促进产品在市场中的广泛接受和推广。例如，特斯拉在电动车领域，通过技术创新和规模化生产,逐步降低生产成本,并制定具有竞争力的市场价格,从而占领了市场。

(六) 设备管理与技术更新

AI时代要求企业不断更新设备、引入新技术。孙冶方主张改革设备管理制度,推动技术进步和设备更新换代,企业应有足够的资金用于设备的更新和维护,以提高生产效率和产品质量。例如,福特汽车公司通过引入AI和物联网技术,改造传统生产线,实现了智能制造,大幅提高了生产效率和产品质量。

(七) 新生产资料的市场流通

孙冶方提出生产资料应进入流通,纳入商业轨道。数据、算法等新型生产资料也需纳入市场流通,以促进技术的更快发展和创新。例如,建立全国性的数据交易市场,推动数据的标准化和规范化管理,这有助于数据资源的高效利用和创新应用。美国的Data Market(数据集市)已经成为数据交易的典范,为企业提供了数据共享和交易的平台,促进了技术创新。

由上可见,孙冶方的企业技术改造理论在人工智能时代仍具有突出的指导价值,成为辅助企业和政府更有效应对新时代挑战和机遇的理论基石。具体而言,这一理论对我国科技创新体系提出了以下几个方面的重要指导:

1. 对可持续科技创新的策略意义:在科技创新活动中,全面考虑国家的政策导向和法律框架,同时尊重市场机制,注重企业的自主创新能力。这对我国科技创新的可持续性和产业结构优化具有至关重要的影响。

2. 计划与市场的协同发展:高度重视计划建设与市场竞争的有机统一。在科技创新领域,这两者不应是零和博弈的关系,而应是相互促进、相互补充的。这对于推动我国科技创新向市场化、产业化和国际化方向发展具有决定性意义。

3. 资源配置与效率提升:通过资金价值量的简单再生产和扩大再生产,明晰企业与政府在资源配置和责任担当上的界限。这一观点为我国科技创新中政府与企业的角色定位、资源有效配置和整体效率提升提供了有力的理论支持。

4. 高质量发展的方向指引:孙冶方的企业技术改造理论为 AI 时代的科技创新实践提供了有力的理论支撑。通过充分利用市场机制,强化政策引导和支持,以及鼓励企业的自主创新,我们有望推动我国科技创新走向更高质量、更可持续的发展路径。

四、我国科技创新的实践和展望

在当前 AI 时代的科技创新实践中,孙冶方的企业技术改造理论仍具有广泛的适用性,尤其是在以下几个方面:

(一) 孙冶方理论在当前实践中的应用

1. 政府引导与产业政策:根据孙冶方理论,计划应建立在价值规律的基础上。政府在这一环节起到了至关重要的作用。通过制定具有前瞻性的产业政策和规划,政府不仅能引导企业进行技术改造,还能促进产业结构的优化。这一点可以用政府对新能源、半导体产业的政策支持作为实例。

2. 企业角度的技术改造与再生产:孙冶方的理论强调资金价值量的简单再生产和扩大再生产。企业在遵循国家产业政策和规划的同时,应通过不断扩大再生产规模,提高生产效率和经济效益。

3. 市场化、产业化与国际化:孙冶方理论也提到了计划建设和市场竞争的统一性。在这方面,政府和企业应共同努力,推动科技创新的市场化、产业化和国际化。

在我国科技创新的当前实践中,可以应用孙冶方的企业技术改造理论,推动科技创新向高质量发展。政府和企业可以通过充分发挥市场机制作用,加强政策引导和支持,促进企业自主创新,推动科技创新向高质量发展。

(二) 针对人工智能时代的展望与建议

在人工智能时代,我国科技创新的未来发展有着广阔的空间和深远的影响。针对国家推动科技创新,我们提出如下建议:

1. 强化基础研究与前沿技术:鉴于人工智能、大数据等技术的迅速发展,政府应加大对基础研究和前沿技术的资金投入。国内外研究显示,基础研究是实现技术突破的关键。

2. 科技成果转化与产业化:政府应加强对科技成果转化和产业化应用的政策支持。例如,可以借鉴成功案例,如美国的SBIR(小型企业创新研究)计划,以促进科技成果的快速转化。

3. 促进国际合作与视野扩张:在全球化背景下,政府应与其他国家和国际组织进行更多的科技交流和合作。

(三)新一轮智能革命下的挑战与应对

人工智能、大数据、云计算和物联网等新一轮智能革命给企业技术改造带来了新的维度:

1. 数据驱动决策:数据现已成为新的生产要素,企业需要掌握数据收集、分析和应用的综合能力。

2. 人工智能应用的融合:除了传统的自动化和优化,人工智能还能在决策支持、个性化服务等方面发挥作用。

3. 云计算与物联网的综合应用:这些技术不仅提供了弹性的计算资源,还为实时数据分析和远程监控提供了可能。

4. 网络安全意识:企业需要建立完善的网络安全防护体系,以应对增长的安全威胁。

5. 技术伦理与社会责任:企业应在技术创新中充分考虑其对社会、环境和个人隐私的影响,并承担相应的社会责任。

这些新的要求对企业技术改造理论提出了新的挑战,也为企业提供了新的机遇。企业需要不断学习和适应这些新的要求,以此在智能革命中取得成功。

五、结论

本研究基于孙冶方的企业技术改造理论,针对人工智能时代的特点和挑战进行了深入的分析。结果表明,孙冶方的企业技术改造理论在人工智能背景下,对我国科技创新具有重要的启示意义和应用价值。

表 孙冶方企业技术改造理论对人工智能时代我国科技创新的启示

孙冶方的企业技术改造理论	人工智能时代,对我国科技创新的启示
正确处理国家集中领导和企业独立经营的关系	在政策层面为企业的技术创新提供更多自主权,同时国家需要提供适当的政策支持和监管,以促进人工智能的健康发展
计划应放在价值规律的基础上	更加注重数据的价值,利用数据驱动的方式制订科技创新的计划,确保决策的科学性和前瞻性
按资金价值量的简单再生产和扩大再生产作为划分企业小权和国家大权的标准	提供适当的资金支持,同时对企业的资金使用进行监管,以确保科技创新的资金能够得到有效的利用,促进生产效率和经济效益提升
要按客观经济规律办事,正确地运用经济杠杆,提高利润指标在经济管理中的地位	通过技术改造来提高效率,降低成本,从而提高利润,同时,也需要关注人工智能带来的新的经济规律,确保科技创新活动能够带来预期的经济收益
资金利润率是评价经济效果的标准	关注资金利润率,合理配置资源和优化创新方案,确保科技创新的经济效果,推动企业在AI时代的经济效益最大化
以生产价格为基础制定计划价格	根据生产成本来制定产品的价格,确保科技创新的产品能够在市场上得到有效的推广,确保企业的利润空间
改革"复制古董、冻结技术进步"的设备管理制度,折旧基金原则上归企业掌握和使用	不断更新设备,引入新的技术,企业需要有足够的资金来进行设备的更新和维护,以提高生产效率和产品质量,利用AI和物联网技术实现智能化生产和管理
生产资料也要进入流通,纳入商业轨道	数据、算法等新的生产资料也需要进入市场流通,以促进技术的发展和创新,建立全国性的数据交易市场,推动数据的标准化和规范化管理

本研究虽然提供了一些有价值的启示,但也存在局限性,例如,数据来源的局限、理论框架的复杂性等。未来研究可以进一步探讨政策制定与企业自主权之间的平衡问题。

综上,本文旨在通过孙冶方的企业技术改造理论,为我国在人工智能时代的科技创新提供有力的理论支持和实践建议,以期更好地推动我国的科技进步和社会发展。

孙冶方统计思想及其当代启示

杨晋超[①]

2023年是著名经济学家孙冶方同志诞辰115周年。孙冶方曾担任国家统计局副局长,十分重视我国的统计建设,尤其是关于统计工作要保持独立性、完善统计法规、发挥统计监督作用等方面的论述在当今仍然具有重要的启示和指导意义。

一、孙冶方的统计情缘

（一）初遇统计

1952年8月国家统计局成立,孙冶方从华东工业部副部长调任国家统计局副局长,分管综合平衡、劳动工资和农村统计工作。出于身体原因被组织安排到苏联疗养,于1955年初正式报到。1956年孙冶方率中国统计代表团访问苏联,详细了解计划经济之初该如何开展统计工作,整理考察笔记上百页。1956年孙冶方在《经济研究》第6期发表《把计划和统计放在价值规律的基础上》一文,在经济学界引起轰动。1957年10月孙冶方调任中国科学院经济研究所。

（二）再遇统计

1957年12月20日,为方便经济研究工作的开展,国务院任命孙冶方兼任国家统计局副局长,一直持续到1961年7月。1957年12月孙冶方与薛暮桥（时任国家统计局局长）邀请苏联中央统计局国民经济平衡司索包里司长来华讲学,并陪同考察。1958年,在薛暮桥和孙冶方主持下,中国科学院经济研究所和国家统

---

① 杨晋超,无锡市统计局副局长、孙冶方经济科学研究院特邀研究员。

计局对无锡、保定两处原调查村进行一次追踪性调查,即历史上的第二次"无锡保定调查",成为在30年里连续观察这两地农村经济发展变化的宝贵资料。

(三) 为了统计

"文化大革命"结束后,孙冶方的组织关系还在经济所,但在多种场合以各种方式为加快恢复我国统计工作大声疾呼。1980年孙冶方向宪法修改委员会提交了《关于加强统计工作,改革统计体制的提案》,并提出四点建议:提高统计工作的社会地位、改革统计工作的管理体制、建立强有力的统计系统、完善统计法规。1980年12月29日孙冶方拖着病体参加全国统计局长会议,发表《关于加强统计工作和改革统计体制的问题》讲话。1982年12月8日孙冶方在病榻上写下《统计要独立》短文,在生命的最后仍然想着统计工作。

二、孙冶方的统计思想

孙冶方是一位远见卓识的马克思主义经济学家,在长达半个多世纪的经济学理论研究中,始终坚持立足中国国情进行独立思考,按照价值规律内因论和商品生产外因论的经济学思想,批判"自然经济论",是改革传统经济体制的最早倡导者,也是创建社会主义经济学新体系的积极探索者。孙冶方一直秉持着经济、统计密不可分的理念。他的统计思想产生于长期社会经济调查活动中,产生于统计工作领导实践中,产生于国外统计方法学习借鉴中,产生于社会主义经济理论思想研究中。他的统计思想,是他整个经济思想的重要组成部分。主要有以下几个方面:

(一) 统计调查思想

孙冶方倡导科学的统计调查方法。孙冶方统计调查思想来源于其早期从事农村调查活动,1930年孙冶方从苏联回国后,不久进入中央研究院社会科学研究所,在陈翰笙博士的带领下从事农村经济研究,是中国左翼经济学研究团体"中国农村经济研究会"的重要成员,以大量调查材料,论证了中国社会的半封建半殖民地性质。担任国家统计局副局长后,他经常深入工厂、农村开展调查研究。

1957年,孙冶方抽出两个月时间,来到家乡无锡及附近的苏州、镇江、扬州等地,进行农村统计工作调研。在《统计工作》1957年第6期上发表了孙冶方在全国农家收支调查会议上的讲话摘录,围绕"典型调查"和"抽样调查"进行了论述,指出"典型调查和抽样调查各有不同的任务和用途,没有科学和非科学的区别;如果能按照它的用途去使用,都是科学的,否则都是不科学的"。"典型调查的资料比较具体生动。因此可以通过典型调查来掌握全面情况以及一般的规律和趋势。但是典型调查的数字有它的局限性,一般是不大用它来推算全面数字的。"他指出:"典型调查对于统计工作者来说,不仅像对于一切实际工作者一样,为了了解下层情况是必要的,而且为了统计资料的分析研究也是必不可少的。"对于抽样调查,他强调,"不能用这种典型调查来代替抽样调查","抽样调查则强调避免主观因素,而要考虑比例权数等问题"。在抽样调查过程中要重视科学性,"我们的调查方案上也规定了,凡是中选户户主绝对不愿意接受调查,或发现不适合调查者,可以用人口和经济情况(抽样所根据的几个基本指标)相类似的户来代替。"

孙冶方主持开展第二次无锡保定农村调查。1958年,孙冶方和薛暮桥在第一次无锡、保定农村调查的基础上,组织了第二次大规模的无锡、保定农村调查。调查涵盖两地的22个村的数千名农户,调查主要包括农户家庭状况、生产资料、农产品、家庭副业、收入、消费支出等方面。调查目的是论证中华人民共和国成立后农村社会天翻地覆的巨大变化。从资料本身看,第二次调查的最大贡献是对第一次调查的数据进行了核查,第二次调查通过对几个有代表性的观察年度的调查,形成了无锡、保定农村及农户几十年经济发展演变历史数据轨迹,为以后接续开展的几次调查奠定了基础。

(二)国民经济核算思想

孙冶方十分重视国民经济平衡统计。1956年孙冶方率队考察苏联两个月,主要学习苏联的国民经济平衡统计工作,回国后,他专门撰写了《介绍苏联国民经济平衡统计工作》一文,发表在《统计工作》1957年第20期上,这也是孙冶方在国家统计局第六届全国统计工作会议上的发言。他指出:"统计工作要很好地为国家建设、国家管理工作服务,除应建立和健全各种专业统计工作以外,还必须建立和加强国民经济的综合平衡统计工作。只有加强国民经济平衡统计工作,才能全面地、深入地发现国民经济发展中的一些重大问题,或不平衡现象,便于党政领导正确地指导国民经济的发展。"在他的推动下,国家统计局进一步加强了平衡统计工作,通过编制平衡表进行国民经济的综合平衡研究。

孙冶方十分重视投入产出工作。1959年孙冶方出国访问回国途中经过莫斯科,聆听了里昂惕夫的投入产出报告,访问了苏联中央统计局并与索包里交流,了解了投入产出法在苏联发展的曲折经历。他认为这种平衡表是统计和计划部门计算比例关系的好方法。他在1982年第4期《经济研究》发表的《在经济计量学年会上的书面发言》中明确提出:"希望你们能争取在五六年时间内,至多在两个五年计划时间内,建立起我们的经济计量学和中国的棋盘平衡表!"孙冶方所说的棋盘平衡表就是投入产出表。1982年国家统计局、国家计委及有关部门编制了1981年全国投入产出价值表和实物表。1987年国家统计局建立了周期性的投入产出调查制度。目前投入产出核算作为《中国国民经济核算体系(2016)》中五个基本核算内容之一,投入产出技术在我国宏观和微观经济领域获得了广泛的应用。

(三)统计监督思想

孙冶方对统计发挥监督作用方面有创新性思考。他在《经济管理》1981年第2期《加强统计工作,改革统计体制》一文中,指出"在社会主义国家中,统计除认识社会这个职能外,还有更重要的职能——核算和监督的职能"。"在国民经济建设上,如果只有会计核算、业务核算,而无统计核算,只有财政监督、银行监督,而无统计监督,那么国家对整个国民经济的核算与监督就成了一句空话"。他建议"在宪法上明确统计的这种职能,确立统计机关作为国家的一个检查监督机关的地位"。

孙冶方对统计管理体制方面有独到的见解。他建议:"为了加强统计工作的集中统一领导,保障统计工作的独立性,应当将目前由计委代管或领导统计机关的体制,改为由国务院和各地政府直接领导统计机关的体制,最好像检察机关一样由各级人民代表大会常务委员会直接领导各级统计机关。"1982年11月23日孙冶方对看望他的领导说:"希望中央重视统计工作。统计工作一定要独立,才能可靠。"1982年12月8日,孙冶方写下了《统计要独立》的百字小文:"我主张统计要独立。国家统计局在党的工作方面由党中央直接领导,在行政工作方面受全国人民代表大会常务委员会领导,并应同党的纪律检查委员会挂钩。"

(四) 统计法治思想

孙冶方积极推动统计立法工作。他指出:"世界上许多国家都有比较完善的统计法规,这可以从法律上保障统计工作的顺利进行。"他建议"制定我国《统计法》,由人大常委会批准实施。在宪法上有必要写出有关统计方面的条文,使全国人民有所遵循"。

(五) 经济效益统计思想

孙冶方十分重视反映企业效益指标。在1957年国家统计局编印的《统计工作》第13期《从"总产值"谈起》一文中,他从产值角度引申到企业经营管理,批判总产值指标妨碍对企业进行科学管理,指出"利润这个指标的最大好处,就在于它反映了生产的实际情况,能推动企业管理"。他同时提出要重视固定资产折旧率的计算,辩证地指出"提高折旧率并不是主张把任何设备在很快把它的价值收回以后,便不分青红皂白丢掉完结,而是说要算一算账"。"文化大革命"后,孙冶方在1978年第9期《经济研究》《要理直气壮地抓社会主义利润》一文中提出,"既然在社会主义社会里还存在价值规律,那就还必须从这基础出发,进一步承认资金利润率、生产价格和级差收益的存在"。

(六) 数理统计思想

孙冶方十分重视数理统计应用。在《经济研究》1981年第8期《关于生产劳动和非生产劳动、国民收入和国民生产总值的讨论》一文中明确指出:"过去很多同志对于社会经济统计需要运用高等数学,似乎是认识很不够的,认为搞统计工作只要懂得加减乘除的算术就够,现在逐渐为更多的人所知道,社会经济统计在许多方面必须应用高等数学。例如我们在研究国民经济综合平衡、计算投入产出,计算部门间的连锁反应,或者物价涨落的连锁反应的时候,就必须应用运筹学,应用线性规划;在搞抽样调查的时候,又必须运用概率论的原理,等等。我们必须让尽可能多的中青年统计干部补好高等数学这门功课。"同时指出"社会经济统计有定性和定量两个方面;而定量计算是在定性指导下进行的"。

孙冶方逝世已经40多年了，他对统计事业的热情关怀、他的统计思想，一直被广大统计工作者所铭记。40多年来，经过不懈努力，各方各界重视支持统计的良好氛围日益浓厚，全国已建立了40余项涵盖经济、社会、人口、科技、环境等方面的常规统计调查制度；建立了与中国国情相适应的国民经济核算体系；形成了以《统计法》为中心，统计行政法规相配套，地方性统计法规、统计规章为补充，覆盖统计工作各领域的统计法律制度，统计法治根基更为坚实稳固；构建了较为完备的政府统计组织体系，地方统计机构普遍加强，部门统计日益规范；统计现代化改革加快推进，数据采集实现了电子化、网络化；逐步建立起适应中国特色社会主义市场经济的现代化统计调查体系，孙冶方当年提出的很多统计理论、建议已经转化为统计实践。

三、孙冶方统计思想的启示

以史为鉴，孙冶方对党、对人民、对统计事业忠心耿耿、高度负责的革命精神，凝结了深刻启示，我们应在今后的工作中继承和发扬这种精神。

（一）正确看待孙冶方统计思想

孙冶方的统计思想以及他担任国家统计局副局长期间开展的一系列统计工作，在当时的历史和社会背景下都具有开拓性、创新性，他积极投身于百废待兴的共和国建设事业中，为新中国统计事业的奠基、发展做出了重要贡献，在担任中央顾问委员会委员和全国政协委员期间，积极为国民经济和社会发展建言献策，为统计工作的改革与发展呼吁，关心和支持统计工作，他为中国统计事业发展所做的努力和贡献，在新中国统计发展史上书写了浓墨重彩的一页。用今天的眼光来看，孙冶方关于国民收入的观点还存在着某些历史的局限性，他认为"必须重视物质财富的统计和计划，保证这个反映物质财富的价值量的指标（即我们沿用的'国民收入'或'净产值'指标）的纯洁性，不能把非物质生产的东西混杂进去"（发表在《经济研究》1981年第8期《关于生产劳动和非生产劳动、国民收入和国民生产总值的讨论》），这与孙冶方所处时期的客观情况限制有关。但他在理论上的远见卓识，提出了具有鲜明特色的关于社会主义条件下价值规律的著名观点，为后来的计划和统计改革以及整个经济体制改革做了一定的理论准备。

(二)学习孙冶方统计思想启示

1. 充分发挥统计监督职能

孙冶方说过:"社会主义国家的统计,既能对微观经济也能对宏观经济进行核算与监督。"2021年中央印发《关于更加有效发挥统计监督职能作用的意见》,积极推动统计监督与其他监督统筹协调、贯通协同,统计监督作用显著提升。学习孙冶方统计思想,我们要一方面扎实开展统计监测评价。有效跟进开展重大战略部署统计监测,全面客观反映重大决策部署落实情况,持续围绕"465"现代产业集群、数字经济、共同富裕等方面开展评价,不断提高统计监测分析预警精准度和颗粒度,以高质量发展绩效评价服务经济社会高质量发展。另一方面围绕经济运行加强研究。强化对宏观经济指标动态监测、预警预判,建立健全经济运行动态监测机制,加快构建"宏观、微观"多层次的运行分析格局,不断发挥统计工作指标分析优势、数据汇聚优势,及时分析各领域、行业、市场主体的苗头性、倾向性、潜在性问题,提供高质量有价值的统计产品,在稳增长大局中勇担使命、勇挑大梁。

2. 更大力度搞好调查研究

阅读《孙冶方年谱》,我们可以清晰地看到,从20世纪30年代开始,孙冶方就深入农村、工厂进行调查研究,即便在晚年身体不佳的情况下,也时常深入一线开展调研。习近平总书记指出:"调查研究是我们党的传家宝,是做好各项工作的基本功。"学习孙冶方统计思想,我们要一方面在解剖麻雀中探索新方法。科学把握统计工作面临的新形势,面对新产业、新业态、新商业模式等新情况,坚持问题导向和目标导向,筛选代表性强、规模适度、基础工作好的调查单位作为重点研究对象,通过解剖麻雀方式研究把握本质和规律,找到科学统计的办法和路径,在此基础上拓展统计调查领域,完善统计调查方法制度,推动数字化、新技术在统计调查方法上的应用,及时反映新动能成长和新引擎带动的作用。另一方面咨政辅政上展现新作为。深层次、多维度开展统计调查研究,深入调查一线,面对面了解企业真实现状,全面掌握第一手资料和数据,发现趋势性、苗头性问题,深挖统计数据背后的客观规律,找出问题的关键因素,提出有价值的决策咨询建议,发挥好统计"参谋部"作用,以统计服务创新之举在中国式现代化建设新征程中展现新担当。

3. 不断提高统计数据质量

孙冶方对统计数据失实深恶痛绝。他指出,数据不准,指标不全,情况不明,这种苦头不少! 2016年中央印发《关于深化统计管理体制改革提高统计数据真实性的意见》,建立健全防范和惩治统计造假、弄虚作假责任体系,推动实施统计造假、弄虚作假"一票否决制",统计生态环境得到明显改善。学习孙冶方统计思想,我们要一方面以"强"为纲夯实基层基础。织牢了防范统计造假的屏障,深入推动加强镇(街道)统计职能和队伍建设各项工作要求和措施落到实处,健全完善镇(街道)统计人员、村(社区)统计协管员、企业统计人员、部门统计主管等四个层面的管理机制。落实国家统计质量保证框架和统计业务流程规范,健全数据质量控制长效机制,加大数据质量审核评估力度,强化质量追溯环节的追责问责。另一方面以"真"为本弘扬法治精神。深入学习贯彻习近平法治思想,大力弘扬统计法治精神,不断强化对各级党政领导干部、统计人员的统计法治教育和培训,筑牢坚守底线、不踩红线意识,强化统计法治宣传,营造全社会关心、重视、信任、支持统计工作的良好氛围。进一步加大统计执法检查力度,严肃查处各类统计违纪违法案件,加大案件通报曝光频次,努力形成"不敢假、不能假、不想假"的统计生态,以诚信统计行为在全面建设社会主义现代化国家新征程上谱写新篇章。

孙冶方经济思想与苏南模式的形成、发展及启示

黄胜平　王彦芳[①]

孙冶方经济思想为探究苏南模式的形成规律与发展逻辑提供了坚实基础和理论支撑,为剖析苏南模式的先天弊病与制约瓶颈提供了鲜明视角和有效工具,为探寻苏南模式的发展出路与改革方向提供了思想指引和科学遵循。不论是新苏南模式、后苏南模式,还是苏南模式3.0升级版,都是遵循孙冶方价值规律不断演化的阶段性产物,这些发展模式与实践在很大程度上丰富了中国特色社会主义市场经济理论。理论的生命力在于不断创新,苏南地区一系列的制度创新与成功实践不仅丰富和拓展了孙冶方经济思想的相关理论,同时也充分彰显了孙冶方经济思想的重要现实意义与顽强生命力。

孙冶方是从无锡走出的当代中国最杰出的马克思主义经济学家、无产阶级革命家,是传统经济体制改革的最早倡导者。在长达半个多世纪的经济学理论研究中,孙冶方始终坚持立足中国国情并据此提出了诸如价值规律理论、"最小-最大"理论、经济扩权理论、利润理论、流通理论等一系列经济思想,催生了社会主义市场经济体制,启发了一批国内外先进发展模式,苏南模式则是其中最具代表性的一种,已经成为中国区域经济发展的重要样本。

苏南模式的概念最早见于1983年费孝通教授撰写的《小城镇·再探索》:"苏、锡、常、通的乡镇企业发展模式是大体相同的,我称之为苏南模式。"[②]其内涵特征为:以乡镇企业为主、以集体经济为主、以市场调节为主,实现共同富裕,简称"三

[①] 黄胜平,无锡市经济学会会长、无锡国家高新区发展研究院院长、孙冶方经济科学研究院理事长、江南大学兼职教授。王彦芳,江南大学商学院副教授、无锡吴越经济社会发展研究所研究员、孙冶方经济科学研究院特邀研究员。
[②] 费孝通:《小城镇再探索(之一)》,《瞭望周刊》1984年第20期,第14—15页。

为主—共同"。①不同于温州模式下的先市场化再工业化路径,苏南地区通过发展乡镇企业,走的是一条先工业化再市场化的发展道路。

一、孙冶方经济思想体系下苏南模式的理论溯源与演化实践

苏南模式"三为主一共同"的主要特征中,核心是发展,主体是乡镇企业,活力源泉是市场经济,宗旨是走共同富裕之路。孙冶方主要经济思想,无论是价值规律理论、"最小-最大"理论,还是企业扩权理论、利润理论和流通理论等,都为追溯苏南模式的形成逻辑与发展规律提供了有力支撑和坚实的理论基础。

（一）价值规律论是苏南地区市场取向改革的基本因循

苏南地区突破计划经济的束缚,坚持以市场调节机制为主,其内在的理论逻辑在于遵循并发挥价值规律的作用,充分依靠农民,实现自力更生、自立自强。这也是苏南模式发展的一大特色,具体体现在资金自筹、劳力自招、原料自找、产品自销、决策自主、风险自担等六个方面。孙冶方指出价值规律是价值存在和运动的规律,是社会化大生产的产物,反映了社会化生产过程中的各种社会经济关系。他将恩格斯的价值理论运用于中国的社会主义建设实践中。他认为,价值规律是任何社会化大生产都不能取消的自然规律,而价值规律的实质在于强调市场在资源配置中的决定性作用,是市场经济的基本规律。在发展过程中,苏南地区坚持从市场需求出发,在协调农村发展中工业与农业关系的基础上,优化乡镇企业的产品结构和企业组织结构,一方面通过小而专拾遗补阙,另一方面又通过上规模、上水平,取得规模经济优势,提升乡镇企业市场竞争力。

（二）"最小-最大"理论是苏南地区乡镇企业不断创新的内驱动力

"用最小的劳动消耗去取得最大的有用效果"是孙冶方对古典政治经济学家李嘉图与马克思理论观点的中国化表述,也是苏南地区创新发展的内驱动力。自20世纪50年代中期以来,孙冶方联系中国社会主义经济建设中的弊端,反复论述

---

① 黄胜平:《中国苏南发展研究》,红旗出版社2003年版1月,第195页。

"最小-最大"理论的思想。他认为,"最小-最大"理论的核心要义在于把个别的、局部的劳动,还原为大多数的、社会平均必要的劳动消耗,强调解决商品内在矛盾的关键在于以"最小-最大"理论为红线,提高劳动生产率,发展社会主义经济,批评在"政治挂帅"名下搞空头政治、高消耗、低收益的顽症。苏南地区对于"最小-最大"理论的践行,不仅体现在人口、土地、能源、资源利用上,而且体现在科技自主创新的方方面面。20世纪80年代初期,苏南地区农村实行联产承包责任制后,率先发展乡镇企业,推进农村工业化,同时就地转移非农劳动力,提高劳动生产率,创造了具有中国特色的城镇化模式。不仅如此,苏南地区乡镇企业不断推动工业向园区集中、人口向小城镇集中、服务业向中心城镇集中,实现土地等资源的集约利用,加快整改落后、低效工业,依靠信息化和高科技跨越高消耗、高污染阶段,推进环境和生态建设。此外,苏南地区高度重视对引进技术的再创新,突破核心技术、高技术、原始创新以及研发中心的引进和建设,提升市场经济生产与运营效率。

(三)企业扩权是苏南地区传统集体经济改制的方向

引领以集体产权尤其是政府产权为目标的市场化改革,加速了苏南地区企业扩权,有力地推动了民营经济的发展。20世纪60年代,孙冶方就在《关于全民所有制经济内部的财经体制问题》的研究报告中提出国家所有权和企业经营权分离的理论。他指出,企业是独立的经济核算单位,要正确处理国家集中领导和企业独立经营的关系。进一步的,在特定历史条件下针对中央集权计划经济,孙冶方独创性地提出了划分国家和企业、"大权"和"小权"、"死"和"活"的界限"杠杆"。他认为,企业应该自己管"小权",国家多加干涉就会管死,束缚企业从事生产经营的积极性和主动性;而对于国家应该抓的大权,必须严格行使权力,不管或管而不严,就会大乱。不可否认,在苏南地区由计划经济向市场经济转轨初期,政府直接干涉企业、动员和组织生产活动,具有速度快、成本低等优势,但这种集体所有制产权模式也存在机制呆板、活力不足、资产流失等弊端。因此,从20世纪90年代开始,苏南地区加快乡镇政府产权主动退出与集体经济改制,以混合所有制形式进行股份制和公司制改造。苏南乡镇企业还通过与外商合资,与其他法人企业组建企业集团、建立股份制公司、上市等途径明晰产权。

(四)"利润是牛鼻子"是苏南地区共同富裕的重要实现形式

利润的积累和分享是苏南模式下推进共同富裕的实践路径,有利于经济目标与社会目标的统一。正如孙冶方所强调的,"利润是牛鼻子"[①],利润是物质生产部门职工为社会扩大再生产和社会公共需要而创造的一部分物质财富。苏南模式下,传统集体经济在推进集体富裕的同时,也培养出自我强化的集体富裕文化,既关注企业、个体平均利润和收入,也重视大多数市场主体达到平均水平。在苏南地区集体经济市场化改制过程中,集体资本并没有完全消失,而是以控股或参股的形式存在于中外合资企业、股份制企业甚至民营企业中,保证了利润共享与共同富裕要求的实现。不仅如此,还建立和发展了新的经济合作形式,即富民合作社、社区股份合作社和土地股份合作社。进入合作社的农户从中获得财产性收入,这种有组织的投资创业是当时集体经济办乡镇企业的新发展与新探索,有利于充分激发市场活力。

(五)"流通一般"是苏南地区商品经济快速发展的现实逻辑

以商品交换流通为主的商品经济是苏南模式形成与苏商崛起的经济基础。自明清以来,苏南地区就是中国商品经济较为发达的地区,也是中国资本主义萌芽较早的地区,农户兼营副业程度高,加之受近代工业文明的影响,苏南农村逐渐形成"以副助农"的发展模式。根据孙冶方的"流通一般"理论,流通是社会化大生产不可缺少的环节,而且由于全民所有制外部还存在着商品生产和交换,因而,全民所有制企业之间的产品流通和不同所有制企业之间的商品流通并存。孙冶方强调,产品流通而非商品流通理论是对马克思商品经济条件下流通一般理论的丰富和拓展。20世纪80年代中后期,苏南地区积极发展外向型经济,全面引进外商直接投资,承接国际产业转移,形成了"两头在外"的深度增加值型、资源型加工工业或产业,由商品经济逐渐向产品经济、服务经济过渡。

二、苏南模式的问题与瓶颈剖析——基于价值规律论的视角

在对苏南模式的形成与演化实践进行理论溯源的基础上,以孙冶方经济思想

---

① 孙冶方:《孙冶方全集(第三卷)》,山西经济出版社1998年版,第71页。

的核心理论——价值规律论为主要分析工具,剖析苏南模式发展过程中存在的一系列问题、瓶颈,以及导致这些问题的根源。事实上孙冶方的"最小-最大"理论、企业扩权理论、"流通一般"理论以及利润理论,本质上均可以视为孙冶方关于"千规律,万规律,价值规律第一条"在构建社会主义政治经济学中的具体应用。[①]这一理论观点的重要现实意义在于,不论是企业生产效率、所有制产权、流通运营还是经济目标的实现,都要按照市场经济规律、价值规律办事,违背价值规律,必然会导致效率低下、竞争力下降,甚至亏损破产等。传统苏南模式存在政企不分、自主性不足、管理滞后、产业链低端等问题,而违背价值规律、忽视价值规律是导致这些问题的重要原因。

(一)"政府超强干预"下政企不分、产权不清

苏南地区集体经济改制促进了企业扩权,但"政府超强干预"模式并未发生实质性改变,不利于现代企业制度的建设和发展。苏南模式是"地方政府公司主义模式""能人经济模式"和"政绩经济模式",存在政企不分、产权不清等问题。政府不仅征税,而且直接管理企业的生产经营,甚至出现"企而优则仕,仕而优则企"的现象。诚然,在改革初期,苏南地区政府超强干预,为区内乡镇企业的崛起提供了历史机遇,但也违背了市场配置资源的基本规律——价值规律,导致企业非效率投资现象普遍、发展动力不足等问题突出。

随着集体经济市场化改制的推进,苏南模式从"一公独大"发展为国资、民资、外资三足鼎立的混合互补型经济格局,在一定程度上缓解了旧苏南模式下政企不分的问题。然而,绝大多数国有以及国有控股大型企业依然保留了国有控股地位和国有法人控股地位,仍需要进行混合所有制改革。而且,改制后的民营经济体实体,又或多或少地带有传统集体经济的痕迹,在企业组织管理、经营决策以及与政府关系等方面依然存在突出的路径依赖。因此,苏南民营经济本质上仍然是一种"自上而下"的政府主导型经济[②],这使得苏南民营经济的发展在产业定位上偏重于制造业而轻服务业。

---

① 冒天启:《价值规律内因论与商品生产外因论——〈孙冶方文集〉序》,《经济研究》2017 年第 9 期,第 4—10、203 页。
② 刘志彪、张月友:《新苏南模式推动多种所有制经济协同发展》,《中国国情国力》2018 年第 5 期,第 53—56 页。

(二)"次生型"民营经济自主性发育不足

变革创新是民营经济的立身之本,而企业利润的不断积累是增加创新资本、实现创新的必要前提,这实质上也是孙冶方强调"利润挂帅"而"非政治挂帅"的重要原因之一。苏南民营经济源于20世纪90年代末的民营化改制,带有鲜明的吴文化特色——"细腻有余而大气不足"。苏南的民营经济"次生型"的发展模式既是对政治风险的有意回避,也有赖于地方政府的有力推动。但也正是由于这种约束,苏南民营经济的市场性、自主性发育不充分,创新活力受限。

就苏南模式而言,集体经济改制初期,企业的部分利润被用来建学校、建乡村养老院,农地也被集中到种田大户手里,使乡镇企业承担了大量社会政府职能和"公共企业家"职能。尽管这种结果在一段时间内是积极的,但也给苏南经济的发展造成较大负累,乡镇企业资本积累不足。此外,苏南模式的制度创新基本是出于危机导向,是迫于经济形势的被动创新,而缺失主动推进制度改革的自主创新体制机制,并且由于政府利益的存在和采取的"自上而下"的方式,致使资本、科技、人才创新的各种生产生活资料要素的流动性、融合性、协同性较为欠缺,使地区与企业创新发展遭到制约。

(三)"小作坊式"草根型经济粗放低效、管理滞后

苏南地区"小作坊式"的中型、中小型乡镇企业占江苏省中小企业总量的71%,生产规模有限且组织简单,相对落后的管理模式弱化了企业的生产效率和市场竞争力。传统的乡镇企业通常有一名德高望重的"家长"率领几个亲信管理企业,主要依靠人情和血缘作为纽带,以经验和集权进行管理的模式。这在需求远大于供给的野蛮生长时代也许还能生存,但在产业转型的当下却难以为继、步履维艰,这也是苏南民营经济竞争力不足的深层原因。

因为激励相容约束的差异,改制后的苏南地区国有企业和新集体经济企业在某种程度上也存在粗放低效、管理滞后等问题,但原因截然不同。相比于民营和外资企业,国有企业和集体经济企业的产权安排是非排他性的,企业内部的激励相容约束达成一致的交易成本比较高,对市场变化也不敏感,管理效率、决策效率较低,因而往往倾向于标准化、规模化程度高而市场竞争小、需求价格弹性小的行业,比如标准化住宅建设、基础设施建设、土地租赁等行业。

(四)"两头在外"模式下流通控制权缺失、产业链低端锁定

孙冶方的"流通一般"理论在阐释产品流通规律的同时,还强调不同所有制企业之间流通所形成的社会化大分工。20世纪90年代以来,苏南各地政府竞相通过"以市场换技术"的方式吸引外商直接投资(FDI),嵌入全球价值链分工,然而来料加工贸易模式的产业链一般比较短,且对外资依赖较大。在此过程中,大部分加工贸易利润被外资转移,多数苏南外资企业自身在国际分工中仅处于加工制造的配角地位,而与之配套的苏南乡镇企业更是沦为配角的配角。

苏南传统加工贸易推动了产业发展,但"两头在外"的贸易模式也使得苏南地区"流通控制权"缺失,传统产业的发展路径被发达国家的技术创新和标准所控制,长期处于全球价值链低端。这在一定程度上阻碍了苏南本地企业向价值链高端攀升,导致价值链中附加值最高的环节以及产业链中最关键的环节都被发达国家跨国公司掌控,无形中形成一种"内资创造价值而外资实现价值"的利益分配扭曲和不对称问题。不仅苏南模式如此,东部其他地区尤其以外向型经济为主导的珠江模式更是如此,无疑弱化了产品流通的可持续性与稳定性。

三、新时代孙冶方经济思想对苏南地区高质量发展的重要启示与创新路径

以价值规律为核心的孙冶方主要经济思想,强调不仅要提高劳动生产率和产品技术含量,明确市场在资源配置中的决定性作用,而且要不断完善优化公平竞争的市场环境。[①]由此,苏南地区实现制度创新与高质量发展的核心与关键在于如何充分发挥价值规律的作用,政府的施策重点也主要在于如何围绕优化市场环境、激发市场主体活力而展开,因地制宜重塑发展新优势。

(一)完善要素市场化配置体制机制,打造数字化服务型政府

在苏南模式基础上形成的"新苏南模式"是典型的"外生式"区域经济的发展模式,地方政府以经营城市的理念进行类公司化的运作。这种模式有利于部分企

[①] 张卓元:《孙冶方经济思想的重要现实意义——纪念孙冶方百年诞辰》,《经济研究》2008年第43期,第4—7页。

业快速实现原始资本积累和规模扩张,但也产生了突出的效率损失和权力寻租等问题。为此,在推进企业扩权的同时,需进一步转变地方政府职能,坚持价值规律导向,强化市场配置资源的决定性作用,畅通苏南与其他地区之间的要素流动渠道,保障不同所有制企业平等获取生产要素。推动要素配置依据市场规则、市场价格、市场竞争而非政府干预实现效益最大化和效率最优化。不断健全要素市场运行机制,完善苏南各地区地方政府调节与监管职能,做到"放活"与"管好"有机结合,提升数字化监管和服务能力,引导凝聚各类要素发展新质生产力。事实上,苏南地区在市场化改革深入推进的过程中也不断探索,如"苏州工业园区"践行亲商理念服务企业,持续推进"放管服",打造市场化、法治化、国际化营商环境;无锡通过企业产权改革、"放管服"改革和人才支撑战略,加快传统产业技术改造与品牌化升级,激发民营经济发展的内生动力;常州通过"工改""村改""股改"布局现代化工业园区,融合城乡资源、推进企业股改上市等。

此外,随着数字信息技术的快速发展与广泛应用,数据要素以及其他传统生产要素的市场流动与配置场景日趋复杂多变,对于政府治理和服务能力提出了更高的要求。对此,苏南各地区纷纷探索如何加快政府治理的数字化转型。以无锡为例,2023年7月起施行的《无锡市数字化转型促进条例》是全国首部关于数字化转型的地方性法规,强调要推进政府治理流程优化、模式创新。一方面,建立全市"一网通办"统一办事入口,推动"一网通办"平台与城市数字生活服务平台融合,实现一次认证、全网通办;另一方面,推动政务运行"一网协同",建设全市一体化政务协同办公平台,建立健全大数据辅助科学决策机制,优化完善"互联网+督查"机制,提升行政执行能力、辅助决策能力和行政监督水平。

(二) 健全产业利润分配与共享机制,构建多元化协同创新生态

苏南地区传统集体经济以及改制后的新集体经济企业仍或多或少带有平均主义的思想和观念,这不利于企业的利润积累和运营效率的提升。因此,需要打破平均主义,合理拉开差距,鼓励通过技术、资本、劳动等方式形成利润共享机制,延伸优势产业链的同时打造现代化供应链,适当实施产业激励和约束政策,调动企业积极性、创造性、主动性,增强企业获利能力的同时完善自我积累机制。这不仅有利于激发民营经济的创新能力和活力,而且有利于苏南各地区共同富裕,为

苏南地区推进多元化协同创新奠定基础。

构建国有企业、民营企业等多元主体风险共担、收益共享的创新生态，可通过设立苏南地区产业创新基金，促进不同所有制企业间科创资源的开放式交流和创新成果转化，形成"创新＋产业＋资本"的科技创新一体化、网络化的协同互动新格局。为此，需构建苏南地区一体化创新的制度供给体系，协调健全各级地方政府的协同创新联动机制，打造苏南地区关键共性技术创新平台，通过科技创新走廊等方式实现创新空间联动，形成围绕产业链布局创新链、围绕创新链打造高科技产业链的新形态。重视发挥大型国有企业、民营企业等多元化创新主体在平台中的主导作用，打造创新链、产业链、供应链等一体化的高质量发展新模式。具体实践中，以无锡为例，加大补贴力度，鼓励股权投资机构将其生态圈企业吸引落户，同时推动社会资本、产业资本、金融资本向实体经济汇聚投入。[①]在此过程中，有计划、有步骤地引入一批重量级的科技创新平台，在信息技术、高端制造、新材料等优势产业领域集聚了一批科技创新高端要素，既包含了新兴产业，也不乏传统优势产业。通过深入实施创新驱动发展战略，加快发展现代产业体系，目前已经形成包括物联网、生物医药、高端新材料、节能环保等在内的10个千亿级产业集群。

（三）秉承最小能耗最大产出效果，推进绿色转型与高质量发展

"最小-最大"理论的启示与现实意义并非在于某一阶段经济运行效率的提升，而是持续不断的动态改进，降低消耗的同时获得最大的经济效果。苏南模式经过40余年的高速发展，出现管理滞后、高消耗与低收益的问题、经济发展能量与区域容量的矛盾以及产业技术与高新技术供给不足等矛盾的主要原因在于未能自始至终坚持"最小-最大"理论，亟须加快以低投入、低消耗、低污染和高效率为核心的科技转型。这需要苏南地区加大资金投入力度吸引全球范围内的技术、人才、发展成果，抢占科技制高点，提升科技对经济发展的贡献度，寻找实现最小消耗最大产出效果的有效路径和新动能。江阴市乡镇企业的积极探索为苏南其

---

① 黄胜平、李桂林：《这里是创业的热土——无锡新区支持海外人才成功创业的实践及启示》，《求是》2009年第7期，第52—54页。

他地区践行"最小-最大"理论提供了有益借鉴。[①]在深化产权制度和经营机制变革的"二次创业"基础上,江阴市最大限度地减少对物质资源的依赖,率先实施资本经营工程,以资本经营作保证,以科技创新为先导,提升产业层次,为企业发展注入新的动力。

发展方式绿色转型是我国"十四五"高质量发展时期的关键环节、为苏南地区产业结构转型升级提供重要引领。对带有强烈"集体经济"与"行政"烙印的苏南地区乡镇企业而言,推动绿色转型需要进一步完善地方政府绩效考核、补偿与产权制度。具体地,以综合考核引领发展方式转变,以绿色转型为路径,构建与苏南地区经济社会发展相适应的生态环境治理体制机制。在考核制度方面,通过高质量发展绩效评价考核的引领,把环境承载力纳入绩效评价考核内容;在生态补偿机制建设方面,以合理的补偿政策协同推进均衡发展,进一步完善生态补偿机制,拓宽市场化补偿渠道;在产权制度建设方面,推动排污权交易制度改革,探索建立跨省域排污权交易市场,实现以市场机制调节环保产品价格。

(四) 破除阻碍流通的痼疾和藩篱,重塑高端产业竞争力与主导权

苏南地区传统外延性发展所依赖的世界经济发展模式与治理体系发生巨大变化,"两头在外、大进大出"的出口导向发展战略弊端凸显且难以为继,加之地区内部产业梯度不足、衔接不畅,双向循环受阻。对此,亟须破除阻碍内外流通的制度性藩篱和痼疾,如税收、交易成本、市场准入隐形壁垒等,同时积极争取外部循环流通控制权,提升国际流通的稳定性与可持续性,这实质上也是孙冶方在《社会主义经济论》中强调流通一般规律的题中应有之义。[②]为此,苏南地区不仅要继续发挥开放型经济的引擎作用,稳步推进中阿产能合作示范园、中柬西哈努克特区等园区建设,而且要率先打破行政限制,进一步统筹优化区域创新体系和产业发展的空间布局,推动错位发展。以南京、苏州、无锡等城市为重点,加强政策支持和区域协同,全面提升苏南地区经济技术开发区、高新技术产业开发区等开放合作水平。

---

① 中国社会科学院经济研究所学术委员会:《孙冶方集》,中国社会科学出版社 2019 年版,第 270 页。
② 孙冶方:《孙冶方全集》(第 5 卷),山西经济出版社 1998 年版,第 162 页。

具体在中观层面上,依托工业经济先发优势产生的"产业级差",加强与科技、金融资本先进地区的融通合作,同时积极开展与技术水平相对落后、资源成本要素相对低廉地区的合作。发挥苏南经济的辐射带动作用,通过联合建设工业区、建立分公司、合资建厂等方式,加大技术、管理、资本、产品和产能等要素资源输出,变"招商引资"为"经商投资",推进产业梯度转移。在微观层面上,对现有传统产业进行高端化改造,培育开发制造业的自主品牌,积极参与设计、传播、提升、推广等高附加值分工环节,推动更多的苏南名牌产品向中国名牌、世界名牌跃升,并通过品牌效应,改变当前价值链低端锁定的格局,实现国内外产品流通的安全高效与自主可控。

自改革开放以来,以苏南地区为代表的区域经济是新质生产力的重要产生地,苏南模式的形成与发展也将为培育县域新质生产力提供重要启示与宝贵借鉴。苏南模式内涵中的市场化改革和"四千四万"精神,[1]仍然是新时代必须始终坚持不渝的方向;苏南模式内涵中的集体经济,仍然是当前农村正在发展的新型集体经济;苏南模式中的以乡镇工业为主,正是当前正在推进的新型工业化的题中应有之义;苏南模式中的共同富裕,正是当下中国式现代化建设的本质要求。在此过程中,孙冶方经济思想为新时代苏南模式的变革、演化与苏南地区高质量发展提供了重要的思想指引和科学遵循,而苏南各地区一系列的实践探索与制度创新也极大地丰富了孙冶方经济思想,使其焕发出更强大的活力与生命力。

---

[1] "四千四万"精神的含义:踏尽千山万水、吃尽千辛万苦、说尽千言万语、历尽千难万险。黄胜平:《解放思想先行是无锡乡镇企业发展的根本经验——上个世纪八九十年代从事苏南模式研究宣传的回忆》,载《异军突起——记忆苏南模式》,江苏人民出版社 2017 年版,第 314 页;《中国苏南发展研究》,黄胜平主编,红旗出版社 2003 年版,第 11 页;《江南论坛》2020 年"四千四万精神"增刊,总第 365 期。

孙冶方经济思想在无锡现代化实践中的现实意义

曹建标[①]

孙冶方经济思想是无锡籍学界前辈孙冶方先生对我国经济建设实践的经验总结和理论探讨。他的故乡无锡历来是全国闻名的"米市,绢市,布码头",素有"小上海"之称。这里的江南书院强烈支持民间的各种自由经济活动,思想文化趋向工商文明。孙冶方从小就耳濡目染,深受这里浓郁的商业氛围的熏陶和工商文明的养育。参加革命后多次回无锡,感知、调研家乡处于全国前沿的工商演变,对形成他的经济理论颇多启迪。虽然孙冶方先生已离开我们40多年了,但他好像一直生活在我们之中。读他的书,就像跟他交谈,听取他的见解,往往"润物细无声"。无锡的许多改革开放举措,都是明里、暗里接受孙冶方的指教或启迪而付诸实践的,其中有不少竟处于全国之前。

一、"最小-最大"理论及无锡的百年实践

孙冶方经济思想包括许多方面,其核心一言以蔽之,就是"千规律,万规律,价值规律第一条"。孙冶方先生从他的价值理论中直接引出一个社会主义经济公式——"最小-最大"理论:以最小的劳动消耗取得最大的有用效果作为红线,目的就是提高劳动生产率,发展社会主义经济。作为百年工商名城,无锡地域狭小,发展空间有限,始终把创新和改革作为破解资源环境制约的有效路径,最大限度以最小的投入获得最大的回报,最大限度提高全要素生产率,才能突破种种约束,取得如今的凤凰涅槃。

其一,始终把科技创新作为发展第一动力。创新是现代化的源泉和动力,也

[①] 曹建标,无锡市发展改革研究中心副主任、高级经济师,孙冶方经济科学研究院特邀研究员。

是提高生产率的最佳途径。无锡从民国时期到中华人民共和国成立,再到改革开放以来,始终矢志不渝、坚定不移走科技创新发展道路。作为民族工商业的发祥地,无锡在近代工业化过程中,经历了从设备引进到自主研发制造的过程,开启引进国外先进设备和自主研发制造设备之先河。如丽新纺织印染厂专门引进瑞士的里妥尔细纱机,薛氏集团研制的我国第一台32绪立缫丝车。通过不断借鉴国外工业和技术,依托自己积累的经验技术,无锡民族工商业在自立自强的道路上逐步发展壮大起来。中华人民共和国成立后,无锡又对国民经济各个领域的工业企业进行全面技术改造,逐步形成纺织、丝绸等八大类工业体系,许多工业技术创新成果走在全省、全国前列。比如成立于20世纪60年代初的江南无线电器材厂(即国营第742厂),先后承担过三次中央级别的引进项目,如承担国家微型计算机用8位CPU(中央处理器)等攻关任务,为无锡最终成为国家大规模集成电路生产基地打下了重要的产业基础。改革开放以来,作为苏南模式的主要发源地,无锡乡镇企业面临着技术和管理的难题,除了依靠城市下放或退休在本地的干部和技术工人,还从上海工厂和科研机构聘请了工程师、技术顾问。这种"星期日工程师"借智模式促进了上海生产技术、管理能力向无锡的转移扩散,推动了无锡乡镇企业的发展。如无锡的申锡机械和华联焊割联合上海科研院所,外聘"星期日工程师",合力攻关,分别成功研制630高空建筑吊篮和中国第一条H型钢自动焊接生产线。近年来,无锡坚定不移实施创新驱动发展战略,强化企业科技创新主体地位,加快推进科技自立自强,为全市经济社会高质量发展提供强劲科技支撑。2022年,无锡全社会研发投入强度达到3.3%,科技进步贡献率超过68%,自2013年以来连续十年位居全省设区市第一,高新技术产业、战略性新兴产业产值占工业产值比重分别升至50.4%和41.3%,无锡经济发展进入了创新引领加速、质量全面提升的新阶段。

其二,始终以改革突破为发展的根本动力。孙冶方先生说:改革创新是发展的根本动力,改革开放以来,无锡始终以改革创新打破制度藩篱,找准改革关键领域,提高全要素生产率,为经济高质量发展提供坚实的体制机制保障。一是通过改革创新,夯实经济发展内生动力。为了革除乡镇企业"大呼隆""大锅饭"等弊端,1983年,无锡市堰桥乡借鉴农业联产承包责任制,率先在所属企业中实行"一包三改"政策,即全面实行经济承包责任制,改干部任免制为选聘制,改工人录用制为合同制,改固定工资制为浮动工资制。"一包三改"政策极大激发了乡镇企业的内在动力和发展活力。1997年起,无锡又通过股份化和民营化方式对乡镇企业进行大规模改制,逐步由单一的公有制向多种所有制共同发展演变,不同的经济成分各自迸发活力。二是通过改革创新,有效破解资源环境制约。2018年,无锡全面开展工业企业资源利用绩效评价,建立以亩均税收、亩均销售、单位能耗税收为核心的"5+1+X"工业企业资源利用绩效综合评价体系,并进行综合评价赋分,进而把企业分为"4+T"类,通过资源要素差别化配置,倒逼企业绿色转型。2021年,无锡在全省率先在自然资源领域开展综合性改革,通过17项创新举措,如探索实施规划空间统一布局、规模"市控+区配"的分级管控模式,建立产业项目"快、好、高"门槛、分地区分行业门槛、基础准入门槛三级评价体系等,用好增量、盘活存量,努力走出一条以资源高效利用保障经济高质量发展的新路。

二、推动高质量发展,积极探索中国式现代化无锡新实践

孙冶方先生一贯主张要尊重价值规律,讲求经济效益,尤其要注重劳动生产率,更注重以最小的劳动消耗取得最大的经济效果。过去那种高投入、高消耗、高污染、低效益的粗放型增长方式,实际上是不讲求经济增长的质量和效益,同孙冶方先生倡导的"最小-最大"理论大相径庭。而我们今天要求推动高质量发展,转变经济发展方式,其实质就是从简单追求数量和增速的发展,转向以质量和效益为首要目标的发展。其基本要求是生产要素投入少、资源配置效率高、资源环境成本低、经济社会效益好。因此,高质量发展路径完全契合孙冶方先生倡导的"最小-最大"理论,所以,仅从这个角度来看,孙冶方经济思想依然对无锡探索中国式现代化建设具有现实指导意义。

近些年,无锡经济总量和综合实力不断提升,但也面临一些长期的瓶颈问题,比较突出的就是开发强度高、发展空间有限,对无锡现代化建设带来挑战和制约。按照孙冶方先生倡导的"最小-最大"理论,无锡要以最小空间投入,获取最大的经济发展成效,即要走高质量发展之路。如果无锡能在这种资源紧缺的情况下,实现经济高质量发展,形成一些经验,肯定对其他城市有很好的借鉴意义。其一,无锡要向存量资源要发展空间,通过实施国土空间全域综合整治、生态保护修复、产

业用地全域更新、批而未供土地处置和城市更新等行动，推动形成了"增量递减、存量递增""规模集聚、效益递增"的发展格局。其二，无锡要向天空要发展空间，借鉴深圳、东莞等城市的"工业上楼"经验，研究制定无锡工业上楼相关政策，做好"上楼"产业引导，积极推进"产业园区＋连片净地＋工业上楼"，探索建立"产业园区＋连片净地＋工业上楼"的立体保障体系，进一步提升经济密度。其三，无锡要向改革要发展空间，以一体化发展为导向，申请试点建立全市域土地要素流动机制，搭建全市域自然资源要素调配平台，探索建立市域内用地指标交易市场，允许增减挂钩节余指标和补充耕地指标在市域内交易调剂，通过市场化的方式，促进土地指标向高产出、高质量、高效率项目倾斜集中。其四，无锡要向创新要发展空间，要坚定实施创新驱动核心战略，建立业界主导、产学研融合的产业创新体系，集聚高校、科研院所和顶尖人才等源头创新主体，融入以长三角创新共同体为核心的开放创新体系，加快构建以市场效益为导向，集融合创新、源头创新、开放创新、体制创新于一体的产业科技创新体系，全力打造长三角产业创新节点城市。

孙冶方价值学说对深化新时代国资国企改革的启示

侯慧艳　刘连才[①]

孙冶方同志是我国历史上卓有建树的经济学大家。20世纪五六十年代,他针对社会主义建设道路探索中遇到的深刻经济理论问题和当时学界政界普遍流行的观点,将马克思主义经济学基本理论与中国社会主义经济发展的实际相结合,提出了一系列具有理论价值和实践意义的重要观点,形成了具有独创性的孙冶方经济理论体系,包括他的价值学说。这些理论和观点迄今为止仍具有深刻的指导和启示意义。国资国企改革是新时代中国特色社会主义全面深化改革的重要内容,也是实现中国式现代化的重要抓手,其重要性不言而喻。如今改革进入深水区、攻坚期,需要对许多重大理论问题进行更深层次讨论。在此背景下,回看孙冶方价值学说中一些重要观点,仍感到大有裨益。

一、新时代国资国企改革的中心任务和主要问题

国资国企是社会主义国家国民经济的主导力量和控制力量,是共产党执政地位和人民民主专政政权存在和巩固的经济基础,是人民当家作主的根本保障。不同于一般性的社会主义市场经济主体,国资国企发展壮大不仅是社会主义国家发展在经济上的要求,也是在政治上和安全上的要求。

(一)新时代国资国企改革的主要任务

特殊地位和特殊角色决定了新时代国资国企改革的任务主要包括以下三个

[①] 侯慧艳,盐城工学院马克思主义学院副教授;刘连才,盐城市经济学会名誉会长、副教授,孙冶方经济科学研究院特邀研究员。

方面：

第一，带头发展新质生产力的任务。国有经济是整个国民经济的引导力量，引领整个社会发展先进生产力是国资国企发展的首要任务。新时代条件下，创新是发展的第一动力，只有不断加快企业科技创新步伐，才能实现经济社会高质量发展。发展新质生产力是企业创新的基本内容，也是国资国企发展的第一要务。中国特色社会主义新时代处在一个数字化、信息化的历史时期，芯片、编码、程序、数据、信息等构成了新型劳动过程的核心要素。数据搜集、数据挖掘、数据分析、数据产品加工、数据营销等通过互联网构成数据再生产过程，驾驭和改变了传统生产要素投入和产出的方向、规模和结构。数据、信息和网络等对传统生产要素的整合，挖掘了传统生产要素的新能力，形成了以数字化生产为主要特征的新质生产力。数据是新的生产要素，是基础性资源和战略性资源，也是重要生产力。这是党中央有关创新发展新质生产力的重要论断。2020年4月，《中共中央国务院关于构建更加完善的要素市场化配置体制机制的意见》公布，首次将数据纳入生产要素范围，与土地、劳动力、资本、技术等传统生产要素并列，就是要充分发挥数据这一新型要素对其他要素效率的倍增作用，使数据成为推动经济高质量发展的新动能。马克思早就指出，"机器的改良，使那些在原有形式上本来不能利用的物质，获得一种在新的生产中可以利用的形态"[①]。新质生产力立足新科技革命的现实，将生产过程内部的信息收集能力、数据处理能力、信息交互能力、算力、基因技术、生态技术、人工智能等作为新的生产要素合并到生产力范畴中，坚持"科学技术是第一生产力"的科学论断，并超越了将生产要素单纯归结为劳动力、土地、资本的传统思维，体现了党在新的时代条件下对先进生产力最新质态的认识。国资国企应是新时代中国最先进生产力的掌握者和代表者，应在生产力最新质态方面进行高度关注和带头发展，并稳居潮头。只有国资国企能在新质生产力领域起到全面带头作用，才能发挥出其国民经济引导者的作用。

第二，形成对新条件下国民经济发展的强大控制力。国资国企对整个国民经济应具有不可置疑的控制能力，从而从根本上保障社会主义国家国民经济发展的正确方向，这不但要求国资国企做强做大，而且要求其在整个国民经济体系中抓

[①] 《马克思恩格斯文集》第7卷，人民出版社2009年版。

住重点行业、重点领域、重点企业,对科技革命带来的新的具有控制性的行业领域进行深度的参与、密切关联并取得控制能力。只有国资国企在所有基础性与战略性行业和领域都能占据主导地位,体现控制力,才能对国民经济发展的社会主义方向起到根本保障作用,确保整个国民经济发展的正确方向和发展安全。

第三,不断提高自身发展质量。优质的国资国企是社会主义经济基础先进性的体现,也是社会主义市场经济的优秀样板,无论在哪一个方面都体现出正面作用。因此,国资国企不能满足于现实的稳定状态,必须持续做强做大做优,适应新质生产力的发展要求,对标国际大型企业、跨国企业的超强竞争力,不断提高发展效能和管理水平,这也是新时代国资国企改革的主要任务之一。

(二)新时代国资国企改革面临的两大基本问题

实践中,新时代国资国企改革并不容易进行。一些现实问题向国资国企改革提出严峻挑战,其中最基本的两大问题在于:

第一,国资国企在新质生产力相关领域的控制力较为薄弱。就目前情况来看,国资国企在传统领域继续做大做强,优势稳定,但是在新质生产力相关领域,特别是越来越重要的数据、网络、信息平台等方面的控制能力还没有达到引导社会发展的要求,在有些方面,国资国企的参与才刚刚开始。这种情况,在新科技革命发展日新月异的条件下,会使整个国民经济发展充满不确定因素,甚至带有风险。一方面,它关系到整个国民经济持续发展的前景。没有在社会发展的最新领域掌握先进生产力,国资国企即便在传统领域再大再强,其进一步发展的竞争力都不能得到保证。另一方面,它也关系到整个国民经济发展的走向。新科技革命带来的新行业和新领域,特别是互联网行业对于整个经济社会发展的作用愈益关键,而国资国企在这些行业领域中的发展能力和掌控能力尚不够充分。

第二,国资国企自身的长远发展与内部增效问题。随着社会主义市场经济的发展和中国民族产业不断走向世界,国资国企内部管理增效问题愈益受到关注。传统的管理方式,对于企业作为平等市场主体、参与国内外市场竞争的环境因素缺乏考虑;而所谓现代企业管理制度又由于更类似于西方资本主义国家企业管理模式,不能完全适应国资国企的社会主义性质与其发展的角色要求。国资国企近年来在内部管理中的效益保障、激励机制、人才制度、科学管理、腐败治理、公平分配和企业形象建设等方面都存在难题。怎样搞好国资国企的自身建设问题，是新时代中国社会经济发展中最重要的问题之一。

抓住新时代国资国企改革面临的这两大基本问题，就能抓住中心任务，抓住社会主义经济发展的重要抓手，从而更高效地解决发展新质生产力、实现创新发展和高质量发展的问题。

二、孙冶方价值学说中若干观点给人们的启示

孙冶方关于社会主义经济学的思想来源于20世纪五六十年代中国社会主义经济建设的探索，其"社会主义价值学说"迄今看来仍有重要的借鉴意义。从新时代国资国企改革需要的视角来看，至少有以下三点具有启迪价值。

（一）社会主义经济条件下，承认和尊重价值规律是一个基本问题

孙冶方有句名言：千规律，万规律，价值规律第一条。尊重价值规律的客观存在，是孙冶方经济学说中的一个基本观点。他在20世纪五六十年代，人们对社会主义社会是否存在价值规律、价值规律是否发生作用和怎样发生作用等一系列重要的基本理论问题还存在很大疑惑的时候，就能清晰明确且坚决肯定地指出价值规律在社会主义条件下的客观存在，这是一个难能可贵的灼见。价值规律是商品经济的内在规律，只要商品经济尚未被消灭，价值规律就必然要存在和发挥作用。从前我们忽视甚至否定价值规律的一些做法，都在实践中被证明是错误的了；反之，承认和尊重价值规律的做法在经济发展中越来越被更多人认识和接受。

在社会主义市场经济中，国资国企是法律上的一般市场主体，但在宏观战略上看，又不同于一般的市场主体，面对价值规律时，国资国企不能盲目顺应，一味从价值规律和一般利润规律出发考虑问题。同时，一个国企既是一企，又不是一企，国资国企作为一个整体承担着社会主义经济基础的重任。所以，国资国企既要做好社会主义市场经济的一般主体，承认并尊重价值规律，按价值规律办事，同时又要有超越价值规律的经济思维，有超越一般市场主体追求个别企业利润的经济格局，从社会主义生产目的出发来研究和践行企业的发展思路。

(二) 把提高经济效益放在第一位

"最小-最大"理论是孙冶方同志的一个重要观点，即用最小劳动消耗获取最大有用效果是社会主义经济发展的基本要求，是社会主义政治经济学的一个红线。新时代国资国企发展仍要重视这一理论，并应着重从两个层次来理解这个理论。第一个层次：从个别企业视角出发，要重视企业利润状况。企业作为市场经济主体，必须具有利润才能维持存在和发展。没有利润或者利润稀薄的企业会成为社会的经济负担。国资国企也要重视经济效益，不能"因为是国有而不能倒"，成为人民群众的经济负担。新时代国资国企领域应有主动或者被动的淘汰机制，这是尊重价值规律的表现。第二个层次：从国资国企的整体来看，应当重视其在国民经济中的总体效益。除在利润上要有量的表现之外，国资国企还应体现出其对于国民经济控制力和引导力的有序增长。只有如此，国资国企才能发挥好其社会主义经济基础的功能，才能对社会主义社会上层建筑进行有力支持，才能对社会主义市场经济中其他一般主体不能、不便或不宜涉足的领域进行统筹发展和补充发展。

(三) 基于企业内部分工实际的科学管理和合理分配

孙冶方在20世纪50年代批判"无流通论"中形成的关于企业内部存在分工因而存在交换价值的理论非常独到，对于当前的国资国企改革很有启示意义。一方面，应当承认现代企业生产是社会化生产，内部存在着精细的分工并且分工越细企业效率越高，现代市场经济条件下的这种分工状况决定了企业内部不仅要强调劳动协作，也存在企业各部门之间的劳动价值体现问题。另一方面，长期以来，国资国企在管理中没有解决好的重要问题之一就是内部价值交换问题。一是各国资国企企业之间的价值交换问题。这个问题，在市场经济体制不断完善的过程中，逐步得到正确认识。国资国企作为独立市场主体独立核算、自负盈亏的理念深入人心并在制度完善中逐步落实。二是各国资国企内部各部门之间的价值交换问题仍未得到深入研究和解决。企业内部各生产部门分工协作，完成一个社会化生产过程，但各部门分工劳动在生产过程中所起的作用不同，劳动的复杂性水平也不一样，在分配中所体现出来的价值当然也要有所差别。特别是在社会主义市场经济大背景下，各种不同种类和水平的劳动力不仅作为企业内部分工协作的一个组成部分存在,还作为生产要素在整个劳动力市场上流通,如果不考虑其所对应的价值量水平,进行科学管理和交换,就会造成企业内部不合理分配,效率低下,管理不合理,进而还会造成国资国企人才流失等问题。这是目前国资国企企业内部管理增效和是否能做强做优做大的一个重要而关键的理论问题,应当加以充分研究。

上述三个问题,孙冶方同志在20世纪50年代的研究中就提出了思考,至今仍有启示意义,其思想之深刻和长远着实可贵。今天我们守着这份智力遗产,应当结合新时代中国特色社会主义市场经济发展实际,结合当代国资国企改革的现实要求,继续深入思考,找到解决问题的方案,并将其落实在国资国企改革的具体过程中,才能不负孙冶方同志的遗志。

三、基于孙冶方价值学说启示对国资国企改革的思考与建议

在重温孙冶方同志研究成果的过程中,结合新时代国资国企改革的实际问题,笔者提出以下思路与建议:

(一) 加强国资国企的整体性、协调性建设

改革开放40多年来,社会各界对于"国资国企是市场主体"的这个观念,在企业的市场经营方面已经普遍接受了。这使得国资国企在社会主义市场经济中能够正确地对待价值规律的作用、按照市场的需求和商品经济的发展规律进行经营和决策,进行比较科学的决策和有利的发展。一大批国资国企在这个基础上搞活了自己,实现了做强做优做大的目标。但是,另一方面,不得不注意,正是因为把自己当作市场主体的这个观念的不断强化,使国资国企各企业在经营中过于强调个体性,出现了各自为政、互不协调的情况,这样会损害国资国企整体上对于国家经济命脉的引导力和控制力。

在价值规律的主导下,资本主义社会中个别企业生产的有组织性和整个社会生产的无组织性,是资本主义社会难以克服的痼疾。资本主义社会频发的经济危机和它灭亡的历史必然性也是源于此因。我们是社会主义国家,社会主义是从根本上对资本主义的固有矛盾和弊端进行扬弃的产物。我们现在还不能取消价值

规律,那是因为生产力水平还远远不足以脱离商品经济、市场经济,而不是因为搞市场经济是我们追求的理想目标。所以我们在搞市场经济的过程中,绝不能把资本主义本身固有的弊端也接纳过来,让各个企业在社会生产中各自为政,互不协调,只顾自己做强做大。一定要发挥社会主义市场经济对比资本主义市场经济的根本优越性,引导整个社会主义市场经济中的一切生产主体协调有序地发展起来。而最有序、最协调的方式当然是计划经济,但是,限于目前社会生产力发展的水平和能力,还不能实行充分完全的计划经济,只能在以商品经济为基础的条件下,通过国资国企的引导和控制,对国民经济的整体和关键领域实行有序管控。在这样的条件下,如果国资国企各个企业不能充分有效地进行协调合作,形成有力的整体,而只是在各自领域内单打独斗,仍然避免不了国民经济体系发展的总体失序。国民经济体系的协调性发展,是自近代以来世界各国经济发展中的普遍问题,资本主义自身固有矛盾决定了它只能加深加重这一矛盾,不能从根本上解决这个矛盾,但是,社会主义制度本身则有可能从根本上克服这个矛盾,而国资国企就是社会主义制度克服这个根本矛盾的基本工具和手段,它们不但自己要协调发展成为一个有力的整体,还要引导整个国民经济体系中的各种所有制经济都实现有序发展,使之更好地成为社会主义国民经济体系中的一个国家经济部队。

(二) 加强国资国企的竞争力和控制力

新时代国资国企改革应十分注重提高企业的经济效益,将企业利益与国家战略相结合,实现国有企业做强做优做大。通过优化资源配置、降低成本、提高劳动生产率等手段,切实增强企业的市场竞争力。除继续在传统行业领域做强做优做大之外,还要顺应历史潮流,关注新科技革命浪潮的发展方向,在新行业新领域和新质生产力方面的发展中进行长远规划,率先创新发展,提升和强化自己的引领作用,呈现自身的示范价值和控制能力。

(三) 建立健全具有中国特色和时代特色的国资国企管理制度

新时代国资国企改革应加快建立健全一整套具有中国特色和时代特色的科学管理制度,完善公司治理结构,实现国资国企管理体制的创新。借鉴国际经验,结合中国实际,加强顶层设计,鼓励基层创新,不断提升企业管理水平。

(四)坚持和完善国资国企激励机制与分配制度

孙冶方价值论关注企业内部激励机制与分配制度的问题。新时代国资国企改革应深化若干制度机制改革,建立健全与绩效挂钩的薪酬激励机制,激发国有企业员工创新创业活力。

(五)继续优化和调整国有经济的布局和结构

从孙冶方价值论视角看,国有企业改革应遵循价值规律,实现国有经济布局优化和结构调整。新时代国资国企改革要加快国有经济布局优化和结构调整,推动国有资本更多投向关系国家安全、国民经济命脉和国计民生的重要领域。

总之,孙冶方同志对于社会主义经济理论的探索具有开拓性的历史功勋,其很多思想至今仍然具有重要的启迪作用。继承这份宝贵的智力遗产,珍惜它并发扬光大,在此基础上踏着先辈的足迹,不断推动社会主义市场经济理论向前发展,是我们后人必尽的责任和义务。向伟大的社会主义经济学家孙冶方同志致敬!

最大限度地发挥我国民营经济的积极性、创造性

张晓平　张步东[①]

"千规律,万规律,价值规律第一条。"是孙冶方在极左思想盛行的年代,冒着巨大的政治风险道出的一句真言,也是孙冶方经济理论体系中的一个极为重要的思想。价值规律是商品生产和商品交换的基本规律,也是进行社会主义建设必须遵循的客观经济规律。在价值规律下,商品的价值量取决于社会必要劳动时间,商品按照价值相等的原则互相交换,我国民营企业作为社会市场经济中的微观主体,需要遵循价值规律来制定生产经营策略,以提高劳动生产率、降低成本、创新技术等手段在市场竞争中取得优势。

一、民营经济是价值规律实施的重要微观主体

今天,我们为什么还要纪念孙冶方?其中一个重要原因就是他的价值规律的学说,对于充分发挥作为价值规律实施的重要微观主体——民营经济的重大作用具有重要意义。

我国自改革开放以来,民营经济逐步恢复并得到巨大的发展。对于民营经济,多年来一直有"56789"的总结性观点,即民营经济贡献了中国经济50%以上的税收、60%以上的GDP、70%以上的技术创新成果、80%以上的城镇劳动就业、90%以上的企业数量。发展壮大民营经济对于国家经济发展,对于民族复兴,具有重大的战略意义。

改革开放的成功经验表明,民营经济是我们党长期执政、团结带领全国人民实现"两个一百年"奋斗目标和中华民族伟大复兴中国梦的重要力量。党的二十

[①] 张晓平,孙冶方经济科学研究院特约研究员,常州市钟楼区人大常委会二级巡视员,全国开发区人大研究会常务理事;张步东,常州市档案馆二级调研员,常州市社科联(院)原副主席(副院长)。

大以来,以习近平同志为核心的党中央始终坚持"两个毫不动摇""三个没有变",对民营经济发展和民营企业家成长给予高度重视和亲切关怀。党的十九大把"两个毫不动摇"作为重要内容,纳入新时代坚持和发展中国特色社会主义的基本方略。党的二十大着眼现代化建设全局,更是明确提出"优化民营企业发展环境,依法保护民营企业产权和企业家权益,促进民营经济发展壮大"。2023年全国两会期间,习近平总书记参加政协十四届一次会议民建、工商联界委员联组会时强调"要优化民营企业发展环境,破除制约民营企业公平参与市场竞争的制度障碍""从制度和法律上把对国企民企平等对待的要求落下来,鼓励和支持民营经济和民营企业发展壮大。"同年7月,中共中央、国务院发布《关于促进民营经济发展壮大的意见》。这些重要论述、决策明确了民营经济是推进中国式现代化的生力军,是实现高质量发展的重要基础,为我们深化思想认识、促进民营经济发展壮大进一步指明了方向,也给民营企业家吃了颗"定心丸"、增强了他们发展民营经济的信心。

从我们的发展感受来看,民营经济是地方经济社会发展不可或缺的重要力量,特别是在民营经济比较发达的江苏。以常州市为例,目前全市民营经济市场主体达到77.9万户,占市场主体总量的96.9%;"四上"企业中,民营企业超1.2万家,占比达91.5%,民营经济贡献了全市65%的GDP、75%的投资、77%的税收和绝大部分就业。钟楼区民营经济市场主体9.7万户,占市场主体总量的93.3%,民营企业总数为3.2万户,占企业总数的88.9%,"四上"企业中,民营企业超1300家,占比达94%,民营经济占了全区50.3%的GDP、50.1%的投资、84.2%的税收和超过九成的就业。民营经济在健全市场经济体系、繁荣城乡经济、增加财政收入、保障民生就业、促进社会稳定等方面,发挥了举足轻重的作用。

二、充分认识当前经济发展面临的突出问题

在新中国的经济学家中,孙冶方的命运十分曲折,他为追求信仰所付出的代价极其沉重。吴敬琏在《论孙冶方的经济理论体系》一文中,描述了孙冶方的痛苦与徘徊:他作为一个长期从事经济领导工作、具有强烈的现实感、对现实经济生活有较深入了解的经济学家,痛切地感到,按传统理论组织的经济不可能顺畅地运

行,不利于生产力的发展,会带来一系列矛盾,并造成极大的社会浪费,因此决心创造一套新的理论体系。提出要用等价交换原则去处理和调节生产单位之间、地区之间的关系,"把价值放在价值规律的基础上"。

民营经济对不同层次的生产力水平具有很强的适应能力,既能满足小规模、分散经营的低生产力水平发展需要,又能参与社会化大生产之中,适应高水平生产力的发展需求。尊重价值规律,就可以做创造价值的事情,国家就可以富强,企业就可以基业长青,个人就可以过上富足的生活。如果不懂得价值规律,不仅不能创造价值,甚至可能毁灭价值,国家、企业、个人都可能因此而衰败。

2022年以来,受疫情、俄乌冲突、西方围堵等多方影响,国内外局势包括经济增速、供应链外迁和社会预期等多个方面,出现的复杂状况与艰难困境的变化,是改革开放以来"前所未有"的。它表现在40多年来从未有过的中国年度、季度经济增量低于预期的现象已经出现;40多年来从未有过的生产链和供应链由中国向其他国家转移的苗头已经出现;40多年来未有过的美国统合西方对"中国威胁"的政治共识并全面行动的架势也已经出现,这是需要我们保持高度的警觉。

同时在微观层面上,也存在着一些不容忽视的问题,主要是对我国民营经济存在的忽视。

分析产生这些问题的根由,就是近年来,无论在政界、学界和社会各界,以及实际工作领域,不少同志在理论上没有正确理解马克思主义活的灵魂和整个体系,在实践中忽视了市场经济中价值规律的作用。对于这一点,马克思在《资本论》第三卷有这么一段话:"在资本主义生产方式消灭以后,但社会生产依然存在的情况下,价值决定仍会在下述意义上起支配作用:劳动时间的调节和社会劳动在各类不同生产之间的分配,最后,与此有关的簿记,将比以前任何时候都更重要。"[①]马克思这段话说的价值决定,正是价值规律的核心,也是孙冶方反复强调的价值规律的内涵。我国70多年的社会主义革命与建设的实践也从正反两方面反复证明了:在资本主义生产方式消灭以后,价值规律在社会主义社会经济活动中仍然起着支配作用;相应地,作为社会主义市场经济真正主体的民营经济无疑就是其不可缺少的重要组成部分。

---

① 《马克思恩格斯全集》第25卷,人民出版社1974年版,第963页。

三、关于最大限度地发挥我国民营经济积极性、创造性的建议

（一）进一步提高对民营经济在中国式现代化建设中地位与作用的认识

在2023年底召开的中央经济工作会议上，习近平总书记把"切实落实两个毫不动摇"作为经济工作中纲举目张的五个重大问题之一，并强调要"始终坚持社会主义市场经济改革方向"。为什么要将"两个毫不动摇"与坚持社会主义市场经济改革方向一并强调。结合孙冶方一辈子强调的价值规律，我们的理解是，在中国改革开放中，作为市场经济主体的企业是构筑市场经济的微观基础，特别是其中的民营经济，因为其产权直接与自然人相连，真正做到了产权的人格化，产权清晰、机制灵活、适应性强，不仅与市场经济有着天然的联系，而且通过市场机制实现了对社会生产和流通及时的合理调节。40多年改革开放的成功实践，向全世界表明社会主义市场经济是中国特色社会主义的伟大探索，也是被实践所证明的促进我国高质量发展的有效途径。但是，近年来人们对激发所有经济主体尤其是民营企业这一最广大的市场主体的潜力与活力的认识还不够充分深刻。

要看到党中央关心和重视促进民营经济发展壮大的坚定立场和鲜明态度是一以贯之、一脉相承的，始终没有变。我们要从推进中国式现代化和实现中华民族伟大复兴的高度，加强思想政治引领和宣传引导，让包括民营企业在内的企业家全面完整准确理解党中央关于"两个毫不动摇""三个没有变""两个健康"的方针政策。从马克思主义基本原理（不是原话）的角度，从世界尤其是中国改革开放伟大实践的角度，从市场经济发展的内在逻辑出发，全面科学地为民营经济、民营企业正名，真正把民营经济作为我国社会主义市场经济的两大支柱，作为共同富裕的核心动力源来对待。

（二）进一步学习推广浙江地区发展民营经济的经验

共同富裕是实现社会主义现代化的关键目标，也是中国式现代化的重要特征。而浙江是中共中央和国务院确定的全国首个，也是目前唯一的共同富裕示范区。江苏经济体量全国第二、浙江第四，江苏人均GDP也超过浙江2.56万元，但浙江的人均可支配收入、人均存款、人均消费等都超过江苏，这充分证明了浙江共

同富裕的坚实基础和强大支撑主要是发达的民营经济。当前我国正在全力推进中国式现代化建设,就是要紧紧围绕发挥市场经济在资源配置中的决定性作用。浙江是公认的民营经济最发达的地区,他们营造民营经济高质量发展良好环境和浓厚氛围的成功做法,值得全国其他地区深入学习。当年,孙冶方常常引述马克思关于价值决定在未来社会对社会劳动在不同各类生产之间的分配仍起支配作用的思想,在今天看来仍然具有非常明确的现实意义。

表 2022 年浙江、江苏人均数据对比

项	浙江(元)	江苏(元)
人均GDP	118800	144400
人均可支配收入	60302	49862
人均城镇收入	71268	60178
人均农村收入	37565	28486
人均个税	2243	1522
人均存款	127400	107200
人均消费	38971	32848
人均税收收入	10120	7998

资料来源:根据江苏、浙江两省2022年度统计年鉴整理。

(三) 进一步强化对民营经济的法治保障

对民营经济发展来说,法治是最好的营商环境。党的十八大以来,党和国家先后出台了一系列文件,颁布修订了一系列法律法规,为我国民营经济发展提供了重要保障,在2023年4月21日召开的二十届中央全面深化改革委员会第一次会议上审议通过了《关于促进民营经济发展壮大的意见》。建议在此基础上加快出台《民营经济促进法》,与《民法典》《反垄断法》等实现有效衔接,真正从法律上把对国企、民企平等对待的要求落下来,把广大民营企业家的心安定下来。

著名经济学家吴敬琏坦言:"关于民营经济所引起的争论,其实还是要回归到基本问题上——什么是法治?如何建立法治?"他说:"因为中国没有法治的传统,只有所谓'刀制'的传统,用英文就是 rule by law(法制),而不是 rule of law(法治),这是中国长期存在的一个问题。"

（四）进一步提高涉企行为的稳定性、审慎度

从国家层面来看，连续多年的中央经济工作会议都强调宏观政策要保持"连续性、稳定性、可持续性"。在不确定的发展环境中给予民营企业政策举措的确定性，既有助于提振发展信心，也能有效避免企业发展策略与政策错配造成的损失。因此地方政府也要着力保持惠企政策和服务举措的连续性稳定性，引导和形成良好社会预期。涉企执法行为要更加包容审慎，积极推行柔性执法。在对民营企业的监督上，要把重点放在事前、事中，强化预警性监督和事前提醒，尽量少搞不搞"秋后算账"。司法机关要严格区分并切割企业犯罪与企业家个人犯罪，甄别股东个人财产与公司法人财产、股东股权与公司法人产权等的边界，避免一人犯罪殃及整个企业。

房地产市场回归市场配置恰当其时

顾伟南[①]

房地产市场从 2021 年 9 月恒大暴雷以后，一路下行，对于中国经济社会运行构成严重挑战。2023 年 7 月 24 日召开的中央政治局会议指出，要切实防范化解重点领域风险，适应我国房地产市场供求关系发生重大变化的新形势，适时调整优化房地产政策，因城施策用好政策工具箱，更好满足居民刚性和改善性住房需求，促进房地产市场平稳健康发展。在恒大风险暴雷之前，国内房地产，尤其是重点城市在严格限制的情况下，排队买房，摇号买房是常态，一房难求。而现在市场发生了转折。分析原因的研究很多，笔者认为，价格扭曲是目前房地产市场困境的重要原因。重温孙冶方的"千规律，万规律，价值规律第一条"，让房地产价格适合市场供求关系的变化对于房地产市场健康发展至关重要。

一、曾经成功的价格双轨制不应在房地产市场复制

改革开放初始，曾经有两次全国性的经济学理论讨论会在新中国经济学历史上留下了不可磨灭的一笔。一次是 1979 年 4 月 16 日—29 日在无锡举行的全国第二次经济理论讨论会，中心议题是价值规律作用问题。著名经济学家孙冶方回到家乡参加会议，并在开幕和闭幕时讲话，而且做了学术报告。一次是 1984 年 9 月 3 日—10 日在浙江省莫干山召开的"中青年经济科学工作者学术讨论会"，会议中心议题是城市经济体制改革，其中价格体制改革是这次会议的重点，成果丰硕，影响重大。价格双轨制的理论也被认为来自这一次会议。[②]

[①] 顾伟南，无锡市经济学会理事、文化分会会长，江南大学江南文化研究院特聘教授，孙冶方经济科学研究院特邀研究员。
[②] 张卓元等：《新中国经济学史纲》，中国社会科学出版社 2012 年版。

在市场经济条件下,价格是最重要、最有效的信号,价值规律这只看不见的手是通过价格的涨落来调节社会经济活动的。价格双轨制指同种商品国家统一定价和市场调节价并存的价格管理制度,是中国经济体制向市场经济过渡中的一种特殊的价格管理制度。价格双轨制具有两重性,既有积极的作用,又有消极的作用。一方面,它是实现中国价格模式转换的一种很好的过渡形式。它开辟了在紧张经济环境里进行生产资料价格改革的道路,推动了价格形成机制的转换,把市场机制逐步引入了国有大中型企业的生产与交换中,促进了主要工业生产资料的迅速发展。另一方面,在经济过热,供求矛盾尖锐、计划价格与市场价格之间高低悬殊的时候,某些不法之徒,大搞权钱交易,钻双轨制价格的空子,时而将平价的商品转为市场出售,时而又将市场的商品变为平价商品,通过这种"平转议"或"议转平",从中渔利,大发其财,成为暴发户。从1985年起,经过五六年时间的过渡,工业生产资料价格差异逐步缩小,放开以后实现了市场统一。[①]

1998年城镇住房商品化改革,住房分配从单位福利转向市场化住房体制,住房实现了商品化。在市场化推动下,中国人均住房面积,20多年从不到发达国家人均的一半,到基本相当,2020年已经达到41.76平方米,这20年城镇化的水平大幅提高,住房水平的提高也是中国发展的一个标志。但是,房价水平的上涨一直是社会关注的话题。在不断调控中,对于新建商品房的价格控制就成为一个地方控制房价的手段。这样就出现了新房价格大幅低于可比二手房的价格扭曲现象。价格与价值严重背离,新房价格一般低于同一地段二手房价格的30%以上。在买到就是赚到的现实下,想方设法买新房就成为大多数家庭的选择,不仅是找关系托人,而且新房认购号可以价值几万或几十万,甚至还出现不少为了买房假离婚这样违背伦理的情况。住房是中国人财富最主要的部分。由于新房销售的价格不是由供求关系决定的,让市场信号长期失真,致使各方面可能按照虚假繁荣来安排,比如,地方财政认为土地财政会继续增加,大手大脚;土地金融认为有抵押物的安全,尽可能增加投放;居民愿意贷款提前支付给开发商,购买有不确定性的期房;开发商的上下游供应商也是放心垫资和扩大产能。

1980年代生产资料的双轨制与2010年代商品房的一手、二手住房价格双轨

[①] 李培林等:《2023中国社会形势分析与预测》,社会科学文献出版社2022年版。

制是不同时代的安排,在计划经济体制向市场经济体制过渡时的双轨制有利有弊,西方一些著名经济学家认为这是一个了不起的创造。中国经济理论创新大奖也是给了提出双轨制理论的几位经济学家。但是在市场经济体制已经确立的情况下,在商品房价格已经由供求关系来确定的情况下,我们没有更多采取商品房和保障租赁房的双轨制,而是在商品房中采取违背价值规律的一手、二手住房价格双轨制,就让商品房价格扭曲了。

二、真实市场供求露出水面

在恒大倒下之前,有一个市场信号是提前出来的。可惜没有得到足够的重视,错过了让问题平滑解决的时间窗口。这个事件就是2021年7月19日,广发银行宜兴支行请求冻结宜兴市恒誉置业有限公司、恒大地产集团有限公司银行存款人民币13201万元或查封、扣押其他等值财产。因为此贷款的到期日是2022年3月27日,恒大集团声明对于宜兴支行滥用诉讼前保全的行为,将依法起诉。市场的反应是恒大的4个上市公司股票大幅下跌,债券价格同样,损失大大超过这一笔贷款。后来是归还贷款,双方和解结束。这实际说明的是问题在恒大。

毫无疑问,广发银行宜兴支行在距离贷款到期日还有8个月就要求提前收回贷款,肯定是恒大的项目出现了变化。无非是工期超过承诺时间,销售没有实现预期,贷款被挪作他用等,也就是恒大违约。否则法院不会受理。说到底是恒大在三四线城市的经营出现变化,这个变化就是供求关系不利于开发商,即原来的销售条件市场已经不接受。或是价格不接受,除非降价,但可能导致开发商亏损,难以为继。或是原来测算的需求没有了,现金流难以为继,也就是供求关系出现了变化。可是政策调整仍显滞后,强调执行三稳的政策,就是稳地价、稳房价、稳预期,结果完全市场化的二手房供应增加,价格下跌,传递出的市场信号就是房价下跌,带来土地拍卖困难,供求关系决定地价必然下跌。

新房市场与二手房市场的价格差,房价上涨的实际和预期,在投资品缺乏的背景下,2021年9月恒大暴雷之前,新房市场越来越脱离"房子是用来住"的实际,而走向投资化、金融化、泡沫化。从2018年到2022年的5年,在前4年,房地产销售的面积与平均房价都是同步增长的,2021年是新高,平均房价首次超过万元,销售面积接近18亿平方米。但是2022年就是1998年住房商品化改革以来房价下跌幅度最大的一年,房价回到1万元以内,下跌幅度为3.2%。全国住房销售面积为13.58亿平方米,下跌幅度达到24.3%。[①]这里需要注意一个现象,就是在二手房大幅增加供应的同时,在一线城市和少数二线城市仍然有新房开盘存在排队购房现象,原因还是房价有剪刀差。在这样的大背景下,就更加容易看清楚一手房与二手房价格双轨制造成的市场扭曲。

特别需要重视的是,长期在中国房地产市场销售面积第一和销售收入第一,被列为在房地产行业出现变化后重点扶持对象的碧桂园在2023年8月也是出现了亏损和现金流危机。之所以出现危机,一个重要原因就是有关部门和企业没有认识到房地产市场供求关系的重大变化。其实不只是恒大、碧桂园、融创这些头部房地产企业,即便是监管部门、系统性重要银行、投资银行、中介机构都没有认识到这个变化。剔除房地产市场上新房限价,与二手房形成比较大的差价,其他的经营数据都是公开可正常分析的。从这个角度,也验证了孙冶方对价值规律的真知灼见,违背规律一定会出问题。

三、适时推动住房市场价格一手、二手住房价格双轨制的并轨

实践反复证明,价格的基础是价值,价格的运动背后是价值规律,价格政策必须尊重价值规律。在住房市场供求关系出现变化以后,二手房供应的大量增加,相当一部分是前几年应用杠杆投资性买房的恐慌性抛盘,价格与新房的价格差已经缩小。这与20世纪90年代初,工业生产资料双轨制并轨情况类似。可以说,现在推进房价的市场化决定是适逢其时。由此传导到土地财政,土地金融都是一个可以持续的信号。

在土地供应数量大致稳定的情况下,土地财政收入下降,显然是供求关系变化了。为什么会突变?原因就是原来人为干预,扭曲的市场透支了未来。为什么地方困难?就是没有做相应的准备,既然土地财政与土地金融密不可分,风险准备就是必须。为什么房价下跌金融业紧张?因为金融是依靠土地作为抵押物展

---

① 中国社会科学院国家未来城市实验室:《中国房地产发展报告 NO.20(2023)》,社会科学文献出版社2023年版。

开金融活动,抵押物价值下降,没有补充的信用保证,金融必然压缩规模或者要求提前回款,否则金融风险就会大量增加,而压缩的结果又是企业和个人风险的增加,经济活动规模的缩小。所以房地产市场的改革不能等待。新模式还在讨论中,比如取消预售为现房销售,扩大保障租赁房的比例,增量房开放为主到存量房服务并重,绿色建设和管理等。这些都是探讨和探索的方向,需要大量的资金组织和时间。取消新房的限价就是政策的调整,也是市场经济体制的要求。房地产以及围绕房地产的上下游产业是GDP结构中的绝对第一。目前还没有出现可以取代的产业。如果四分之一规模的产业,价格还不是市场供求决定,我们这个市场经济的成色就不够。于情于理,都不能继续实行一手、二手住房价格双轨制了。必须转变政府发展模式,让价值规律发挥作用,以市场调节为主,政府引导为辅,放开不合时宜的价格管控,破除一手、二手住房价格扭曲,实现土地、住房供给数量和供给品质与实际需求匹配。

习近平总书记在《当前经济工作的几个重大问题》中指出:"房地产对经济增长、就业、财税收入、居民财富、金融稳定都具有重大影响。要正确处理防范系统性风险和道德风险的关系,做好风险应对各项工作,确保房地产市场平稳发展。"[①]房地产牵动经济财政和社会民生,市场风险迫在眼前,各地区和有关部门更是要扛起责任,从需求侧改善预期和扩大市场。我们要注意到,房价的差异不是在新旧,而是取决于住房的性质。如同我们在金融上有政策性金融和商业性金融的区别,住房上也是需要两条腿走路,让政策的归政策,商业的归商业。在供求关系变化的今天,结合新模式的探讨,我们应该让商业的价格决定尽快统一到市场上来。

---

① 习近平:《当前经济工作的几个重大问题》,《求是》2023年第4期。

略论孙冶方经济理论在无锡高质量发展中的作用

马正红 王 起 徐兢辉[①]

随着经济全球化的深入发展和国际竞争的加剧,无锡作为江苏乃至全国重要的经济中心城市,面临着新时代高质量发展的重大机遇和挑战。新时代,经济发展以创新、协调、绿色、开放、共享为核心理念,培育"新质生产力"成为推进高质量发展的必要条件,而孙冶方经济理论的观点正与之相一致。无锡在高质量发展的过程中,遵循经济规律,积极探索经济体制的创新改革,将孙冶方经济理论在新时代经济社会高质量发展过程中进行了充分验证,通过对孙冶方经济理论的实际应用,为城市创新转型发展提供了有益的借鉴。

一、新时代下"最小-最大"理论的新践行

孙冶方作为中国经济学界具有举足轻重地位的学者,在20世纪60年代初,便敏锐地捕捉到了经济发展的核心问题,并着手组织撰写了《社会主义经济论》。在这部著作中,他鲜明地提出了"最小-最大"的经济发展理念,即力求用最小的劳动消耗取得最大的有用效果。这一理念贯穿全书,成为指导经济工作的基本原则。孙冶方在书中以及随后的多篇文章中反复强调,用最小的劳动消耗去取得最大的有用效果,不仅是所有经济问题的关键所在,更是决定人类生活质量高低的根本因素。他深入剖析了劳动效率对于经济发展的重要性,指出只有不断提高劳动效率,以更少的劳动投入获得更多的有用产品,才能实现经济的持续健康发展。同时,他也指出了减少生产每一单位产品所需劳动量的重要性,这既是对劳动者劳动强度的减轻,也是提高生产效率的关键所在。

[①] 马正红,无锡日报报业集团原总编辑、二级正高;王起,无锡日报社新闻协调部副主任;徐兢辉,无锡日报报业集团(无锡日报社)江阴分社社长、主任编辑。

随着时代的变迁,孙冶方的"最小-最大"理论在新时代被赋予了更为丰富的内涵。在新时代背景下,这一理念不仅仅局限于追求经济效益的最大化,更强调了在生产过程中通过优化资源配置、提高生产效率、减少资源浪费,以实现经济、社会和环境效益的协调发展。这种高效、绿色、可持续的发展模式,正是当下我们追求的高质量发展的核心要义。

改革开放后,中国经济保持了长时间的高速增长,这一增长过程实质上是一个"结构性增速"的过程。在生产要素方面,劳动投入的增长、劳动参与率的提高、资源要素资本化和资本形成能力的增强、工业技术的广泛采用等,都为经济增长提供了强大的动力。在产业结构方面,资源配置从效率低下的第一产业向效率更高的第二产业转移,进一步推动了经济的快速增长。然而,随着资源环境约束的日益加剧,传统的粗放型增长方式已经难以为继,必须转变经济发展方式,实现高质量发展。

无锡作为江苏的经济大市,一直以来都是中国经济发展的重要引擎之一。在新时代背景下,无锡的经济发展方式同样发生了深刻的变化。从过去的规模速度型转向质量效率型,经济结构调整从增量扩能为主转向调整存量、做优增量并举,发展动力从主要依靠资源和低成本劳动力等要素投入转向创新驱动。这一转变,正是对"最小-最大"理论在新时代下的新践行。

加快培育新质生产力,是实现高质量发展的必要条件。新质生产力是以科技创新发挥主导作用的生产力,它区别于传统的、依靠大量资源投入和高度消耗资源能源的生产力发展方式。新质生产力摆脱了传统增长路径的束缚,符合高质量发展的要求,是数字时代更具融合性、更体现新内涵的生产力。近年来,无锡在转型发展的过程中积极探索提高生产效率的新路径,特别是加快培育新质生产力,来推动科技创新、管理创新、制度创新,以此用更小的"劳动"来获取更大的成果,大幅度提高了劳动生产效率。例如,无锡规划建设"太湖湾科创带",旨在打造世界级的科技创新高地。在集成电路、物联网、人工智能、低空经济、生物医药、智能装备等领域,无锡正积极培育形成世界级产业集群。同时,无锡还致力于形成适合先进制造业和现代服务业"领跑"发展需求的创新治理体系和创新创业文化,以更高效地推动产业经济发展。相比较以前无锡以传统纺织业、轻工业等产业为主,靠扩大规模、扩大产能、提高资源投入来提升经济的方式,发展方式的转变让无锡在新时代重新进入了"快车道",真正实现了高质量发展。无锡的 GDP 早在 2017 年就进了万亿俱乐部,经济总量在地级市中仅次于苏州,无锡的人均 GDP 更是连续四年位列全国大中城市首位,已经成为江苏乃至全国最重要的经济引擎之一。①

进入新时代,"最小-最大"理论不仅仅是一个经济原则,更是一种发展理念。它要求我们在经济发展的过程中,始终坚持效率优先、质量第一的原则,通过优化资源配置、提高生产效率、减少资源浪费等方式,实现经济的可持续发展。同时,它也提醒我们,在追求经济增长的过程中,要关注社会和环境的影响,实现经济、社会和环境的协调发展。无锡的实践,正是对"最小-最大"理论在新时代下的生动诠释和积极践行。

二、高质量发展中价值理论的新运用

价值规律是孙冶方经济理论体系的核心。孙冶方价值理论的一个重要特点是突破了商品生产的范围。他追本溯源地阐述了价值和价值规律,批评了将价值规律作为资本主义经济规律的观点,认为价值规律是一种客观经济规律。孙冶方将恩格斯的价值理论运用于中国的社会主义建设实践中,一再强调,价值并不仅仅是商品经济所特有的范畴,它是社会化大生产的产物,反映社会化生产过程中的各种社会经济关系。他认为,价值规律是价值存在和运动的根本规律,如同自然界的法则一般,任何形式的社会化大生产都无法取消或忽视它。社会主义经济,作为一种高级的社会化生产形态,同样需要遵循价值规律的作用机制。因此,他坚定地站在价值规律内因论的立场上,对那些试图以外部因素来左右或忽视价值规律的观点,如中央集权计划经济的"自然经济论"和"大锅饭"体制,进行了毫不留情的批评。

孙冶方进一步指出,价值规律在社会主义经济中的作用不仅体现在商品生产和流通领域,更深入整个社会经济体系的各个环节中。在社会主义计划经济体制下,价值规律应当成为调节社会资源配置、优化经济结构、促进经济发展的重要手

---

① 《无锡日报》微信公众号:《人均 GDP,无锡再登榜首!》,2024 年 3 月 21 日。

段。通过准确反映社会劳动消耗和供求关系,价值规律能够引导企业提高生产效率、降低成本、创新产品,从而推动整个社会经济的健康发展。他强调,要实现价值规律的有效作用,必须深化经济体制改革,完善市场体系,加强宏观调控,提高经济管理的科学性和预见性。

如今,中国经济发展正步入高质量发展的新阶段。在这个背景下,供给侧的创新引领与需求侧的人民对美好生活的向往形成了新的动力平衡。生产的根本目的,从过去的数量扩张转变为满足人民日益增长的实际生活需要。发展质量的高低,不再仅仅取决于经济规模的扩张,而是更多地取决于经济发展能否真正满足人民对美好生活的向往。新时代,经济发展从高速增长转向高质量发展,这一转变要求我们摒弃过去那种过度依赖数量扩张和速度竞赛的发展模式,转向更加注重质量和效益的发展道路。这意味着,我们需要将重质量、重效益的导向深深植入经济发展的各个环节,将供给侧结构性改革作为推动经济高质量发展的主线,用新发展理念来引领和指挥我们的经济实践。

孙冶方的价值理论为无锡乃至全国的经济改革和市场化进程提供了理论支撑和指导。无锡在市场化改革和创新驱动战略中,借鉴和吸收了孙冶方价值理论中的核心观点,如重视价值规律的作用、强调社会化大生产的特性等。无锡是一座市场化程度很高的城市,市场主体总数已经突破110万,[①]尤其是新设立的制造业企业和科技研发类企业展现出极强的韧性,有力支撑全市经济稳步向前。无锡打造的"无难事、悉心办"营商环境品牌,为市场主体提供了高效的政务服务和公平公正高效的市场竞争环境。在这个过程中,价值理论的新运用为我们的发展指明了前进的方向。孙冶方的价值规律理论强调市场在资源配置中的决定性作用,这与高质量发展的要求相契合。高质量发展要求坚持以供给侧结构性改革为主线,坚持质量第一、效益优先,切实转变发展方式。孙冶方的价值规律理论为深化供给侧结构性改革、推动经济实现质的有效提升和量的合理增长提供了理论依据。高质量发展的根本在于经济的活力、创新力和竞争力,这些都与绿色发展紧密相连。孙冶方的价值规律理论强调在经济发展的同时,要注重生态环境的保护和可持续发展,也为推动我国经济社会发展向更加绿色、低碳、循环的方向转变提

[①] 无锡市场监管微信公众号:《我市市场主体突破110万》,2023年3月31日。

供了理论支持。

在孙冶方的价值理论体系中,价值规律不仅是经济运行的内在规律,更是推动社会进步的重要力量。他认为,只要遵循价值规律,充分发挥其价值规律在社会主义经济中的作用,就能够推动社会主义经济持续、健康、稳定地发展。生产的最终目的是满足人的实际生活需要,发展质量的高低,最终是以经济发展能否满足人民日益增长的美好生活需要为判断准则。随着中国特色社会主义进入新时代,我国经济发展也进入了新时代,经济已由高速增长阶段转向高质量发展阶段。"唯 GDP 论"是不可取的,把重质量、重效益的导向立起来,把供给侧结构性改革这条主线立起来,把新发展理念的指挥棒立起来,才能真正实现高质量发展。

三、经济体制改革中企业扩权理论的新作用

在中国经济体制改革的宏大画卷中,企业扩权理论始终占据着举足轻重的地位。孙冶方作为改革传统经济体制的最早倡导者之一,其对企业独立经营理念的坚持与推动,为后来的改革奠定了坚实的理论基础。他明确指出,企业是独立的经济核算单位,国家应在集中领导的同时,充分尊重企业的独立经营权。他进一步阐述了在全民所有制条件下,国家所有权与企业经营权应实现合理分离,确保企业能在其权限范围内充分发挥主动性、积极性和创造性。他认为,属于简单再生产范围以内的事务,应由企业自主管理,国家不宜过多干涉,以免束缚企业的生产经营活力。而对于涉及扩大再生产的重要事务,国家则必须严格把关,确保资源的合理配置和有效利用。这种扩权理念不仅体现了对企业自主权的尊重,也体现了国家对社会主义生产目的的追求,即实现资源的优化配置和经济的持续发展。

在如今推进高质量发展的过程中,企业扩权更是经济体制改革最重要的环节之一。在此过程中,企业扩权有助于其更好地分工、协调、分配等,进一步掌握企业经营主动,充分发挥社会主义经济制度的优越性。自十八届三中全会以来,国务院国资委对企业授权放权方面做了大量工作,如国务院印发的《改革国有资本授权经营体制方案》,主要包括五个方面的重点举措:一是确定了权责边界,即"谁来授、授给谁"。明确了国资委、财政部或其他部门机构根据国务院委托作为授权

主体,依法科学界定职责,依据股权关系对国家出资企业开展授权放权。二是分类开展授权放权,确保"授得准"。对国有资本投资运营公司在战略规划和主业管理、选人用人和股权激励、工资总额和重大财务事项等方面,一企一策有侧重、分先后地向符合条件的企业赋予更多的自主权。三是加强企业行权能力建设,确保"接得住"。完善公司治理,让企业有能力接得住这些权力,而且充分行使好。四是完善监督监管体系,确保"管得好"。搭建连通出资代表机构和企业的网络平台,实现监管信息系统全覆盖和实时在线监管。五是坚持和加强党的全面领导,确保"党建强"。把坚持和加强党的全面领导贯穿于改革的全过程和各个方面,确保中央关于国有资本授权经营体制改革的决策部署落实到位,确保企业始终在党的领导下开展工作。可以说这些举措正是体现了孙冶方企业扩权理论的主要内容。企业扩权可以让国有企业能够不断优化产业结构、增加研发投入、拓展市场等,可以通过扩权进入新的产业领域,或者对现有产业进行技术升级和改造,从而提升企业的整体竞争力。特别对于民营经济发达的无锡而言,企业扩权理论进一步增强了民营企业的活力。企业可以通过获得更多的独立经营权,能够更加灵活地根据市场需求和自身条件制定经营策略,提高市场竞争力。同时,企业扩权也促使无锡企业更加积极地投入研发和创新,推动技术进步和产品升级,提高企业的核心竞争力。此外,无锡企业还能更加关注市场需求和产业发展趋势,积极调整产业结构,推动产业升级和转型,提高产业的整体竞争力。除直接的经济效应外,企业扩权理论还有助于企业加强风险意识,建立健全的风险管理机制。在市场竞争日益激烈的今天,企业面临着各种风险与挑战。通过扩权,企业能够更加自主地管理风险,提高抗风险能力,确保企业的稳健发展。更多的自主权让更多的无锡企业创新高质量发展,截至2023年,无锡入围中国企业500强、中国制造业企业500强、中国服务业企业500强三张榜单的企业总数,连续五年位居全省第一。[①]

在如今中国经济由高速增长转向高质量发展的新时代背景下,企业扩权理论更是焕发出新的生机与活力。企业扩权不仅是经济体制改革的重要一环,更是推动经济高质量发展的关键力量。随着改革的深入推进和经济的持续发展,企业扩权理论将继续发挥其重要作用。

[①] 《54家(次)锡企入围三张"500强"榜单》,《无锡日报》2023年9月21日1版。

四、结语

孙冶方是改革传统经济体制的最早倡导者,也是创建社会主义经济学新体系的积极探索者。他凭借其深厚的学术造诣和前瞻性的思考,通过对经济学理论的创造性研究,为我国的经济学界开辟了一条独特且充满生机的学术发展道路。孙冶方先生的学术贡献,不仅体现在他对传统经济理论的批判和反思上,更体现在他对于社会主义经济学理论创新发展的深入研究上,在我国社会主义经济学思想发展史上留下了浓墨重彩、光彩夺目的一笔。在全面建设社会主义现代化国家的征途中,高质量发展被赋予了至关重要的地位,它不仅是我国现代化建设的首要任务,更是体现我国现代化本质要求的重要标志。孙冶方先生的经济理论,在无锡等地推动经济高质量发展、促进转型升级、提升核心竞争力、加强市场经济管理和科学决策、推动经济社会可持续发展的实践中,继续展现出其巨大的理论价值和现实意义。孙冶方经济理论所蕴含的深刻见解和独特理念,为我国在新时代背景下实现高质量发展提供了坚实的理论基础和有力的思想支撑。这种支撑,不仅在过去和现在发挥了重要作用,未来也必将继续引领和推动我国经济社会的全面发展。孙冶方先生的经济理论,不仅在理论层面为我们提供了深刻的见解和指引,更在实践层面为无锡等地区的经济发展提供了切实可行的操作方案。他强调的市场导向、创新驱动、质量优先等理念,在当今高质量发展的时代背景下,显得尤为重要且具有实际指导意义。

孙冶方"利润理论"的内涵与企业实践

楚健健[①]

20世纪五六十年代,孙冶方潜心研究社会主义经济理论,勇敢倡导中国的经济体制改革,探索社会主义政治经济学,逐渐形成了自己的社会主义经济理论体系。孙冶方的经济学观点独到精深、内涵深刻、逻辑严密、体系完备,其主要内容可以概括为"一线四论"[②]。1.红线:用最小的劳动消耗取得最大的有用效果应该是社会主义政治经济学研究的一条红线。2.价值理论:价值规律是任何社会化大生产都不能取消的客观规律。3.流通理论:流通是社会再生产的物质代谢过程。4.企业扩权理论:企业是独立核算的生产经营单位。5.利润理论:利润是考核企业经营好坏的综合指标。

从"十四五"到2035年,是中国发展非常关键的15年。国际国内"双循环"战略是其中重要的变化之一。虽然中国拥有全球最大、最完整、最活跃的市场,但不能固守"内循环",仅仅"自得其乐"。对于广大企业而言,真正的"大道理"是盈利能力,将成为决定性的"硬道理",也是新质生产力的必然要求。除了提升利润,别无选择。因此,孙冶方的利润理论有着很强的现实意义和战略意义。本文拟围绕孙冶方的利润理论,研究和解析其"利润理论"的核心含义及其对企业的实践价值。

一、深刻领会利润理论创新观点

在我国经济管理体制的改革方面,孙冶方提出过不少独到的见解,最有代表性创新观点之一是利润理论。孙冶方认为,利润是考核企业经营好坏的综合指

[①] 楚健健,江阴长江投资集团有限公司党支部书记,孙冶方经济科学研究院特邀研究员。
[②] 孙尚清、张卓元、冒天启编著:《论孙冶方社会主义经济理论体系》,中国社会科学出版社1985年版。

标。抓住了利润指标，就是抓住了"牛鼻子"，许多问题就会迎刃而解。因此，他主张，为了调动企业的生产积极性，必须扩大企业的权限，把固定资产折旧和设备更新的权责交给基层企业，并提出，价格不合理，就会扭曲利润的作用。以工农产品的"剪刀差"为例，如果国家对农产品收购价格压得过低，按价格计算的国民收入，实际上就是把农民所创造的价值，算在了工业品价格上。[①]孙冶方利润理论提出的创新观点和独到论断，对深入全面领会和把握利润理论在企业经营管理实践具有很强的指导意义。

(一) 利润的本质与特征

孙冶方认为，利润是物质生产部门职工为社会扩大再生产和社会公共需要，而创造的一部分物质财富；社会主义制度下的利润，是企业劳动者为社会创造的剩余产品的价值表现形式。产品的价值构成是 C+V+m（不变资本＋可变资本＋利润），C+V 部分转化为生产成本，m 部分是劳动者为社会创造的剩余产品部分，转化为企业的利润。[②]

利润是指企业在一定会计期间的经营成果，是企业经营效果的综合反映，也是其最终成果的具体体现，其本质是企业盈利的表现形式，是全体职工的劳动成绩，企业为市场生产优质商品而得到利润，与剩余价值相比，利润不仅在质上是相同的，而且在量上也是相等的。利润所不同的是，剩余价值是对可变资本而言的，利润是对全部成本而言的。

利润的特征主要包括：(1)一定的盈利能力。它是企业一定时期的最终财务成果。(2)利润结构基本合理。利润是按配比性原则计量的，是一定时期的收入与费用相减的结果。(3)企业的利润具有较强的获取现金的能力。(4)影响利润的因素较复杂，利润的计算含有较大的主观判断成分，其结果可能因人而异，因此具有可操控性。

社会主义利润的具体形式有：实现利润，即企业销售收入减去各项费用支出的余款；上缴利润，即按规定上缴给国家财政部门的利润；税后利润，即企业实现利润按国家规定上缴一定比例后留归企业的部分等。

---

① 孙冶方经济科学基金会编：《孙冶方经济观点评述》，山西经济出版社 1998 年版。
② 孙冶方经济科学基金会编：《孙冶方经济观点评述》，山西经济出版社 1998 年版。

社会主义利润与资本主义利润有本质的区别,它是劳动者为社会创造的价值,用于扩大社会主义再生产和改善人民的生活状况,是社会主义积累和社会消费基金的主要来源,也是衡量和评价企业经济活动的一个重要指标。

(二)降低成本和增加利润完全是同义语

孙冶方认为,在价格合理的条件下,降低成本和增加利润完全是同义语。因为"收入－成本＝利润",因此,一个企业要想追求利润,方式有两种:一种是增加收入,另一种就是降低成本。在价格合理的条件下,也就是说在收入稳定的情况下,降低成本是企业最直接、最有效的手段。成本降10%,利润可以翻一番。比如,一只杯子,售价10元,成本9元,利润为10－9＝1元,企业从供、产、销、人、财、物6个方面砍掉成本,杜绝浪费,将成本从9元降低至8元,约10%,而利润则从1元,增加至2元(10－8＝2元),比原来的1元翻了一番。成本是一个企业的大后方,减成本就是减风险,提高企业的利润。

从实践而言,扩大销售比降低成本更难。成本降低10%,相当于销售额翻一番。比如,一个企业净利润10%,那么90%是成本。如果我们降低10%成本,就可以把利润提高近一倍。如果我们不降低成本,想扩大销售,那么我们就需要把销售额翻一番,这样利润才能翻一倍,这当然是一件比较困难的事情。在市场竞争激烈的情况下,难上加难。

(三)利润是考核企业经营好坏的综合指标

利润反映了企业在一定时期内的盈利能力,是企业经济活动的重要衡量指标。企业管理层的业绩考核评价通常会结合多种财务和非财务指标来进行,利润在这些指标中占据了主导地位。同时,利润与其他财务指标有着密切的联系。例如,净利润与股东权益收益率、总资产收益率等指标密切相关;营业利润则与毛利率、营业利润率等指标紧密相关。这些财务指标共同构成了企业财务状态的全面描述,为管理层提供了关于企业盈利能力、资产运用效率和股东回报水平等方面的信息。

在实际操作中,利润指标广泛应用于企业管理层业绩考核评价。例如,董事会可以根据企业实现的利润水平来评估管理层的业绩,并将考核结果与激励机制相结合，以鼓励管理层提升企业的盈利能力。此外，投资者也可以通过分析企业的利润指标来判断其未来发展前景，从而做出更明智的投资决策。

总之，利润作为评价企业管理层业绩的指标之一，具有不可替代的重要性。正如，孙冶方所言，利润是考核企业经营好坏的综合指标。抓住了利润指标，就如同抓住了"牛鼻子"一样，许多问题就会迎刃而解。

二、运用利润理论提升企业盈利能力

在内循环大背景下，企业的生存之本是什么？对于绝大多数企业来说，要靠扎扎实实的盈利能力，准确地说是扎扎实实的利润提升能力。除了提升利润，别无选择。孙冶方的利润理论，对于企业的生存发展而言，也具有重要实践价值。

（一）盈利能力的本质和评估指标

1. 盈利能力就是指企业在一定时期内赚取利润的能力，也称为企业的资金或资本增值能力，通常表现为一定时期内企业收益数额的多少及其水平的高低。利润率越高，盈利能力就越强。企业通过对盈利能力的分析，可以发现经营管理环节出现的问题。

2. 衡量企业盈利能力的七大指标。企业发展的最终目标是盈利，盈利能力指标是衡量企业赚取利润能力的指标。如何评估企业的盈利能力，主要有以下七大指标：(1)毛利率。毛利率是企业销售收入减去销售成本后所剩余的利润占销售收入的比例。它反映了企业产品或服务的附加值高低，以及企业核心竞争力的大小。毛利率越高，说明企业产品或服务附加值越高，盈利能力越强。(2)净利率。净利率是企业扣除所有费用后的净利润占销售收入的比例。净利率越高，说明企业的盈利能力越强，经营效率越高。(3)回报率。回报率是指企业资本在一定时间内创造的利润占企业资本的比例。回报率越高，说明企业的盈利率越高，管理效率越高。(4)投资回报率(ROI)：投资回报率是衡量企业投资效益的指标。它反映了企业投资活动所带来的收益与投资成本的比率。投资回报率越高，说明企业的投资效益越好，盈利能力越强。(5)资产收益率(ROA)：资产收益率是企业净利润与总资产的比率。它反映了企业利用资产创造利润的效率。资产收益率越高，说明企业对资产的利用率越高,盈利能力越强。(6)经营现金流量。经营现金流量是指企业在经营活动中所产生的现金流入减去现金流出的情况。经营现金流量越高,说明企业的盈利能力和经营状况越好。(7)营业收入增长率。企业的营业收入增长率是指企业年度内的营业收入与上一年度相比的增长幅度。营业收入增长率越高,说明企业的市场占有率越高,对市场的反应越灵敏。

借助以上指标,可以较为全面地了解企业的盈利情况。企业应该积极地监控和分析这些指标,做出相应的调整和优化,从而提高企业的盈利能力。

(二)当前影响企业盈利能力的突出问题

在当今经济竞争激烈的市场环境下,企业的盈利能力是其生存和发展的关键指标之一。然而,许多企业都面临着盈利能力下降的困境。主要存在以下突出问题:

1. 低成本策略失效。低成本策略是指企业在提供产品或服务过程中,尽可能地降低成本,以在市场中获得竞争优势的战略主张。低成本策略的核心思想是通过有效的成本管理和控制,使企业能够提供更具竞争力的价格,吸引更多用户关注和购买行为,从而实现市场扩张和目标消费者扩进,进而实现企业市场经营的盈利目标。随着市场竞争日趋激烈,疫情和各种不确定性的叠加影响,企业面临更多的竞争对手。原本稳定的市场份额被侵蚀,企业往往需要降低产品价格以维持销售,导致毛利率下降。企业进入"红海"。在这样的市场中,价格战此起彼伏,竞争非常激烈,新进入者生存艰难,最后往往是两败俱伤,企业利润微薄甚至负利。

2. 管理和控制不严。就我国中小企业目前的状况来看,管理和内控方面还存在着较多需要改进的问题:一是管理粗放。企业在组织、生产、经营等方面存在着管理不规范、效率低下、资源浪费等问题。这种管理方式往往导致企业盈利能力弱,无法实现高质量可持续发展的目标,甚至面临着生存困境。二是成本管控不善。企业如果无法有效掌握成本控制,不仅会增加生产成本,还会降低产品的净利润水平。高昂的人工成本、原材料价格波动等因素都可能给盈利能力带来负面影响。三是企业内部控制要素不健全,风险控制能力受到影响和波及。主要表现在内部管理控制制度不健全、人力资源环境不完善,风险管理和控制不严格、基础环境建设不扎实等。风险管理存在的问题主要表现在事前缺乏预警机制,风险识别和预判能力不足等,常常是在风险已经出现、损失已经造成的情况下,进行后续的弥补和挽救。四是内部治理结构不健全,权责不清晰,内控人员的综合素质不高。主要表现在一些企业虽然在内部治理结构方面借鉴了现代企业治理结构模式,但是往往忽视了其与企业本身特殊性之间的契合度,盲目照搬照抄。很多企业因为内部管理人员综合素质不高,日常工作推进的过程中缺乏标准化执行和流程化操作,给内部控制工作造成一定的障碍和影响。

3. 负债经营风险凸显。负债经营是企业迅速壮大发展的重要途径。企业的发展,是一个融资、发展、再融资、再发展的过程。对于民营企业、中小企业来说,与大企业比起来,融资绝对是民营中小企业的致命短板。近年来,负债经营使不少企业运行面临着致命的挑战和风险。

4. 多元化经营损失严重。多元化经营是指企业经营不只局限于一种产品或一个产业,而是实行跨产品、跨行业的经营扩张。这是企业为了长期发展而采取的一种策略,旨在开发新的利润增长点,分散经营风险,并增强企业的生存与发展能力。所谓"东方不亮西方亮","不把鸡蛋放在一个篮子里"。但多元化经营是把双刃剑,在不熟悉、产业链关联度不大的项目上投资,一旦失误,就会"先驱变先烈"。

(三) 提升企业盈利能力的途径和方法

提升盈利能力,企业需要根据自己企业的特点和经营实际情况,因企制宜地制定相应的策略,从以下几个方面,探索适合企业的途径和方法。

第一,坚定信心。利润提升甚至利润倍增,也能做到,但并非容易。一是企业拼利润,必须拼盈利提升的能力,而不只是拼规模、拼速度,这要成为广大企业的核心发展观。必须将追求企业利润和利润提升作为最终目标,将企业盈利能力的比拼作为竞争博弈的胜负手。企业不挣钱,说什么都白搭。二是企业要相信利润提升,并不仅仅是愿望和结果,而是一种系统的方法论,是一种可以操作、可以检验、可以复制的工具体系。所谓高质量可持续发展,一定包含着盈利能力的持续提升。所以从现在开始,中国企业对于盈利能力系统性提升的关注和践行,将十分现实而又紧迫。

第二,降低成本。成本是指为制造某种产品所产生的全部的费用和支出,包含为制造该产品所消耗的材料费、人工费、设备损耗等。企业通过采取一系列的对策和办法来控制成本,降低费用和支出,从而增加利润。企业的成本是决定企业利润的基础。提高成本管理水平对提升企业盈利能力起到了至关重要的作用。

企业降低成本,应重点做好以下具体工作:(1)苦练内功,向管理要效益。开展"降本节支,开源节流"活动,把产、供、销、人、财、物各环节的成本测算好、控制好、压降好。全面推行购销比价管理办法,实现采购成本最低化,销售价格最优化。(2)挖掘企业内部降低成本潜力。企业的开支也就是企业经营成本,是由企业内部成本、企业外部成本两大部分构成。比如企业产品的设计、研发、生产、营销、财务、人力、后勤、厂房租金、设备维护等都是属于内部成本;外部成本包括采购原材料、物流运输、第三方销售渠道、咨询服务购买、媒体广告宣传、售后维修等。企业在降低成本时,应从企业战略的角度出发,科学合理、有的放矢地制定控制成本、削减开支的措施和策略。(3)提高仓储和物流运输效率,减少物流成本,优化管理,降低人力成本。(4)注重技术创新,推广新技术、新工艺等,通过自主创新或对外引进,降低生产成本。成本控制越好,成本越低,企业抗风险能力才越强,最终胜出的机会才越多。

第三,拓展市场。拓展市场也是企业提升利润的一个重要手段,通过深入市场调查,分析竞争对手的情况,制定出更为科学合理的拓展策略,并不断积累客户资源,识别并开发新的市场需求和机会。通过科学精准的营销策略去打天下,并根据用户的反馈不断改进自己的产品和服务,满足市场需求,提升企业信誉与美誉度。

第四,强化项目管理。优秀的项目管理能够规范企业治理,有效规避风险,在项目立项、调研、策划、实施和维护等多个环节加强组织协调和沟通,提高项目执行效率,降低成本,促进企业升级。

第五,提高员工素质。企业员工是企业中重要的生产力,提高员工素质能够提高企业的竞争力和生产效率,从而达到提升企业利润的目的。企业可以加强内外部培训,鼓励员工掌握专业知识和技能,提高工作效率;并增加员工福利,提高员工幸福感,增加员工的忠诚度和归属感。营造良好的企业文化,激发员工的创新意识和创造力。

三、江阴长江投资集团有限公司(简称"长投集团")增强盈利能力的具体实践[①]

利润的本质是企业运作的核心,它代表了企业经营管理的能力和市场竞争的结果。在当前竞争激烈的市场中,企业需要不断创新和改进,以提高自身的盈利能力。没有利润提升的能力实现,没有利润增长的目标追求,在"内循环"大背景下,企业都将会面临巨大的生存挑战。因此,利润也可以看作是企业经营成功的动力和动力来源之一。

长投集团始终坚持把"调结构、抓转型、强管理、增盈利、促发展"作为公司发展战略,采取科学合理的对策来不断提升盈利能力和水平。

(一) 改革创新在增强内生动力中持续推进

在实践中长投集团形成这样一个共识,企业高质量发展的不竭动力就在于改革和创新。懂技术、会经营、善管理的优秀人才是企业盈利能力提升的重要保障。为充分调动优秀人才和团队的积极性、主动性和创造性,长投集团在三家制造业控股子公司中实施了行之有效的经理层激励机制和持股计划。中卡新材料公司、圣世杰机械公司实施了经理层持股计划,成立管理公司分别受让了长投集团30%和10%的股份。经营者持股计划和"金手铐制度"的实施,真正建立了一个让经营者和所有者同心同德、利益共享的机制,使优秀人才引得进、留得住、用得好。长发耐指纹公司不断完善风险抵押承包责任制,参加风险责任考核的人数增加至50人,缴纳风险金220多万元,增强了员工关心企业生产、销售、效益的主人翁意识。近五年来,该公司克服疫情、竞争等不利影响,产销两旺,每年的销售额超8亿元,利润超4000万元,人均利税指标屡创历史新高。

(二) 企业管理在开源节流中持续加强

重点抓好四个方面工作:一是抓好营销管理。企业的一线在市场,营销是企

[①] 楚健健:《银企合力,共促实体经济高质量发展》,载《在改革开放中成长:楚健健40年文选》,江苏人民出版社2020年版,第110—120页。

业的龙头。企业经营必须以市场为导向,掌握市场变化脉络和发展趋势,通过正确的经营决策,使企业适应市场变化,引导消费,保持竞争优势的营销能力不断提高。拓宽销售渠道及增加市场份额,来提升营销的业绩与质量。二是抓好质量管理。牢固树立质量是企业生命,质量是员工饭碗的理念。使企业的产品质量、服务质量、生产质量和企业运行质量有质的飞跃。三是强化内部管理。各控股子公司,苦练内功,向管理要效益,开展"降本节支,开源节流"活动,把产、供、销、人、财、物各环节的成本测算好、控制好、压降好。全面推行购销比价管理办法,货比三家,实现采购成本最低化,销售价格最优化。优化供应链管理,寻找更具性价比的原材料来源。优化物流配送渠道,借助信息技术手段实现供应链协同管理,以降低企业整体运行成本。四是抓好精益管理。长投集团内部的研发能力、质量管理、品牌战略、投资策略、人才资源开发等诸多方面与先进企业还有很大差距。差距就是潜力。市场压力逼迫企业苦练内功,向"精益管理"要效益,科学设计流程,大大降低库存,挖掘节约成本潜力。

(三) 结构调整在创新驱动中日益提高

第一是调整产品组合。第二是调整要集成化。企业的集成化分纵向和横向,纵向的话形成完整的产业链,从源头到最终消费,提高企业增加值。横向是在生产一种产品的前提下,生产类似产品,增加市场的灵活度。各子公司把化解危机与加快调整转型结合起来,一手抓保增长,一手抓促转型,为新一轮的发展注入了强劲动力。中卡公司坚持以"做全球最优秀的卡基供应商"为奋斗目标,着力抓好客户结构、产品结构、工艺结构三个方面的结构调整,取得了明显成效。在主抓国内、国外黄金大客户的同时,努力开拓高端客户,使高档卡销量占总量的比例达到63%,产品获行业质量最高奖"金蚂蚁"奖。

(四) 竞争能力在"四管齐下"中逐渐形成

一是专注,始终专注自己的细分领域,并做细、做透、做强。二是专业,始终保证自己在这个领域里能创新超前,形成自己的核心竞争力;同时做精,做到管理精细化,产品精致化,工艺精准化。三是做特,产品定位、设计有特色,产品特质明显。四是做新,不断开发新产品来引领市场、导向市场,同时要开发新客户,优化客户结构。

长发耐指纹公司的主导产品耐指纹钢板的产销量在全国位列第三,品质也是位居第二。圣世杰公司2023年获得一汽解放汽车有限公司核心供应商证书,确立了一汽核心供应商地位。中卡新材料公司卡基新材料产能一直在全国稳居第二,出口在国内同行位列第一,出口部分占整个产能的60%,还获得了国内第一张美国国家UL认证,这是美国环境资源所主要针对PEC废料循环利用所颁发的证书。专、精、特、新使这三家企业都在国内同行业中占有前三的位置,为企业高质量可持续发展和盈利能力的提升打下了坚实的基础。

孙冶方认为,抓住了利润指标,许多问题就会迎刃而解。创造良好的利润是做企业的出发点,也是最重要的目标,更是企业必须承担的责任。对于中国企业而言,系统提升盈利能力是现实而紧迫的。被称为日本"经营之神"的松下幸之助先生曾言:"盈利是企业最基本的社会责任","企业不赚钱就是犯罪"。因此,企业要将盈利和效益作为经营核心。只有企业有了利润,上缴国家税收、增加员工收入、进行股东分红、扩大企业再生产、承担社会责任等才有基础条件。对企业经营者来说,利润永远是要放在首位的。不断提升盈利能力是企业加快形成新质生产力的先行优势。

后　记

　　孙冶方同志是我国当代杰出的马克思主义经济学家,是我国经济体制改革的先驱,他为我国社会主义经济建设和社会主义政治经济学新体系建设做出了重大贡献。本书是在孙冶方经济科学研究院在2023年组织纪念孙冶方诞辰115周年学术研讨会的基础上,围绕"研究孙冶方经济思想理论,助推新时代高质量发展"这一重大主题,在全国范围内进行组稿、研讨的部分研究成果的展示。2023年开展的这一纪念孙冶方诞辰115周年活动和孙冶方经济理论研讨活动,孙冶方经济科学研究院先后向上海、北京、南京、广州、杭州、成都等全国各地经济学界共组织了80多万字的学术论文。呈现在读者面前的是这次研讨成果的经济理论部分,非经济理论研究的文稿,包括研究孙冶方的革命精神、学术民主、人格魅力、治学方法等成果另行出版。

　　这次在全国开展孙冶方经济理论研究的征稿活动,响应者如此之众,参与者热情之高,完全出乎我们的意料。我们深深感受到从无锡走出的老一辈无产阶级革命家、经济学界唯一登上北京世纪坛的学术大师——孙冶方,他的名字和他留下的宝贵的经济理论遗产的无穷魅力,因此也深深地增强了我们研究孙冶方经济理论、传承孙冶方学术精神的信心,也增强了我们办好孙冶方经济科学研究院的信心。

　　特别要说明的是,完成呈现在读者面前的这本经济学著作其实是很不容易的。孙冶方逝世已经40多年了,时间久远,人们虽然知道他的名字和他的事迹,但改革开放前后成长起来的这一代人,真正阅读过孙冶方经济著作的并不多,系统研究过孙冶方经济理论的更少。尤其是经过几十年之后,当下的图书市场已极少能够看到孙冶方的著作和相关出版物,在全国省、市图书馆和新华书店对《孙冶方全集》《孙冶方文集》《孙冶方选集》和研究孙冶方理论的出版物,几乎全部告罄,一般的书店根本见不到一本孙冶方的图书。文献资料是学术研究的粮食,没有文献资料,难以进行学术研究。在这种情况下,研究孙冶方的许多专家学者通过多种渠道来搜求孙冶方的经济著作和相关历史文献。他们有的通过海内外学界人士求购孙冶方著作,有的通过孙冶方和无锡籍经济学家的亲朋好友来寻觅孙冶方的图书资料,有的通过跑京都、走江浙,向有关社会科学院的图书馆和资料室来寻找孙冶方著作,有的则通过孔夫子旧书网一本、两本来搜寻,还有些同志干脆利用节假日到当地图书馆和资料室,一边借阅书刊,一边手工摘抄。

同时,参加这一次孙冶方经济理论研究的同志们,除了部分是专业从事经济学研究的,绝大部分都不是经济学研究、经济学教学的专业工作者,大多是各地党政机关经济管理部门的干部和党校、高校以及社会上一些对经济感兴趣、有研究、有追求的人士,他们几乎都是利用业余时间来进行研究和写作的,真是不容易。大家都是凭着对老一辈革命家孙冶方一生献身革命,献身党的事业的无限崇敬来研究写作的。孙冶方对党和人民的事业无限忠诚,对追求真理的执着和无畏,以及崇高的理想、高尚的人格、光辉的事迹、奋斗的精神,吸引和鼓舞着所有的同志。

在本书出版之际,我们要感谢江南大学对设立在该校的孙冶方经济科学研究院工作的支持;感谢江南大学党委书记吴正国在百忙之中先后多次听取工作情况汇报,并给予鼓励和指导;感谢"经济研究杰出贡献者"国家荣誉称号获得者,著名经济学家,中国社会科学院学部委员、经济所老所长张卓元先生,为本书审阅文稿,撰写序文;感谢孙冶方经济科学研究院指导委员会委员:无锡市哲学社会科学联合会党组书记李明新主席、无锡学院党委书记杨建新、无锡城市职业技术学院校长瞿立新,热情支持、指导孙冶方经济科学研究院的工作;感谢上海社会科学院出版社社长钱运春和责任编辑周萌,对本书的出版做了很多指导和帮助;感谢孙冶方经济科学研究院遍布全国的 70 多位特邀研究员及专家的大力参与和支持;感谢孙冶方经济科学研究院副院长顾永成、王磊、刘勇,教授岳文,《江南大学学报》(人文社会科学版)编审谢光前,办公室主任徐昉、副主任沈丽珍、汤卫卫等同志在组稿和出版过程中所付出的辛勤劳动。

2024 年 10 月 9 日

图书在版编目(CIP)数据

新时代孙冶方经济理论研究 / 浦徐进，黄胜平主编.
上海 ： 上海社会科学院出版社，2024. -- ISBN 978-7
-5520-4572-7

Ⅰ. F092.6
中国国家版本馆 CIP 数据核字第 2024HD4321 号

新时代孙冶方经济理论研究

主　　编：浦徐进　黄胜平
责任编辑：周　萌
封面设计：卞　力
出版发行：上海社会科学院出版社
　　　　　上海顺昌路 622 号　邮编 200025
　　　　　电话总机 021-63315947　销售热线 021-53063735
　　　　　https：//cbs.sass.org.cn　E-mail：sassp@sassp.cn
照　　排：南京理工出版信息技术有限公司
印　　刷：浙江天地海印刷有限公司
开　　本：787 毫米×1092 毫米　1/16
印　　张：19
字　　数：300 千
版　　次：2024 年 11 月第 1 版　2024 年 11 月第 1 次印刷

ISBN 978-7-5520-4572-7/F·791　　　　　　　　　定价：138.00 元

版权所有　翻印必究